汉语国际教育教材研究系列

汉语综合课教材论

表册

倪明亮 编著

北京语言大学出版社
BEIJING LANGUAGE AND CULTURE UNIVERSITY PRESS

图书在版编目（CIP）数据

汉语综合课教材论. 表册 / 倪明亮编著. — 北京：北京语言大学出版社，2012.8

汉语国际教育教材研究系列

ISBN 978-7-5619-3343-5

Ⅰ. ①汉…　Ⅱ. ①倪…　Ⅲ. ①汉语—对外汉语教学—教材—研究　Ⅳ. ①H195.4

中国版本图书馆 CIP 数据核字（2012）第 186912 号

书　　名：汉语综合课教材论·表册
责任印制：汪学发

出版发行：北京语言大学出版社
社　　址：北京市海淀区学院路 15 号　　**邮政编码**：100083
网　　址：www.blcup.com
电　　话：发行部　010-82303650 / 3591 / 3651
编辑部　010-82303647 / 3592 / 3395
读者服务部　010-82303653 / 3908
网上订购电话　010-82303668
客户服务信箱　service@blcup.com
印　　刷：北京中科印刷有限公司
经　　销：全国新华书店

版　　次：2012 年 8 月第 1 版　　2012 年 8 月第 1 次印刷
开　　本：787 毫米 × 1092 毫米　1/16　**印张**：19.75
字　　数：428 千字
书　　号：ISBN 978-7-5619-3343-5 / H · 12137
定　　价：62.00 元

凡有印装质量问题，本社负责调换。电话：010-82303590

目　录

第一章　汉语综合课概述

表 1-1　汉语综合课的性质简表

作者	名称性质	时间	出处
吕必松	综合性：语言技能的综合训练＋语言知识、文化知识、语用规则的综合教学。	1990	吕必松,《对外汉语教学发展概要》，北京语言学院出版社。
李菊先	以传授语言知识，训练听、说、读、写技能为中心，以培养交际能力为目的的语言教学。	1992	李菊先，关于中、高级对外汉语教材的思考，《世界汉语教学》1992 年第 4 期。
崔永华	精读课，或称“语法课”，是对外汉语教学诸课型中的主干课型。	1992	崔永华，基础阶段精读课课堂教学结构分析，《世界汉语教学》1992 年第 3 期。
蔡整莹	综合课是对外汉语教学初级阶段的主干课，是一门对学生进行语言知识教学和各项语言技能综合训练的实践汉语课。综合体现在两方面：教学内容上和技能训练方式上。	1997	蔡整莹，初级阶段的综合课，载《对外汉语教学课程研究》，北京语言大学出版社。
李　杨	综合课作为对外汉语教学初级阶段的主干课，是一门对学生进行语言知识教学和各项语言技能综合训练的实践汉语课。	1999	李杨，试论初级阶段综合课教学规范化，载《对外汉语教学初级阶段课程规范》，北京语言大学出版社。
王钟华	综合课是一门集语言知识和必要的语言文化背景知识、语言技能以及交际技能教学为一体的课型。在语言习得初级阶段，综合课起着主导作用，是打头课。在听、说、读、写四会并重的前提下，突出听和说的训练。	1999	王钟华主编，《对外汉语教学初级阶段课程规范》，北京语言大学出版社。

作者	名称性质	时间	出处
陈田顺	中级汉语课是汉语言专业的综合课、必修课。以语言技能训练为主，并辅以必要的语言知识、文化背景知识的讲授。整个教学过程要进行听、说、读、写的综合训练。	1999	陈田顺主编，《对外汉语教学中高级阶段课程规范》，北京语言大学出版社。
李　杨	融合性：围绕语言基本要素与相关文化内容进行听、说、读、写的综合训练，是各专项技能课的核心和纽带。	1999	李杨，《对外汉语本科教育研究》，北京语言大学出版社。
刘　珣	汉语技能课：由综合技能课（原称为“精读课”）和专项技能课组成，作为第二语言教学的汉语课，就其本质特点来说是语言工具课、语言技能课。	2000	刘珣，《对外汉语教育学引论》，北京语言大学出版社。
赵金铭	综合课具有全面综合性，一般作为基础课或主干课设置，是把语言要素、文化知识、语用规则的教学和言语技能、言语交际技能的训练等各项内容综合起来，培养学生综合运用语言能力的课程。	2004	赵金铭主编，《对外汉语教学概论》，商务印书馆。
李　泉	精读课上成语言知识或文化背景的讲授课，无论多么精彩都不是合格的精读课。	2005	李泉，《对外汉语教学理论思考》，教育科学出版社。
陈昌来	综合课又称精读课，是主干课型，它结合语言要素、语言知识的传授以及语用规则、社会文化知识的教学，对学习者进行全面的、综合的语言技能训练（包括听、说、读、写等）。通常冠以“初级汉语”“中级汉语”和“高级汉语”等课名。	2005	陈昌来主编，《对外汉语教学概论》，复旦大学出版社。
李晓琪	综合课是汉语基础知识讲练课，处于主干、基础地位。	2006	李晓琪主编，《对外汉语综合课教学研究》，商务印书馆。
张　辉 杨　楠	综合课是对学生进行多方位的语言教学和训练，其教学内容、教学任务、课堂训练方式都具有综合性。作为主干课程，为其他汉语言课程的学习奠定了基础并架起了一座桥梁。	2006	张辉、杨楠，《汉语综合课教学法》，北京语言大学出版社。

作者	名称性质	时间	出处
崔永华	综合课是对外汉语课程的核心课程。	2008	崔永华，《对外汉语教学设计导论》，北京语言大学出版社。
姜丽萍	对外汉语综合课是从语音、词汇、语法、汉字和相关文化知识等语言知识和语言要素出发，对学生的听、说、读、写等言语技能和言语交际技能进行多方位综合训练的课型。	2008	姜丽萍，《对外汉语教学论》，北京语言大学出版社。
周小兵	综合课既教授汉语的语音、语法、词汇、语用、文化等知识，又对学生进行听、说、读、写等各项技能的综合训练。	2009	周小兵主编，《对外汉语教学导论》，商务印书馆。

注：精读课又曾称读写课、文选课、汉语课、汉语综合课，是汉语综合语言技能训练课，对听、说、读、写四项技能作全面的训练。

表 1-2　汉语综合课的特点简表

作者	特点描述	时间	出处
周祖谟	全面要求，综合教学，阶段侧重。	1953	吕必松，《对外汉语教学发展概要》，北京语言学院出版社，1990。
钟　梫	什么时候侧重什么，什么阶段侧重什么，整个说又侧重什么。	1979	钟梫，十五年汉语教学总结，《语言教学与研究》1979年试刊第四集。
崔永华	初级阶段的精读课可以说是对外汉语教学中章法比较固定的一种课型，是对外汉语教学中具有代表性的、成熟的课型。	1992	崔永华，基础阶段精读课课堂教学结构分析，《世界汉语教学》1992 年第 3 期。
吕必松	精读课的主要特点是综合性，其主要任务是全面进行语言要素、文化背景知识和语用规则的教学，全面进行言语技能和言语交际技能的训练，把这几项内容综合起来进行教学。	1996	吕必松，《对外汉语教学概论（讲义）》，国家教委对外汉语教师资格审查委员会办公室。
陈田顺	**综合性**：即这门课程要围绕限定的词汇、语法、功能、文化项目进行听、说、读、写的综合训练；**基础性**：教学内容上要通过对中级阶段的基本词汇、基本语法、基本功能文化项目的学习训练，打好语言基础和技能基础，为其他专项技能课提供必需的、坚实的基础。	1999	陈田顺主编，《对外汉语教学中高级阶段课程规范》，北京语言大学出版社。
赵金铭	传统综合课以培养学生的语法意识和系统掌握语法知识为主要目标，现代综合课具有明显的技能培养倾向。综合性体现在教学内容上，也体现在技能训练方式上。	2004	赵金铭主编，《对外汉语教学概论》，商务印书馆。
李晓琪	综合课作为对外汉语教学初级阶段的主干课程，是一门对学生进行语言知识教学和各项语言技能综合训练的实践汉语课。	2006	李晓琪主编，《对外汉语综合课教学研究》，商务印书馆。

表 1-3　汉语综合课的任务简表

作者	任务描述	时间	出处
吕必松	主要任务是全面进行语言要素、文化背景知识和语用规则的教学，全面进行言语技能和言语交际技能的训练，把这几项内容综合起来进行教学。	1990	吕必松，《对外汉语教学发展概要》，北京语言学院出版社。
李　杨	汉语基础课的首要任务是把语言知识转化为语言技能，转化为交际技能。	1993	李杨，《中高级对外汉语教学论》，北京大学出版社。
蔡整莹	第一，语言知识教学；第二，最核心任务——语言技能训练；第三，言语交际技能训练；第四，文化因素教学；第五，培养学生学习能力。	1997	蔡整莹，初级阶段的综合课，载《对外汉语教学课程研究》，北京语言大学出版社。
李　珠	初级阶段综合课承担着语言、技能、文化三位一体的教学任务，是听力、阅读、口语、写作等几门单项技能课教学的基础。	1999	李珠，初级阶段综合课教学规范化管见，载《对外汉语教学初级阶段课程规范》，北京语言大学出版社。
王钟华	以语言技能和交际技能训练为中心，以句子和词语为重点，进行语音、语法、词汇、汉字的综合教学，培养学生的言语交际能力。	1999	王钟华主编，《对外汉语教学初级阶段课程规范》，北京语言大学出版社。
赵金铭	首要任务或基础性任务是传授语言知识和规则；核心任务是语言技能的训练，是以听说技能为重点，包括听、说、读、写各项技能的综合训练。	2004	赵金铭主编，《对外汉语教学概论》，商务印书馆。
李晓琪	知识讲授与技能训练二者都是课堂教学的任务；培养、提高语言能力和交际能力是整个对外汉语教学的任务。	2006	李晓琪主编，《对外汉语综合课教学研究》，商务印书馆。
张　辉 杨　楠	培养学生的汉语言技能和言语交际能力，其任务是多层次、多方位的。	2006	张辉、杨楠，《汉语综合课教学法》，北京语言大学出版社。
崔永华	主要任务是引进一个教学单元的各方面教学内容，包括语音、词汇、语法点、文化点、课文等，并进行一定的语言技能训练。	2008	崔永华，《对外汉语教学设计导论》，北京语言大学出版社。

表 1-4　汉语综合课的内容简表

作者	内容描述	时间	出处
周祖谟	语法知识是必教的，以便发展说话和听话的能力，并为培养阅读能力打下基础。教学内容以词汇和语法为中心。语言技能训练要全面要求，综合教学，阶段侧重。	1953	周祖谟，教非汉族学生学习汉语的一些问题，《中国语文》1953 年 7 月号。
吕必松	语言技能、语言要素、文化背景知识、语用规则。	1996	吕必松，《对外汉语教学概论（讲义）》，国家教委对外汉语教师资格审查委员会办公室。
刘　珣	除汉语言本身外，还包括与汉语紧密相关的文化因素和基本的中国国情和文化背景知识。	2000	刘珣，《对外汉语教育学引论》，北京语言大学出版社。
赵金铭	偏向技能教学，且语言知识教学越来越情景化、功能化、交际化，与技能训练合而为一。	2004	赵金铭主编，《对外汉语教学概论》，商务印书馆。
李晓琪	汉语基础知识及把这些知识转化为技能。	2006	李晓琪主编，《对外汉语综合课教学研究》，商务印书馆。
张　辉 杨　楠	不同阶段所教授的内容包括语音、语法、词汇、语段、篇章、修辞等综合性的汉语言知识以及相关的文化知识。	2006	张辉、杨楠，《汉语综合课教学法》，北京语言大学出版社。
崔永华	每个教学单元的各方面教学内容，包括语音、词汇、语法点、文化点、课文等，并进行一定的语言技能训练。	2008	崔永华，《对外汉语教学设计导论》，北京语言大学出版社。

表 1–5　初级综合课教学内容简表

作者	内容描述	时间	出处
周祖谟	听话和说话。	1953	周祖谟，教非汉族学生学习汉语的一些问题，《中国语文》1953 年 7 月号。
李菊先	障碍交际的最基本的习俗礼仪等语言文化因素。	1992	李菊先，关于中、高级对外汉语教材的思考，《世界汉语教学》1992 年第 4 期。
蔡整莹	语音阶段、语法阶段和短文阶段。	1997	蔡整莹，初级阶段的综合课，载《对外汉语教学课程研究》，北京语言大学出版社。
李　珠	语音阶段、句型语法阶段、短文词汇阶段，各有侧重，不能截然分开。	1999	李珠，初级阶段综合课教学规范化管见，载《对外汉语教学初级阶段课程规范》，北京语言大学出版社。
王钟华	**语音阶段**：难发、易混的声韵母，声调、变调，轻声、儿化；**语法阶段**：选择疑问句、形容词谓语句、主谓谓语句，动作的进行、即将发生，补语，特殊句式等；**短文阶段**：适当的文化知识介绍等。	1999	王钟华主编，《对外汉语教学初级阶段课程规范》，北京语言大学出版社。
朱庆明	知识传授（言语要素、相关文化知识、语言知识）和技能训练（言语技能、言语交际技能）。	1999	朱庆明，试论初级阶段综合课教学规范化，载《对外汉语教学初级阶段课程规范》，北京语言大学出版社。
国家对外汉语教学领导小组办公室	汉语普通话语音教学；汉语基本句型和语法教学；常用词汇和短文教学；汉字笔顺、笔画和汉字基本知识教学，认读并书写常用汉字。	2002	国家对外汉语教学领导小组办公室编，《高等学校外国留学生汉语言专业教学大纲（附件二）》，北京语言大学出版社。
陈昌来	**语音**：讲授和练习汉语普通话的声母、韵母、声调及其配合； **词汇**、**汉字**、**语法**：覆盖各专项大纲所规定的教学内容。	2005	陈昌来主编，《对外汉语教学概论》，复旦大学出版社。
张　辉 杨　楠	语音、语法、词汇、短文阶段，逐步培养成段表达能力。	2006	张辉、杨楠，《汉语综合课教学法》，北京语言大学出版社。

表 1-6　中级综合课教学内容简表

<table>
<tr><th>作者</th><th colspan="3">内容描述</th><th>时间</th><th>出处</th></tr>
<tr><td>周祖谟</td><td colspan="3">阅读和写作。</td><td>1953</td><td>周祖谟，教非汉族学生学习汉语的一些问题，《中国语文》1953 年 7 月号。</td></tr>
<tr><td>郭振华</td><td colspan="3">语料接近书面语，扩大生词量，提高阅读能力；层次多，知识面广，难点集中。</td><td>1991</td><td>郭振华，中级阶段对外汉语教学的几个问题，载《中高级对外汉语教学论文选》，北京语言学院出版社。</td></tr>
<tr><td rowspan="3">陈　灼</td><td>预习</td><td>课堂教学</td><td>复习</td><td rowspan="3">1991</td><td rowspan="3">陈灼，试论中级汉语课的设计，《世界汉语教学》1991 年第 4 期。</td></tr>
<tr><td>读为主</td><td>听说为主</td><td>写为主</td></tr>
<tr><td>写听为辅</td><td>读写为辅</td><td>读听为辅</td></tr>
<tr><td>杨寄洲</td><td colspan="3">短文教学以词语和词语结构为教学重点；增加文化知识介绍；重在成段表达能力训练；注重口语能力提高；加强语调训练。</td><td>1991</td><td>杨寄洲，谈中级汉语课堂教学的原则与方法，载《中高级对外汉语教学论文选》，北京语言学院出版社。</td></tr>
<tr><td>李菊先</td><td colspan="3">（中、高级）增加那些反映中华民族特有的价值观念、审美意识、心理状态、思维方式、社会习俗等方面的高层次的语言文化因素。</td><td>1992</td><td>李菊先，关于中、高级对外汉语教材的思考，《世界汉语教学》1992 年第 4 期。</td></tr>
<tr><td>陈　灼</td><td colspan="3">词汇教学（常用虚词及结构、特殊用法词及兼类词、固定结构和常用格式）；
语法教学（语素、词组、语段、语篇）。</td><td>1999</td><td>陈灼执笔，北京语言大学汉语学院中级汉语教研室集体讨论，《中级汉语课（综合课）课程规范》，《对外汉语教学中高级阶段课程规范》，北京语言大学出版社。</td></tr>
<tr><td>国家对外汉语教学领导小组办公室</td><td colspan="3">学习各种题材和体裁的反映当代中国人生活的文章或部分名家作品，介绍相关的文化背景知识，讲解文章中出现的语法结构，并进行多种形式的书面或口头练习。</td><td>2002</td><td>国家对外汉语教学领导小组办公室编，《高等学校外国留学生汉语言专业教学大纲（附件二）》，北京语言大学出版社。</td></tr>
</table>

作者	内容描述	时间	出处
陈昌来	学习各种题材、体裁的反映当代中国人生活的文章以及一些反映近几十年生活的现代作品，掌握其中出现的生词和语法现象，并进行各种综合训练。	2005	陈昌来主编,《对外汉语教学概论》，复旦大学出版社。
李晓琪	以词语和词语结构为重点；短文教学，语料接近书面语，更适合读写；重阅读，轻听力；加大写作训练；增加文化知识介绍；重在成段表达能力训练；注重口语能力的提高；加强语调训练。	2006	李晓琪主编,《对外汉语综合课教学研究》，商务印书馆。
张辉 杨楠	进一步扩大词汇量，巩固、补充、扩展和深化基本语法项目；提高学习者运用所学词语、结构、复杂句式和语段结构知识，就某一方面内容、话题进行成段表达的能力，使学习者能熟练地使用汉语口语和书面语与人交际。仍以培养交际能力为目的，以技能训练为核心。重点是词语教学和语段、语篇教学。	2006	张辉、杨楠,《汉语综合课教学法》，北京语言大学出版社。

表 1-7　高级综合课教学内容简表

作者	内容描述	时间	出处
王晓澎 倪明亮	虚词及连接词语、常用词语及固定词组、复杂句型、固定格式、复句、语段、篇章、实用修辞、交际性文化知识等；进一步扩大词汇量；词语辨析；成段表达。	1991	王晓澎、倪明亮，高级阶段汉语教学散论，《语言教学与研究》1991 年第 2 期。
李菊先	（中、高级）增加那些反映中华民族特有的价值观念、审美意识、心理状态、思维方式、社会习俗等方面的高层次的语言文化因素。	1992	李菊先，关于中、高级对外汉语教材的思考，《世界汉语教学》1992 年第 4 期。
陈田顺	以阅读理解为基础，以重点词语和常用句式为基本内容，以准确而得体的口语和书面语表达为训练目标。	1999	陈田顺主编，《对外汉语教学中高级阶段课程规范》，北京语言大学出版社。
国家对外汉语教学领导小组办公室	学习内容较有现实意义的、语言较典范的现代名家的经典作品及能够反映当代中国社会生活和民族文化特点的文章。	2002	国家对外汉语教学领导小组办公室编，《高等学校外国留学生汉语言专业教学大纲（附件二）》，北京语言大学出版社。
陈昌来	通过阅读比较有现实意义的、语言典范的现代名家作品（不仅仅是文学作品）和反映当代现实生活、社会面貌和民族文化特点的文章，进一步扩大词汇量，积累相当数量的词语和固定格式，培养语言运用能力和综合理解能力等。	2005	陈昌来主编，《对外汉语教学概论》，复旦大学出版社。
张　辉 杨　楠	主要学习反映中国社会生活和民族文化特点的多种题材、体裁、语体、风格的文章；继续语言技能训练；培养学生用汉语思维的习惯；学习 2800 个左右高级阶段词语；学习 100 个左右语言点；掌握相关文化知识、语用知识；培养成篇表达能力。**词语教学**：构词法、具有浓重文化色彩的词语、辨析多词近义现象、常用词语的一词多义及用法、新词语；**句式教学**；**口语格式教学**；**复句教学**；**语篇教学**（重点）：篇章主题推进方式、语篇衔接手段；**修辞知识**、**文化点教学**；仍需**语音教学**。	2006	张辉、杨楠，《汉语综合课教学法》，北京语言大学出版社。

表 1-8　汉语综合课教学原则简表

作者	原则概述	时间	出处
周祖谟	必须注重词汇教学和语法教学。	1953	周祖谟，教非汉族学生学习汉语的一些问题，《中国语文》1953 年 7 月号。
吕必松	实践第一原则，注重交际性实践，注重科学系统性。	1979	吕必松，汉语作为外语教学的实践性原则——谈谈基础汉语教学中的几个关系，《语言教学与研究》1979 年创刊号。
钟　梫	实践性原则；全面要求，四会并举；精讲多练；从实际出发，学以致用。	1979	钟梫，十五年汉语教学总结，《语言教学与研究》1979 年试刊第四集。
吕必松	结构—意义—功能相结合。	1981	吕必松，“听说法”评介，《语言教学与研究》1981 年第 4 期。
刘　珣	功能与语法、句型兼顾原则。	1982	刘珣，试谈基础汉语教科书的编写原则，《语言教学与研究》1982 年第 4 期。
任　远	结构—功能相结合原则。	1985	任远，基础汉语教材纵横谈，《语言教学与研究》1985 年第 2 期。
赵贤州	以结构为主，结构和功能相结合原则。	1988	赵贤州，建国以来对外汉语教材研究报告，《第二届国际汉语教学讨论会论文选》。
中国对外汉语教学学会汉语水平等级标准研究小组	结构—功能—文化相结合原则。	1988	《汉语水平等级标准和等级大纲》(试行)，北京语言学院出版社。
吕必松	教师为主导，学生为中心；教学内容决定教学方法；语言教学与文化教学相结合；形式结构教学与语义教学相统一；以言语技能和言语交际技能训练为中心；精讲多练；适度使用媒介语。	1993	吕必松，《对外汉语教学研究》，北京语言学院出版社。

作者	原则概述	时间	出处
邵敬敏	以语义表达为主，结构形式为辅，语用变化为补，各阶段各有侧重。	1994	邵敬敏，对外汉语教学语法改革的新蓝图——评吕文华《对外汉语教学语法探索》，《汉语学习》1994年第5期。
王　丽	短期强化、针对性、实践性、交际性、综合性、结构—功能—文化相结合、循序渐进、趣味性、有限度地使用学生母语或媒介语原则。	1996	王丽，对外汉语教学的教材编写，载《对外汉语教学通论》，上海外语教育出版社。
刘　珣	交际性原则（教学过程交际化）；以学生为中心；结构—功能—文化相结合；学习与习得相结合；精讲多练；以句子和话语为重点；沉浸法；循序渐进；直观性原则。	1997	刘珣，试论汉语作为第二语言教学的基本原则——兼论海内外汉语教学的学科建设，《世界汉语教学》1997年第1期。
李　泉	常规教学原则（因材施教、循序渐进、精讲多练）；上位教学原则（学生为主体，教师为主导）；中位教学原则（课堂教学、课型教学、教材编写原则）；下位教学原则（技能训练机会均等、搞活课堂的意识）。	2001	李泉，试论对外汉语教学的教学原则，载《中国对外汉语教育学学会北京分会第二届学术年会论文集》，中国对外汉语教学学会北京分会编，北京语言大学出版社。
赵金铭	口语交际能力中心化；课程活动化；教材一体化；课程规范化。	2004	赵金铭主编，《对外汉语教学概论》，商务印书馆。
陈昌来	以学生为中心，教师为主导；教学活动注重实践性；追求教学手段多样化；尽量避免学生使用母语或媒介语。	2005	陈昌来主编，《对外汉语教学概论》，复旦大学出版社。
张　辉 杨　楠	不同教学阶段任务不同，但所遵循的原则是一致的，即实践性原则；课堂教学交际化原则；以学生为中心，以教师为主导；听、说、读、写技能全面要求；结构、语义、语用、文化相结合原则。	2006	张辉、杨楠，《汉语综合课教学法》，北京语言大学出版社。
周志宇	任务型教学原则：在做中学；基于汉语的特点设计任务；为自己的学生设计教学。	2009	周志宇，任务型初级汉语综合教材设计研究，北京语言大学硕士学位论文。

表 1-9　初级综合课教学原则简表

作者	原则概述	时间	出处
邵敬敏	衔接贯通，从结构形式入手，再以语义解释为主。	1994	邵敬敏，对外汉语教学语法改革的新蓝图——评吕文华《对外汉语教学语法探索》,《汉语学习》1994 年第 5 期。
刘　珣	并不排斥听说法的句型操练等机械训练方式；适当选用原文；结构是基础；听说领先，读写跟上；使用口语和书面语结合的“中性”语体。	1997	刘珣，试论汉语作为第二语言教学的基本原则——兼论海内外汉语教学的学科建设,《世界汉语教学》1997 年第 1 期。
蔡整莹	实践性原则；交际性原则；以学生为中心，以教师为主导的原则。	1997	蔡整莹，初级阶段的综合课，载《对外汉语教学课程研究》，北京语言大学出版社。
杨寄洲	以学生为中心，教师为主导；实践性；精讲多练；课堂教学交际化。	1999	杨寄洲主编,《对外汉语教学初级阶段教学大纲》，北京语言大学出版社。
朱庆明	实践性、交际性原则。	1999	朱庆明，试论初级阶段综合课教学规范化，载《对外汉语教学初级阶段课程规范》，北京语言大学出版社。
王钟华	课堂教学交际化；精讲多练；以学生为中心；结构—语义—语用结合文化教学；听、说、读、写全面要求。	1999	王钟华主编,《对外汉语教学初级阶段课程规范》，北京语言大学出版社。
李　杨	实践汉语课的最终目的是培养学生的言语交际能力，实践性和交际性是综合课总的教学原则。	1999	李杨,《对外汉语本科教育研究》，北京语言大学出版社。
陈昌来	注重基本语言要素的教学；听、说、读、写并重；听说领先；教学活动交际化；训练重模仿；教学手段直观形象；教学用语简明。	2005	陈昌来主编,《对外汉语教学概论》，复旦大学出版社。

表 1-10　中级综合课教学原则简表

作者	原则描述	时间	出处
陈　灼	实践性、综合性原则。	1991	陈灼，试论中级汉语课的设计，《世界汉语教学》1991 年第 4 期。
杨寄洲	实践原则、交际原则、时效原则、学生为主原则。	1991	杨寄洲，谈中级汉语课堂教学的原则与方法，载《中高级对外汉语教学论文选》，北京语言学院出版社。
李忆民	**词汇：**以旧带新、循环递进，超纲词越少越好；**语法：**少而精，借鉴“句法—语义—语用”三个层面的研究成果；注重隐含交际文化；注重课文局部连贯和总体连贯；课文语言向真实语言背景转换。	1993	李忆民，课堂教学的内向和外向——试论中级汉语精读课课堂教学交际化，《语言教学与研究》1993 年第 3 期。
邵敬敏	语法循环递进；从语义范畴入手，再以形式证明为主。	1994	邵敬敏，对外汉语教学语法改革的新蓝图——评吕文华《对外汉语教学语法探索》，《汉语学习》1994 年第 5 期。
刘　珣	加强功能作用，巩固、扩展结构；听、说、读、写并重；加强口语和书面语的区分和转换。	1997	刘珣，试论汉语作为第二语言教学的基本原则——兼论海内外汉语教学的学科建设，《世界汉语教学》1997 年第 1 期。
陈昌来	重视语用规则的教学；注重语段篇章教学；听、说、读、写并重，突出读写训练；适当增加语言文化教学内容；增加主观性练习量。	2005	陈昌来主编，《对外汉语教学概论》，复旦大学出版社。
李晓琪	**实践原则：**少讲多练，突出“说”的训练；**交际原则：**口语交际为主，课堂教学交际化、真实化；时效原则；学生为主原则。	2006	李晓琪主编，《对外汉语综合课教学研究》，商务印书馆。

表 1-11　高级综合课教学原则简表

作者	原则描述	时间	出处
王晓澎 倪明亮	科学与实用原则；注重文化背景知识、语言技能训练；科学完善高级阶段各项大纲；系统性；树立新型学教观；经济简明原则；教材选文要承担诸项技能的综合训练；语言实践活动规范化。	1991	王晓澎、倪明亮，高级阶段汉语教学散论，《语言教学与研究》1991 年第 2 期。
李忆民	注意文句中对“句法—语义—语用”起制导作用的词语和发出“意合”作用的因素；教材要有情趣，具备内在吸引力；激活蕴涵命题和语用含义。	1993	李忆民，课堂教学的内向和外向——试论中级汉语精读课课堂教学交际化，《语言教学与研究》1993 年第 3 期。
倪明亮	以语篇理论为教学指导思想；以培养交际能力为重点教学，强调交际性；以语言和交际文化的技能训练作为教学支点，突出交际实用性。	1993	倪明亮，未来高级阶段汉语基础课教材的框架构想与设计，载《对外汉语教学论文集》，北京语言学院出版社。
邵敬敏	深化扩展，以结合语境作语用说明为主。	1994	邵敬敏，对外汉语教学语法改革的新蓝图——评吕文华《对外汉语教学语法探索》，《汉语学习》1994 年第 5 期。
刘　珣	更多地选用原文；注重国情和文化知识；侧重读写，不放松听说；突出书面语。	1997	刘珣，试论汉语作为第二语言教学的基本原则——兼论海内外汉语教学的学科建设，《世界汉语教学》1997 年第 1 期。
李　杨	加强语段语篇教学；加强综合性训练；强化“思维—语言”活动；以学生为主；教材体现阶段性。	1999	李杨，《对外汉语本科教育研究》，北京语言大学出版社。
陈昌来	以言语技能训练为核心；加大交际文化知识教学的力度；加强语段语篇训练；增强教材和训练的真实性。	2005	陈昌来主编，《对外汉语教学概论》，复旦大学出版社。

表 1-12　初级综合课教学方法简表

作者	教法描述	时间	出处
钟　棂	翻译法。	1979	钟棂，十五年汉语教学总结，《语言教学与研究》1979 年试刊第四集。
赵金铭	语法点教学在初级阶段只需教最基本的语法形式，使学习者具备区分正误的能力。	1996	赵金铭，对外汉语语法教学的三个阶段及其教学主旨，《世界汉语教学》1996 年第 3 期。
姜丽萍	扩展式教学法。	1999	姜丽萍，基础汉语阶段一种高效的教学法初探——扩展式教学法，载《语言文化教学研究集刊》（第三辑），华语教学出版社。
李　珠	**语音阶段**：先音素后语流，在语流中掌握音变或先语流后音素；**句型语法阶段**：语法规则和具体词语教学相结合，语法阶段重语法，短文阶段重词语，语义、结构、语用相结合；**短文词汇阶段**：词语教学与语境挂钩，与语法教学结合，以培养学生语段篇章能力为目标，连词成句，连句成段。	1999	李珠，初级阶段综合课教学规范化管见，载《对外汉语教学初级阶段课程规范》，北京语言大学出版社。
朱庆明	**语音教学**：从声韵调入手，结合语流训练，辅以语音理论知识的正确指点；学生自觉模仿，大量听、读练习是重要手段；**语法教学**：贯彻“精讲多练”；从句型入手，加强语义、语用分析；淡化语法讲解，加强词汇教学，在以句子为中心的语法教学中突出词组教学（词语搭配、扩展法、语用对比）；**短文教学**：注重语段、语篇训练，加强读写技能训练；**课文教学**：朗读（领读、集体读、个别读）、讲解、问答、简述、复述、背诵等为主要形式。	1999	朱庆明，试论初级阶段综合课教学规范化，载《对外汉语教学初级阶段课程规范》，北京语言大学出版社。

作者	教法描述	时间	出处
国家对外汉语教学领导小组办公室	在讲授基础上进行大量的课堂操练，设置情景进行对话，限定范围进行口头或书面成段表达。	2002	国家对外汉语教学领导小组办公室编，《高等学校外国留学生汉语言专业教学大纲（附件二）》，北京语言大学出版社。
李晓琪	扩展法。	2006	李晓琪主编，《对外汉语综合课教学研究》，商务印书馆。
张　辉 杨　楠	**复习**：听写、听述、会话或说话、给语境说句子、造句；**生词教学**：展示、朗读、讲解和扩展；**课文教学**：展示、理解、操练；**重点词语讲练**：展示、说明、操练；**自由表达**：讨论、辩论、命题说话或规定内容说话、命题写话或规定内容写话。	2006	张辉、杨楠，《汉语综合课教学法》，北京语言大学出版社。
赵金铭	重视语音阶段教学，夯实学习者的语音基础。	2010	赵金铭，对外汉语教学法回视与再认识，《世界汉语教学》2010 年第 2 期。

表 1-13　中级综合课教学方法简表

作者	教法描述	时间	出处
陈　灼	设计“题材范围型”教材；以“功能—话题—情景”为功能项目；注重交际文化讲解。	1991	陈灼，试论中级汉语课的设计，《世界汉语教学》1991 年第 4 期。
杨寄洲	学生自觉主动学习法，强调预习，培养学生自学能力。注重讲解、检查与纠错、操练（理解记忆型、模仿型、活用型）。	1991	杨寄洲，谈中级汉语课堂教学的原则与方法，《中高级对外汉语教学论文选》，北京语言学院出版社。
李忆民	交际化活动：诱发、直接切入法，以语义指向为线索，采用迂回策略，在隐蔽的空间里推断，把表达重心引向“意合”处。	1993	李忆民，课堂教学的内向和外向——试论中级汉语精读课课堂教学交际化，《语言教学与研究》1993 年第 3 期。
赵金铭	语法点教学在中级阶段侧重语义语法的教学，使学习者具备区分语言形式异同的能力。	1996	赵金铭，对外汉语语法教学的三个阶段及其教学主旨，《世界汉语教学》1996 年第 3 期。
陈田顺	语段、语篇教学方法：理解性回答、复述；扩展性问答、创造性叙述；就某个情景、某个话题进行对话；深入领会具有丰富内涵的句子、语段、语篇；用制定词语描述人或事；课堂讨论等。	1999	陈田顺主编，《对外汉语教学中高级阶段课程规范》，北京语言大学出版社。
国家对外汉语教学领导小组办公室	精讲多练，在学懂课文的基础上，着重训练学生遣词造句、进行口语和书面语成段表达的能力。	2002	国家对外汉语教学领导小组办公室编，《高等学校外国留学生汉语言专业教学大纲（附件二）》，北京语言大学出版社。
李晓琪	展示、操练、活用；课文复述；学生自学，强调预习；交际法（课堂交际、模仿交际、真实交际）。	2006	李晓琪主编，《对外汉语综合课教学研究》，商务印书馆。
张　辉 杨　楠	**复习**：听写、提问、造句、根据要求说话、新课解题；**生词教学**：启发式、讲练搭配、扩展法；**课文教学**：朗读、讲解课文，讲练重点词语等。	2006	张辉、杨楠，《汉语综合课教学法》，北京语言大学出版社。

表 1-14 高级综合课教学方法简表

作者	教法描述	时间	出处
王晓澎 倪明亮	着眼于“精”，突出“读”；扩大文化知识面；教授实用的语法知识、结构；教材选文兼顾各种语体。	1991	王晓澎、倪明亮，高级阶段汉语教学散论，《语言教学与研究》1991 年第 2 期。
倪明亮	**三段式教学法：**课前，给出课文或复习提示；课上，围绕问题重点讲解，培养成段表达能力；课后，记述课上表达，使口头训练转化为笔头训练。先易后难，先短后长，先单项后综合，先具体后抽象。具体顺序依据课文或所在层级而定。	1993	倪明亮，未来高级阶段汉语基础课教材的框架构想与设计，载《对外汉语教学论文集》，北京语言学院出版社。
李　杨	语篇训练在质的方面，提高分析性问题比重，包括微观分析（重点词语、句子的含义；词句用法上的比较分析等）和宏观分析（如从全文逐个分析重要人物性格以及探讨某些全局性的深层文化意蕴等）；加大书面训练量，培养成篇、书面表达能力。	1993	李杨，《中高级对外汉语教学论》，北京大学出版社。
杨　翼	**语用分析：**包括指示语、预设、语用含义和言语行为等内容。**语言教学：**涉及话题、语用含义、语境、信息结构、预设、语用功能、交际双方的关系、感情色彩、说话人的心理等因素。对外汉语常用的分析法（语法结构分析、词序分析、词义分析）是静态分析法，语用分析是动态分析法，二者结合，使课堂教学效果更好。	1995	杨翼，语用分析在高级汉语教学中的运用，《世界汉语教学》1995 年第 3 期。
赵金铭	语法点教学在高级阶段侧重语用功能语法的教学，使学习者具备区分语言形式高下的能力。	1996	赵金铭，对外汉语语法教学的三个阶段及其教学主旨，《世界汉语教学》1996 年第 3 期。

作者	教法描述	时间	出处
国家对外汉语教学领导小组办公室	以课堂讲练为主，全面训练学生的语言技能，并有意识地组织学生进行语段训练。以读导入说，主要分为“阅读—表达—讲评”三个步骤，即教师进行指导性阅读，适当讲解阅读内容及技巧；指导学生进行讨论、演讲、辩论等口语表达练习；对学生口语表达进行讲评。	2002	国家对外汉语教学领导小组办公室编，《高等学校外国留学生汉语言专业教学大纲（附件二）》，北京语言大学出版社。
张　辉 杨　楠	与初、中级阶段一脉相承，但更重视引导学生课前、课后的学习。**复习**：听后说或听后写、复述课文、讨论；**词语教学**：层级性教学、交际性教学、语用分析教学；**语篇教学**：连段成篇、模仿范例表达、读写结合；**课文教学**：串讲法，运用启发、问答、讨论等互动方法。	2006	张辉、杨楠，《汉语综合课教学法》，北京语言大学出版社。

第二章 汉语综合课教材编写原则概述

表 2-1 汉语综合课教材编写原则一览表

专家学者	时间	趣味性	实用性	科学性	针对性	交际性	知识性	系统性	时代性	其他原则及备注
赵贤州	1988	+		+	+					实践性。
吕必松	1993	+	+	+	+	+	+			
刘 珣	2000	+	+	+	+			+		
赵金铭	2004	+	+						+	定向原则、目标原则、特色原则、认知原则、语体原则、文化原则、立体原则。
李 泉	2002–2008	$+_{2002}$	$+_{2007}$	$+_{2008}$	$+_{2004}$					
陈昌来	2005	+	+	+			+			把交际性、针对性、系统性列为教材的选用原则。
崔永华	2008	+	+	+	+	+	+			
周小兵	2009	+	+	+	+					

表 2-2　汉语综合课教材编写原则分述表

专家学者	时间	原则表述
趣味性原则		
赵贤州	1988	1. 要考虑语言材料的实用价值；2. 要适应学习者的心理特点；3. 语言材料的风格要多样化。
吕必松	1993	保证教材的趣味性是激发学习热情的一个重要手段。 教材的内容和形式生动有趣：1. 思想内容要能引起兴趣；2. 语言材料要生动有趣。
刘　珣	2000	1. 与教材的实用性、交际性密切相关；2. 教材内容要反映现实，是学习者所关注的话题；3. 教材内容要逐步加大文化内涵；4. 多样化是形成趣味性的重要因素。
李　泉	2002	1. 趣味性应具有新知性、未知而想知性、想象性、启迪性、功利性、成就性、欣赏性等趣味性本身的特征；2. 内容要先有趣再有用；3. "有趣" 同时更应该 "有用"；4. "有趣" 和 "有用" 并不对立；5. 有趣是可以创造、可以增强的，但也是相对的、有限的；6. 趣味是学生的，而不是老师的。
赵金铭	2004	想方设法让学习者感到教材的内容既有趣又有用，教材的形式既赏心悦目又方便实用。
陈昌来	2005	教材的趣味性主要体现在教材内容的生动有趣和形式的活泼多样上。多样性包括题材、体裁、语言风格、练习形式。排版设计、字体大小、插图画面等也是影响教材趣味性所不可忽视的因素。 在**初级**阶段，要紧密结合学习者的日常生活需要，课上学习的内容课后马上能够运用，就自然产生学生的学习兴趣和动力。**中高级**教材要反映现实生活，选择学习者所关注的话题或者含有丰富的文化内涵的话题。
周小兵	2009	教材有趣味，才能让使用者（师生）感到有意思，有吸引力。 1. 现实性；2. 内容、形式多样性；3. 生动性；4. 版式设计。

专家学者	时间	原则表述
实用性原则		
吕必松	1993	1. 所选择的教学内容必须是学生所需要的、常用的；2. 所采用的教学方法要便于教师在课堂上使用。
刘　珣	2000	实用性十分重要，只有实用的教材才能激发学习者学习的积极性。1. 教材内容要从学习者的需要出发；2. 语言材料要源于生活、来源于现实，要有真实性；3. 要利于贯彻精讲多练的原则；4. 要利于开展交际活动，使教学过程交际化。
赵金铭	2004	教材设计和编写过程中要充分考虑到教材的实际应用价值、课文内容的取向、词汇语法的选择、练习的内容和方式、情景设置和功能项目的安排等。
陈昌来	2005	1. 内容的实用性；2. 语言材料的真实性；3. 教学方法的实用性。
李　泉	2007	教材的内容符合学习者的目标需求，教材的编排有利于教师的教和学习者的学。
周小兵	2009	只有实用的教材才能激发学生的学习兴趣，教学目标才能很好地实现。 可从三方面把握：1. 交际性；2. 技能训练；3. 工具性。
科学性原则		
赵贤州	1988	要体现语言规律的系统性和语言知识的准确性。
吕必松	1993	1. 语言要规范；2. 对有关知识的介绍和解释要科学；3. 教学内容的组织要符合语言规律、语言学习规律和语言教学规律。
刘　珣	2000	针对性、实用性以及趣味性和系统性都属于教材科学性的范围。 1. 要教规范、通用的语言；2. 教材内容的组织要符合语言教学的规律； 3. 对语言现象的解释要注意准确性；4. 教材内容要反映学科理论研究的新水平。
陈昌来	2005	1. 要教授规范、通用的汉语、汉字；2. 教学内容的组织要符合语言教学规律； 3. 对语言现象的解释要注意准确性和规范性，避免造成误导。
李　泉	2008	对外汉语教材的科学性就是要求教材内容符合汉语和汉字的规范，内容陈述适合汉语作为第二语言教学的需要。
周小兵	2009	符合第二语言、外语学习和教学规律；要由易到难，适合学生的实际水平，方便教师教，方便学生学。 1. 语言点的选择、排序和频率；2. 教材语言；3. 课程特点；4. 协调性：每一课、整部教材、系列教材都要协调统一。

专家学者	时间	原则表述
针对性原则		
赵贤州	1988	注意学习对象的自然条件、学习目的、学习时限。
吕必松	1993	要明确所编教材适用于哪一种教学类型、课程类型和教学对象。实用性、交际性、知识性和科学性等原则都有针对性问题。
刘　珣	2000	1. 学习者年龄、国别（母语和文化背景）、文化程度的特点；2. 学习者学习目的的不同；3. 学习者学习起点的不同；4. 学习时限的不同。
李　泉	2004	1. 加强语言之间和文化之间的对比研究；2. 加强学习者的目标需求和心理需求分析；3. 加强教材编写的理论研究和经验总结；4. 要牢牢把握汉语作为第二语言教学的性质、特点、教学和教材编写规律。
周小兵	2009	1. 要有适合学习者的环境和条件；2. 适合学习者的特点和需求；3. 跟学习者的类型和目标一致。
交际性原则		
吕必松	1993	1. 选择的语言材料要有交际价值；2. 语言材料的组织要尽可能接近真实生活。
知识性原则		
吕必松	1993	保证教材的知识性是激发学习热情的一个重要手段。教学内容要包含学生感兴趣的新知识。
陈昌来	2005	教学内容要包含一定量的新知识。
系统性原则		
刘　珣	2000	1. 内容介绍和技能训练要平衡协调；2. 学生用书、教师手册、练习本、单元试题各部分要分工合理，相互呼应；3. 初级、中级、高级不同阶段的教材要衔接，综合课教材与技能课教材要配合。
时代性原则		
赵金铭	2004	教材在设计和编写过程中，所依据的教学理论、所采取的教学方法、所拟定的编排体例以及教材目标的设定、课文的编写和知识的解说、现代化教学手段的利用等，都应体现学科研究和教材编写研究的新成果，体现时代发展的水平和需要。
其他原则		
赵贤州	1988	**实践性原则**：要求教学内容要与教学对象的需要相适应，把握语言技能只有通过实践才能真正掌握。
赵金铭	2004	**定向原则、目标原则、特色原则、认知原则、语体原则、文化原则、立体原则。**

表 2-3　汉语综合课教材编写趣味性原则简表

相关内容	专家学者	时间	主要观点
趣味性的作用	刘珣 邓恩明 刘社会	1982	加强教材的趣味性成了保护学生学习的积极性、不断激发学习动力的重要一环。
	邓恩明	1998	兴趣乃是注意的内在动力，要想使教学对象保持持久的注意，教材一定要有趣。学习兴趣是学习动机中最现实、最活跃的因素，也是产生和维持注意的重要内部因素。
	刘颂浩	2000	趣味性的重要程度不及语言适度性和内容多样性。
	李泉	2002	趣味性的作用往往是不可替代的，趣味性的多寡是绝大多数学习者评价教材优劣的首选标准。
	赵金铭	2004	增强教材的趣味性可以起到保护和调动学习者的学习积极性、激发学习者学习动机的重要作用，具有不断唤起学习者热情、不断激发学习者学习兴趣的功能。
趣味性的内涵	李泉	2002	1. 趣味性是由内容、形式等多种因素决定的；2. 内容是第一位的，形式是第二位的； 3. 使用者对教材有兴趣，教材对使用者有吸引力。
	李泉	2002	1. 应具有新知性、未知而想知性、想象性、启迪性、功利性、成就性、欣赏性等趣味性本身的特征； 2. 内容要先有趣再有用；3.“有趣”同时更应该“有用”；4.“有趣”和“有用”并不对立； 5. 有趣是可以创造、可以增强的，但也是相对的、有限的；6. 趣味是学生的，而不是老师的。
	孟国	2005	1. 趣味性原则具有极大的依附性；2. 趣味性原则是一个过程；3. 对外汉语教学的“童年时代”往往过分注重趣味性； 4. 第二语言学习者依赖趣味性来提高学习积极性的程度很有限。
	刘颂浩	2008	趣味性分为“产品趣味性”和“过程趣味性”两种。 产品趣味性是教材本身含有的趣味性；过程趣味性是教材在使用过程中呈现出的趣味性。

相关内容	专家学者	时间	主要观点
趣味性的实现途径	邓恩明	1983	1. 内容能满足学生的需要就会引起他们的兴趣，即使内容不太生动，但能做到实用，也能引起他们的间接兴趣；2. 课文中有任务、有情节、有明确的语言环境不仅是趣味性的需要，更是学生掌握言语进行交际的需要；3. 轻松的、令人发笑的内容能提高识记效率，在编写教材时应利用这个因素；4. 教材要体现中国特点，使学生在强烈的兴趣中学到语言技能。
	赵燕皎	1986	课文中适当地穿插一些民间故事、历史传说等，这样可以增加课文的趣味性，但故事穿插要适量，否则就会喧宾夺主。（**高级阶段**）
	毛　文	1987	1. 各种笑话、幽默故事、灯谜、童话、寓言、讽刺作品、相声、侦探小说、科幻小说、热门新闻等，一切有利于去掉枯燥感的作品，都可以作为教材；2. 学生分析、理解等能力都很高，因此要多编一些富于哲理、引人深思、有嚼头的文章；3. 越是学生急于想了解的内容，越有吸引力。
	张孝忠	1987	1. 酌情安排古今名人的趣闻逸事，可以收到知识性、趣味性兼备的效果；2. 国外有的教材用塑造人物形象的办法来增强趣味性，故事有头有尾，还不时设下悬念，读起来令人欲罢不能，可以借鉴。（**高级阶段**）
	赵贤州	1988	语言材料的实用价值是教材趣味性的重要因素。
	佟秉正	1991	课文、对话不但要显示语言的规则与功能，也要表现出语言文字的灵活性，并且随着进度发展风格，不可墨守最简单、最平淡的格调，一成不变。
	吕必松	1993	课本上生动有趣的插图和醒目的版面设计可以提高教材的趣味性。
	刘　珣	1994	1. 教材内容要逐步加大文化内涵，**中高级**阶段要通过语言学习介绍中国文化和中国社会；2. 解决教材的趣味性，根本在于内容必须是学生想学或想要了解的，与培养交际能力紧密相关的，这样的教材才能真正地、长久地吸引学生；3. 多样化是形成趣味性的重要因素。除了题材多样化外，还应该注意体裁和语言风格的多样化。
	郭志良 杨惠元 高彦德	1995	1. 实用性是趣味性的基础，不实用的话题，也谈不上趣味； 2. 出自真实自然情节中的言语内容，能引发学习兴趣，增强记忆； 3. 课文里有些话不必说尽说透，有些文化差异也可不加注释，为师生留下思考和讨论的余地。
	杨寄洲	1996	教材应该表现全人类共同的理想和愿望，共同向往的真的、善的、美的人和事。

相关内容	专家学者	时间	主要观点
趣味性的实现途径	李　泉	1996	课文的话题应广泛涉及伦理道德、男女平等、环境污染、贫富差距、国际局势等国际社会普遍关心的世界级话题，使学生一接触就能产生兴趣。（**中高级阶段**）
	黄　立	1997	改进版面形式，充分利用图片在基础汉语教材中的作用，对增强教材的趣味性也会有所助益。
	赵金铭	1998	语言教材应多考虑人们的文化通感，要让学习者在学习时感到人文性，从而使汉语走向国际社会。
	李　泉	2002	1. 教材编写者首先要有“趣味重要、趣味难”的意识；2. 要充分调查和研究教材使用者的兴趣点；3. 在教材的总体设计中增强趣味性的意识；4. 加强教材的针对性有助于增强趣味性；5. 加强教材的实用性有助于增强趣味性；6. 加强教材的科学性有助于增强趣味性；7. 避免“趣味误区”有利于间接增强教材的趣味性：以“可笑为趣味”的倾向、“稚化”倾向、“说教”倾向、“弘扬”倾向、“迎合”倾向；8. 突出“趣味性特征”有助于直接提升教材趣味性：增强百科知识，缩短课文篇幅，加大文化含量，美化版式设计，内容故事化、语体风格多样化、话题国际化等。
	赵金铭	2004	内容有趣、有用便能够“抓住学生”，特别是让学习者感到内容“学了有用”，才可能使他们产生真正的、持久的兴趣。第二语言教材设计和编写过程中，要充分调查和研究教材使用者的兴趣点，全面把握不同国别及文化传统、不同动机及个性心理特点的学习者的兴趣取向。
	陈昌来	2005	教材的趣味性主要体现为教材内容生动有趣和形式活泼多样。多样性包括题材、体裁、语言风格、练习形式。排版设计、字体大小、插图画面等也是影响教材趣味性所不可忽视的因素。在**初级**阶段，要紧密结合学习者的日常生活需要，课上学习的内容课后马上能够运用，就自然产生学生的学习兴趣和动力。**中高级**教材要反映现实生活，选择学习者所关注的话题或者含有丰富的文化内涵的话题。
	孟　国	2005	1. 提高趣味性必须要有一个坚实的基础，这个基础就是对外汉语教学和教材编写的其他原则，如实用性、针对性、交际性、科学性等，离开这个基础谈趣味性毫无意义；2. 教材内容和教学内容必须接近现实、反映现实，这样才会吸引学生，提高学生的学习积极性；3. 对于教材和教学内容的文化问题，应该坚持以国情文化为主，特别是坚持当今国情文化的教学。
	刘颂浩	2008	1. 实用性带来的是外在动机。实用性如果能够带来趣味性，也是一种巧合，并没有必然性；2. 趣味性既和语言形式有关，又和内容有关，是形式和内容在课文中的统一；3. 趣味性可视为一种语言风格。

相关内容	专家学者	时间	主要观点
趣味性原则与其他原则的关系	李　泉	2002	1. 趣味性原则与其他原则重要地位相同；2. 各原则与教材编写者、教师、学生的“亲疏”关系不同，趣味性是学生评价教材的首选标准；3. 各原则互相联系、互相制约、互相支持。
	孟　国	2005	趣味性依附于实用性、交际性等，趣味性本身不是一个独立的原则；在教材编写中，只要高度重视实用性、交际性等就足够了。
	刘颂浩	2005	教材编写时，一方面要考虑趣味性与其他原则的关系，一方面还要考虑语料的取舍，这是两个相关但不完全相同的问题。决定语料取舍时，语料本身的属性（是否具有适度性、趣味性、知识性等）、语料之间的关系（将待选语料组合在一起是否具有多样性），都会对选择产生影响。此时的指导思想是兼顾，能够兼顾各种属性是最理想的；不能兼顾时，则根据编者的理念和教材的定位进行取舍。
	刘颂浩	2008	总体来看，“依附论”否认趣味性在教材编写中的独立地位，是不可取的；“依附论”的核心是“动机决定行为”，却把内在动机和外在动机混为一谈。“平等论”认为趣味性是一条独立的原则，和其他原则一样重要，但并没有给出理论上的说明，在操作上也难以贯彻，同样是站不住的。“辅助论”也认为趣味性是一条独立的原则，但是具有辅助性，不及核心原则重要。
趣味性原则与师生的关系	李　泉	2002	1. 趣味性归根结底是为更好地实现教学目的服务的；2. 有时可以说趣味性是教师“上”出来的，提高教师对教材的解读和发挥能力很重要；3. 趣味性应源于学生，为了学生，而且最终得以实现还有赖于学生的理解、认可、参与、创造。
	孟　国	2005	趣味性主要体现在教师身上，或者说体现在教学过程中。所以我们很难说这本教材有趣味性或那个课型没有趣味性。这样看来，教材的趣味性原则并不像我们想象的那么重要，重要的是教师的主观能动性，即教师的知识水平、素质修养、教学方法、教学艺术、教学态度、敬业精神、性格禀性等。如果教师能把这些方面的良好状态成功地体现在教学过程中，必定会深深地吸引每一个学生，教学过程自然充满趣味性。
对趣味性原则的总结	李　泉	2002	1. 课文内容要实用；2. 要有人物、有情节、有明确的语言环境；3. 要有幽默感，要有文采；4. 课文中适当地穿插一些民间故事、历史传说等；5. 内容要有一定的思想深度，要给学生想象的余地；6. 语体风格要多样化；7. 加大中国文化的含量，多方面地介绍目的语文化；8. 课文内容应该是学生想学或想知道的；9. 关注世界级的话题和普遍性的文化；10. 版面设计新颖，插图有趣。

表 2-4　汉语综合课教材编写实用性原则简表

相关内容	专家学者	时间	主要观点
现行教材在实用性方面存在的问题	黎天睦	1987	教材不够实用，教科书里说的话不像在街上听到的。
	佟秉正	1991	教科书中的对话像审讯中的一问一答，绝非正常人的交谈，纯粹是为了练习语法或功能，完全脱离现实。
	白乐桑	1996	内容单调，缺乏实用性，语法解释让人摸不着头脑。
	李晓亮	1996	学生接触到的汉语毫无生气，脱离实际。
	徐家祯	1997	有的课文不适合成年学习者的需要。
	赵金铭	1998	词汇量大，复现率低；练习种类单调，数量不足；语法注释烦琐，术语过多；外文翻译艰涩难解，形同虚设；文化取向有欠妥之处；教材系统不完善，各阶段教材之间衔接困难；缺少教师用书等。
什么是教材的实用性	鲁健骥	1983	实用指的是内容应是学生所需要的，也就是强调语言的交际功能。
	吕必松	1993	实用性包括教学内容的实用性和教学方法的实用性。教学内容必须是学生所需要的、常用的，教学方法要便于教师在课堂上使用。
	李　泉	2007	教材的内容符合学习者的目标需求，教材的编排有利于教师的教和学习者的学。
实用性的重要性	刘　珣	2000	实用性十分重要，只有实用的教材才能激发学习者学习的积极性。
	周小兵	2009	只有实用的教材才能激发学生的学习兴趣，教学目标才能很好地实现。
教材实用性的基本要求	刘　珣	2000	1. 教材内容要从学习者的需要出发；2. 语言材料要源于生活、来源于现实，要有真实性； 3. 要利于贯彻精讲多练的原则；4. 要利于开展交际活动，使教学过程交际化。
	赵金铭	2004	教材设计和编写过程中要充分考虑到教材的实际应用价值、课文内容的取向、词汇语法的选择、练习的内容和方式，情景设置和功能项目的安排等。
	陈昌来	2005	1. 内容的实用性；2. 语言材料的真实性；3. 教学方法的实用性。

相关内容	专家学者	时间	主要观点
教材实用性的基本要求	李　泉	2007	1. 教材内容要让学习者明显地感到“学了有用”；2. 教材要有较强的课堂教学的可操作性，让教师感到便于进行语言知识的传授和交际技能的训练，让学习者感到学起来方便容易；3. 不仅课文的编写或采样、词汇和语法等语言要素的筛选要以“实用价值”的大小和强弱为依据，也表现在对课文场景的安排、话题范围的确定、练习题型的选择乃至注释说明等，都要采取“实用主义”，都要有具体的目标和实际效用；4. 内容编排要遵循由易到难、急用先学，注重语法现象的内在联系和难易度区分，注重语汇和语法现象的重现等。
	周小兵	2009	1. 交际性；2. 技能训练；3. 工具性。
教材实用性问题的理论探讨	李　泉	2007	1. 从教材编写的理论和实践来看，教材的实用性实质上是一个实用程度的问题；2. 从教材编写的观念和做法上看，教材的实用性实质上是一个优选优化的问题，是一个求大同、舍小异的过程，即综合考虑各种因素，以绝大多数教学对象的需求和意愿为基准，进行优化设计和定位，优化筛选和取舍。要从学习者的角度来确定是否实用；3. 从教材评估和鉴定的角度看，教材实用与否实质上是一个使用什么样的评价标准的问题。评价教材实用性的标准就是看教材的编写是否有利于实现教学对象的学习目标以及在多大程度上有利于教学目标的实现；4. 从跨文化教学的角度看，教材的实用性本质上还有一个教外国学生什么样的目的语语体、说什么样的目的语的问题。（**中高级阶段**）
教材实用性不强成因分析	李　泉	2007	1. 整部教材设计和编写没有体现或没有充分体现出第二语言教学的性质和特点，从根本上造成实用性不强；2. 缺乏对学习者的需求分析，因而造成教材的目标定位不明确，甚至根本没有目标定位；3. 编写者的实用性意识不强，在教材设计和编写时缺乏实用性的考虑和安排，或者编写者自以为所编写或选择的内容是实用的，其实不符合学习者的需求；4. 教材编写过程中实用性措施不到位或措施错位；5. 选文内容过于陈旧，缺乏时代气息，或由于过于强调中国传统文化的介绍，对当代中国社会实际状况反映不够；6. 教材整体设计和细节打磨不够，从而造成教材实用性不强。

相关内容	专家学者	时间	主要观点
实用性的实现途径	李　泉	2007	1. 要求教材设计和编写首先要体现外语教学的性质和特点，体现外语教学与母语教学的根本不同；2. 编写前要认真进行需求分析，并据此进行教材目标的定位和整体设计；3. 教材设计和编写的每一个环节都要设身处地考量对学习者是否真正有实用价值，是否是他们这个阶段乃至于未来的真正需要；4. 教材的实用性落实是关键，而关键又是落实准确、体现充分；5. 中高级教材的内容要尽量避免有意无意地走向"文化化""文学化"或"历史化"的编选套路；6. 不仅要加强教材整体设计的实用性，更要注重课文语言、注释、练习等的细节打磨，以增强和提升教材的实用性。
其他	李　泉	2007	1. 教材实用性的实施是一个系统性的工作，涉及教材编写的方方面面，因此从各个方面都可以提升和增强教材的实用性。此外，加强教材的针对性、科学性和趣味性的设计和落实，无疑能够增强教材的实用性；2. 教材的实用性是可以创造和增强的，但实用性是一个相对的概念，是一个实用程度强弱的问题，是一个对多大范围的群体实用的问题。这是在教材设计和编写过程中要权衡考虑的问题；3. 实用性在实施上是一个优化优选的过程，评估上是采用什么标准的问题，定位上是看教材的内容是否符合外国人跨文化交际的真正需要。

表 2-5　汉语综合课教材编写科学性原则简表

相关内容	专家学者	时间	主要观点
科学性的地位	李更新 等	1983	科学性是一部教材的灵魂，它涉及教材的体例设计、内容选择与安排、词汇的选择与分布、字词的重现和练习设计等多方面的内容。
	赵贤州	1988	（科学性）是就教材的总体来说的，它在教材中起着统帅的作用，是教材的灵魂、主心骨。它既是教材的针对性、实践性、趣味性的"总和"，也包括教材的系统性和准确性。
	刘　珣	2000	针对性、实用性以及趣味性和系统性都属于教材科学性的范围。
科学性的内涵	李更新 等	1983	教材的科学性要考虑到学生的自然条件、汉语水平、学习目的、将来使用汉语的职业。
	赵贤州	1988	教材的科学性包括编排上的科学性、数量和比例上的科学性、语音语言的规范化、注释的准确性和严密性。
	吕必松	1993	科学性原则是说教材的语言要规范，知识的介绍和解释要科学，教学内容的组织要符合语言规律、语言学习规律和语言教学规律。
	刘　珣	2000	1. 教规范、通用的语言；2. 教材内容的组织要符合语言教学规律；3. 对语言现象的解释要准确等。
	李　泉 金允贞	2008	对外汉语教材的科学性就是要求教材内容符合汉语和汉字的规范，内容陈述适合汉语作为第二语言教学的需要。
科学性的体现	杨石泉	1991	外语教材的科学性包括语音、语法的系统性，语法点分布的合理性，词语的常用度和重现率，内容安排是否由浅入深，符合循序渐进的原则，语言的标准化等。
	吕必松	1993	练习的内容和方式要与教学内容、教学目的和课型特点相一致，外文注释要讲究科学性等。
	邓恩明	1998	教材的科学性来源于对语言现象的科学解释，也有赖于编写者对教学规律的认识，还体现在知识和技能的系统性方面。
	刘　珣	2000	教材的内容要反映出学科理论研究的新水平。
	陈昌来	2005	1. 要教授规范、通用的汉语、汉字；2. 教学内容的组织要符合语言教学规律； 3. 对语言现象的解释要注意准确性和规范性，避免造成误导。

相关内容	专家学者	时间	主要观点
科学性的体现	周小兵	2009	符合第二语言、外语学习和教学规律；要由易到难，适合学生的实际水平，方便教师教，方便学生学。 考察方面： 1. 语言点的选择、排序和频率；2. 教材语言；3. 课程特点；4. 协调性：每一课、整部教材、系列教材都要协调统一。
科学性的实质	李　泉 金允贞	2008	1. 教材的科学性是内容准确性和模糊性的统一；2. 教材的科学性是内容系统性和简约性的统一； 3. 教材的科学性是内容规范性和灵活性的统一。
科学性的实现途径	李　泉 金允贞	2008	1. 充分体现汉语作为第二语言教学的性质和特点，是对外汉语教材科学性的根本体现；2. 突出汉语和汉字的特点及其教学重点和难点，是对外汉语教材科学性的重点体现；3. 内容本身准确、系统和规范，是对外汉语教材科学性的核心体现； 4. 内容呈现符合汉语规律、汉语学习规律和汉语教学规律，是对外汉语教材科学性的关键体现；5. 处理好教材内容之间的角色地位、数量份额、包容分立、照应协调等相互关系，是对外汉语教材科学性的内涵体现；6. 加强对语言教学新理论和汉语研究新成果的吸收，是对外汉语教材科学性的直接体现；7. 加强教材的针对性、实用性和趣味性，是对外汉语教材科学性的间接体现；8. 加强教材科学性的策划，避免“非科学性实施”，是提升教材科学性的必要措施。
其他	李　泉 金允贞	2008	教材的科学性不仅是教材编写和评估的一项原则，也是一种实事求是的态度，既求真也务实。因此，科学性也有个度，不可走过头。

表 2-6　汉语综合课教材编写针对性原则简表

相关内容	专家学者	时间	主要观点
针对性的重要性	李更新 等	1983	针对性是教材编写的首要依据。
	黄皇宗	1988	对外汉语教材质量的高低，很重要的一点，就是看教材的针对性。
	佟秉正	1991	近年来讨论汉语教材的论文，无不认为针对性是教材编写的首要原则。
	徐竹君	1992	教材必须有明确的针对性，这是对外汉语教学的特点所要求的。一本教材成功与否的先决条件是针对性是否明确。
针对性的范围	李更新 等	1983	学生的自然条件、汉语水平、学习目的、将来使用汉语的职业。
	王德佩 等	1984	应为不同语种的学生编写具有不同针对性的课本。
	吕文华	1987	从教材编写的角度提到的针对性包括语法项目的针对性。
	赵贤州	1988	学习时限。
	黄皇宗	1988	训练项目的针对性。
	杨石泉	1991	培养目标、学生的年龄、身份、母语、文化修养等社会因素。
	吕必松	1993	教材适用的教学类型、课程类型、教学对象。
	任　远	1995	现有教材基本都是没有国别和语种针对性的通用式教材，尽管都有生词和注释的翻译，但是单凭译文“远远无法对付国别、民族、文化、心理等差异所造成的特殊性”，新一代教材急于更换的，应该是针对性的“代”，是以教材使用对象为重心的“代”。
	杨庆华	1995	新一代教材的基本特点应该是“突出教材的针对性”，尤其是供国外使用的教材，要考虑国别、民族、文化、环境的特点。
	王　丽	1996	语言知识、语言材料、文化知识的针对性。
	赵金铭	1998	学习兴趣、学习习惯、学习方式。
	金　兰	1999	从交际法大纲框架下的教材设计、教材的真实性等方面探讨了所谓针对性教材的有关问题。
	王弘宇	2001	教材中词性标注的针对性原则。

相关内容	专家学者	时间	主要观点
针对性的实现途径	王德佩 等	1984	要突出汉外语言和社会文化的对比。
	赵贤州	1988	针对性来源于对教学对象全面、准确、科学的分析。
	佟秉正	1991	中外联合开发教材有利于增强教材的针对性。
	杨石泉	1991	有针对性地选择语言材料应该是，**初级**围绕学习生活，选择那些必需的、应用面宽的生活用语；**中级**选用介绍中国社会文化的内容；**高级**教材要紧扣培养目标，向日后所从事的专业靠拢。
	罗守坤	1991	基于解决教材时效和对象变化问题而提出集成教材的策略。
	任　远	1995	新一代教材要想在针对性上换代，必须在教材容量、课文内容、语言对比三个方面下工夫。
	孙德坤	1996	走组合式教材编写的新路子。
	赵金铭	1998	要想在针对性上有所突破，应该走“中外合编”的方式，特别是在教材编写进入成熟期之前。
	郑艳群	2000	关于建立多媒体素材库的研究和构想，根本上说都是为了提高教材针对性而进行的理论探讨，其基本思路是建立课文素材、多媒体素材库，教师可以根据学习者的实际情况从中选取并加以合理组合。
	李　泉	2004	1. 加强语言之间和文化之间的对比研究；2. 加强学习者的目标需求和心理需求分析； 3. 加强教材编写的理论研究和经验总结；4. 要牢牢把握汉语作为第二语言教学的性质、特点、教学和教材编写规律。
教材要有针对性的缘由和理据	李　泉	2004	第二语言教材跟其他学科的教材相比，对针对性的要求更严格，也更强烈。教学对象之间、目的语及文化与学习者母语及文化之间的种种差异性和复杂性，对教材的针对性提出了迫切的要求和严峻的挑战。
针对性的实质	李　泉	2004	1. 要适合学习者的自然特点和社会特点；2. 要适合学习者的目标需求和学习需求；3. 要适合语言学习的环境和学习的条件；4. 要体现学科的性质和课型的特点；5. 要体现目的语教学的重点和难点。针对性的实质是，教材设计和编写过程中是否真正以学习者为中心，是否真正体现了学科的性质和特点，以及在多大程度上做到了这两点。

相关内容	专家学者	时间	主要观点
针对性的体现	刘　珣	2000	1. 分清学习者年龄、国别（母语和文化背景）、文化程度的特点；2. 认清学习者学习目的的不同；3. 认清学习者学习起点的不同；4. 认清学习者学习时限的不同。
	李　泉	2004	1. 体现在课文的编写和选择上；2. 体现在语法项目上；3. 体现在注释上；4. 生词、翻译、练习、文化点的融入等方面。
	周小兵	2009	1. 要有适合学习者的环境和条件；2. 适合学习者的特点和需求，跟学习者的类型和目标一致。
其他	李　泉	2004	一定意义上说，教材的针对性不是编出来的，是教师结合教学对象的实际情况上出来的。不过，只有针对性强的教材才更容易上出针对性来，相反则不然。

表 2–7　汉语综合课教材编写交际性原则简表

相关内容	专家学者	时间	主要观点
交际性的总体描述	吕必松	1993	教学内容的选择和语言材料的组织要有利于培养学生的语言交际能力。
	陈昌来	2005	教学内容的选择、语言材料的组织，均要充分考虑到有利于学生语言交际能力的培养。（教材选用原则）
交际性的具体内容	吕必松	1993	1. 选择的语言材料要有交际价值；2. 语言材料的组织要尽可能接近真实生活，使学生感到身临其境，并且要便于学生在课堂上扮演角色。
	杨继光	2003	任何人学习任何语言都是为了在实际学习、工作、生活中运用它，而不是为了掌握它的语音、语法、词语诸要素用以欣赏。与此相适应，在实际的对外汉语教学中，应该以学生的实际需要为主，教授给学生用于实际交际的知识和能力。因此：1. 教材中过深、过难的语音知识和语法知识及生字、词语是不合适的；2. 教材中会话形式应多样化。
	陈昌来	2005	1. 要选择有交际价值的教学内容。教材要利于教学过程交际化，便于交际活动的展开。从初级阶段就应该选用一些适用于交际的真实材料；2. 语言材料要体现生活的真实性，使学习者课下能很快地将教材中学到的内容直接或比较顺利地运用到现实生活之中。

表 2-8　汉语综合课教材编写知识性原则简表

相关内容	专家学者	时间	主要观点
知识性的总体描述	吕必松	1993	教学内容要包含学生感兴趣的新知识，使学生感到不但能学到语言，而且能增长知识。
知识性的重要性	吕必松	1993	保证教材的知识性是激发学习热情的一个重要手段。

表 2-9　汉语综合课教材编写系统性原则简表

相关内容	专家学者	时间	主要观点
系统性的总体描述	赵贤州	1988	系统性是说语言是有规律的，选择哪些语法点、常用词、功能项目，以及音素和语流怎样结合，课文内容怎样安排等等，都不是任意的，都不能违反客观规律。
	刘　珣	2000	系统性首先指教材内容在基本知识介绍和技能训练方面，也就是语音、词汇、语法、汉字等语言要素和听、说、读、写言语技能的安排方面，要平衡协调，有一定的章法。学生用书、教师手册、练习本、单元试题各部分要分工合理，相互呼应。纵的方面，初级、中级、高级不同阶段教材要衔接；横的方面，综合技能课与听、说、读、写专项技能课教材要配合。还要考虑图片、幻灯、声、像、电脑辅助教材的提供，从而形成系列的、立体的教材体系。

表 2-10　汉语综合课教材编写时代性原则简表

相关内容	专家学者	时间	主要观点
现行教材在时代性方面存在的问题	赵金铭	2004	教材编写在吸收本体研究成果方面比较欠缺，比如语法注释内容陈旧，不少教材体例模式雷同，内容远离当代社会现实，现代技术和手段利用不够。
时代性不强成因分析	赵金铭	2004	一些教材编写者并不从事汉语本体研究，往往“无暇顾及”甚至“不去顾及”。
时代性的总体描述	赵金铭	2004	要求教材在设计和编写的过程中，所依据的教学理论、所采取的教学方法、所拟定的编排体例以及教材目标的设定、课文的编写和知识的解说、现代化教学手段的利用等等，都应体现学科研究和教材编写研究的新成果，体现时代发展的水平和需要，也就是说，在教材编写的方方面面都应该体现出知识、观念和教学手段的更新，能够反映学科发展的新成果和教材编写的新水平，从而最大限度地满足时代发展变化的需要。
时代性的重要性	赵金铭	2004	如果不解决教材时代性的问题，我们不断编写出的教材或许只能说是“新编的教材”，而难以称得上是“更新教材”。
时代性的实现途径	赵金铭	2004	不断更新观念，加强教材编写的基础研究和理论研究，要增强教材设计和编写的时代意识。

第三章 汉语综合课教材概述 *

表 3–1 初级综合课教材简表

编号	教材名称	册数及开本	出版年代	编写者	出版社	组织结构	编写原则	历史作用	备注
1	汉语教科书	上、下册 32 开	1958（上）	北京大学外国留学生中国语文专修班 邓懿	时代出版社（上）	以语法为纲，以词汇语法为中心，重视系统语言知识讲授。	由浅入深，循序渐进；针对性、实用性和综合性，以切合具体教学对象需要为原则。	新中国成立后第一本专供外国人学习汉语使用的正式出版物，第一次明确把汉语作为第二语言教学从汉语作为母语教学中分离出来，从外国人学习汉语的实际出发，第一次提出了独具特色的对外汉语教学语法体系。	有英、法、德、日、印尼、西班牙、缅甸、印地、阿拉伯语等九种文字译释本。
			1962（下）		商务印书馆（下）				
		三—六册	自 1977 始，历经 4–5 年		未正式出版				
2	汉语读本	一、二册 32 开	1964（一） 1965（二）	朱祖延、陆世光、钟梫等	商务印书馆	结构法。		是在《汉语教科书》出版之后、“文化大革命”之前的唯一一部正式出版的汉语教材。	英、日文译释本。
3	汉语入门		1966		中国建设杂志社				

* 由于各种原因，一些教材的信息无法全部给出，请读者谅解。

编号	教材名称	册数及开本	出版年代	编写者	出版社	组织结构	编写原则	历史作用	备注
4	基础汉语	上、下册 32 开	1971（上） 1972（下）	北京语言学院	商务印书馆	以语法为纲，相对直接法。	实践性原则。	70 年代初，我国对外汉语教学事业恢复后，为初学汉语的外国人编写的第一部正式出版的综合课教材。突出和强调了实践语言的地位，改变了语法条条繁杂的状况；语法规则简明扼要，以典型的范句体现语法规则。	这两部教材满足了当时对外汉语教学急需，国内外广泛使用，成为后来编写教材的主要参考书，对语法、词汇教学作出了贡献。它们标志着中国对外汉语综合课教材建设在 50 年代基础上的进步。英、法文译释本。
5	汉语读本	一—四册	1972（一、二） 1975（三） 1976（四）	北京语言学院	商务印书馆	结构法。	语言规范，针对性强。	课文均是成篇文章，不利于培养口语能力；语言有些死板，知识性、趣味性不够，政治色彩较浓。一、二册与《基础汉语》相衔接。	
6	汉语教材	32 开	1973	北京外国语学院	内部教材				

编号	教材名称	册数及开本	出版年代	编写者	出版社	组织结构	编写原则	历史作用	备注
7	中国语初级讲座テキスト（初级汉语讲座教材）	全一册 32 开	1974	外文出版社	外文出版社			可视为第一部国别化汉语教材。	为初学汉语的日本人编写的教材，曾在《人民中国》杂志连载，加工后汇集成册。
8	汉语初步	全一册 32 开	1976	北京语言学院、《中国建设》杂志社	外文出版社				曾在《中国建设》杂志连载。英、德文译释本。
9	汉语课本	一、二册 32 开 （三、四册未正式出版）	1977 （一、二）	北京语言学院	商务印书馆	引进实践性原则下的句型教学法，句型、课文、语法注释相结合。	实践性、整体连贯性、实用性、直观生动性。	第一次把句型及替换练习引入对外汉语教材，在语音阶段采用了语流带音素的做法。这两点在对外汉语教材编写中具有开创性意义。同时，淡化了传统教材中截然划分的各阶段。	英、法文译释本。
10	初级汉语教材	上、下册	1978	北京市外交人员服务局汉语教研组					英、法文译释本。

编号	教材名称	册数及开本	出版年代	编写者	出版社	组织结构	编写原则	历史作用	备注
11	基础汉语课本	一—四册及续篇 32开	1980	北京语言学院 李培元、任远、赵淑华、刘社会、刘山、邵佩珍、王砚农、来思平	外文出版社	功能、句型、语法相结合。	交际性、科学性、实践性，循序渐进，由浅入深。	中国对外开放后第一部面向国内外发行的汉语综合课教材。集历年教材之大成，成为80年代以来使用面最大、影响面最广的一部基础汉语教材。	英、法、德、西文译释本。
12	实用汉语课本	一、二册 32开	1981	北京语言学院 刘珣、邓恩明、刘社会、潘文娱、来思平、赵淑华、王振礼	商务印书馆	结构、情景及功能相结合，已意识到文化知识的重要性，并在书中有所反映。	教授日常交际汉语，强调实践性，融入情境，结合中国文化。	我国出版的第一部专供国外使用的基础汉语综合课教材，第一套贯彻结构、情景及功能相结合原则的教材。代表了到那时为止的汉语综合课教材的最高水平，为探索新的教学路子作出了贡献。	英、法文译释本。
13	基础汉语25课	全一册 32开	1983	华东师范大学对外汉语教研室 陈绥宁、汪寿明、林明华	华东师范大学出版社	情景功能法，以结构为主，结构、功能相结合。	实用性较强，有一定的趣味性。	华东师范大学第一部独立编写的对外汉语教材，在海外有一定影响。1997年出版修订本。	供外国人学习汉语的基础教材，侧重听说，兼顾汉字。英、日文译释本。

编号	教材名称	册数及开本	出版年代	编写者	出版社	组织结构	编写原则	历史作用	备注
14	简明汉语课本	上、下册 32 开	1983	赵贤州、黎文琦、李冬	上海外语教育出版社	以结构为纲，结构、功能相结合。	实用性、趣味性。	为探索加强教材的人文性和趣味性迈出了较早的一步。	英文译释本。
15	科技汉语教程 听说课本	全二册 32 开	1984	北京语言学院 杜厚文、盛炎、季秀清、温洁、万志敏	华语教学出版社	结构、情境、功能相结合，吸收结构法、情境法、功能法之长，将三者融为一体。	强调实用性，突出科技汉语特点。	第一次针对学习理工专业的留学生编写的比较系统的汉语综合课教材。	为来华学习理工专业的外国留学生编写的基础汉语教材。英文译释本。
16	科技汉语教程 阅读课本	全四册 32 开	1984	北京语言学院 黄振英、陈永德	华语教学出版社				
17	初级汉语课本	一一三册 32 开	1986（一） 1987（二） 1988（三）	北京语言学院来华留学生三系 鲁健骥、李继禹、刘岚云、丁永寿、黄政澄、邱衍庆	北京语言学院出版社 华语教学出版社	结构、功能相结合，已意识到文化知识的重要性，并在书中有所体现。修订版加入情境说明。	实用、简明、有趣味，内容安排从易到难、从简到繁。	进一步强调语言技能和语言能力的培养，第一次将综合课教材与技能课教材分开，对以精读课为主的教学路子作了较大改进，是一部里程碑式的教材。	英文译释本。 钟梫、苏罗莎译俄文版。

编号	教材名称	册数及开本	出版年代	编写者	出版社	组织结构	编写原则	历史作用	备注
18	今日汉语	全四册 32 开	1986（一一三） 1987（四）	胡裕树、汤珍珠、徐志民	复旦大学出版社	结构、功能相结合，较多地吸收了中国文化知识。	科学性、针对性、实践性、趣味性，系列化、立体化，由浅入深，由易到难，循序渐进。	新中国成立后第一套专为海外华侨和外籍华人编写的大型汉语普通话教材。	主要以美洲地区的华人华侨为对象，也可以作为一般外国人学习汉语的教材或自学用书。英文译释本。
19	汉语入门四十课（《汉语精读四十课》为续篇）	全一册 16 开	1988	上海复旦大学对外汉语教研室郑国雄	外语教学与研究出版社		少而精，注重复现；实践性原则。		注重对初学者听说能力训练。英文译释本。
20	现代汉语教程读写课本	一、二册 32 开	1988	李德津、李更新	北京语言学院出版社	以语法为中心，结构和功能相结合。	结构、情境相结合；由浅入深，循序渐进。		英文译释本。
21	普通汉语教程：听说课本 阅读课本	各一册	1988	北京语言学院	华语教学出版社	结构和功能相结合。			为理工专业的外国留学生编写的系列汉语入门教材。
22	基础汉语续 25 课	全一册	1988	华东师范大学对外汉语教研室	华东师范大学出版社				

编号	教材名称	册数及开本	出版年代	编写者	出版社	组织结构	编写原则	历史作用	备注
23	汉语初级教程	全四册 32 开	1990	邓懿、熊毅、赵燕皎、卫德泉	北京大学出版社	结构法，以语法为中心。	循序渐进，注重实践性原则。	与《汉语中级教程》和《汉语高级教程》作为整体，以“汉语教程”之名获国家汉办首届优秀教材奖一等奖。	第四册为配合前三册的汉字专册。英文译释本。
		全四册 16 开	1993						
24	新汉语课本	一—四册 32 开	1990	复旦大学国际文化交流学院 蔡传廉、陈晨、陈光磊、贺国伟、胡中行、金路、廖光霞、秦湘、陶炼、卫梦荣、徐玉明	复旦大学出版社	结构与功能相结合。	科学性、系统性、实用性和趣味性，由易到难，循序渐进。		英文译释本。
25	新实践：桥——外国人汉语系列教材	全三册 32 开	1990（一） 1992（二） 1998（三）	北京外交人员语言文化中心 郭鹏、刘玉生、于佩玲、韩解况、李成有	北京语言学院出版社		实践原则，针对性、实用性。		专为来华工作的外国人编写。英文译释本。
26	中国语自学课本	全一册 32 开	1990	白林、时淑慧、金日海、崔健、白鸥	时代文艺出版社	在具体情境中运用语言。	由浅入深，循序渐进。		供海外朝鲜人自学汉语的教材。朝文译释本。
27	中国语	全一册 32 开	1991		时代文艺出版社				
28	汉语新教程	全四册 32 开	1991	殷焕先	山东大学出版社				以情景对话为主。英文译释本。
29	初级汉语课本	全一册 32 开	1991	尹润芗、魏继东、董明	北京师范大学出版社				英、日文译释本。

编号	教材名称	册数及开本	出版年代	编写者	出版社	组织结构	编写原则	历史作用	备注
30	实用对外汉语课本	全一册 32 开	1991	云南大学对外汉语教研室 郑月蓉、李恕仁、丁纯	云南大学出版社				云南地方特色的对外汉语乡土教材。英文译释本。
31	汉语读写课本	上、下册 32 开	1991	王砚农	国际文化出版公司				
32	步步高桥——外国人汉语系列教材	全三册 32 开	1992（一） 1993（二） 2000（三）	北京外交人员语言文化中心 石金才、王俊香、范春明、汤宜标	北京语言学院出版社 北京语言大学出版社		由简到繁，重现率高；实践原则；针对性、实用性。		专为来华工作的外国人编写。英文译释本。
33	汉语初阶	上、下册 16 开	1992	Helen T. Lin	华语教学出版社				英文为主。
34	学汉语	一、二册 32 开	1992（一） 1993（二）	吕必松、邓恩明、张起旺、余又兰	语文出版社	通过情景掌握结构，结合文化背景介绍。	科学性、知识性、趣味性，循序渐进，交际实用。	文字和声像结合，可算是比较先进的对外汉语教材了。（王还，该书序）	电视教学教材。英文译释本。

编号	教材名称	册数及开本	出版年代	编写者	出版社	组织结构	编写原则	历史作用	备注
35	中国旅游汉语	全一册 32开	1992	张春芳、赵柳英、吴超勤、张旗、张肇祺	上海交通大学出版社	突出功能，以功能为纲，兼顾结构、文化。	针对性、实用性。		专供外国人在中国旅游、游学使用的汉语读本。英、日文译释本。
36	汉语初阶	全一册 32开	1993	杨庆蕙、尹润芗	北京师范大学出版社	每课课文后有文化常识介绍。			英文译释本。
37	外国人学中国语	一、二册 16开	1993	北京外国语学院《外国人学中国语》编委会 王福祥、杨天戈、周奎杰	华语教学出版社	话题情景—功能意念—语言结构。	突出交际法原则，注意文化因素及教材趣味性。		英、俄、日、德、法、朝、西、阿文译释本。
38	世界华人初级汉语教程	全一册 32开	1993	郑定欧、黄皇宗、徐永龄、吴文章	中山大学出版社		简明、实用、有趣，注重知识性、趣味性、思想性。		供海外说广东话的华侨华人使用。广州话注音本。
39	现代实用汉语	上、下册 32开	1993	FESCO国际教学中心　王怡	国际文化出版公司	以常用句式为重点。	循序渐进，由浅入深。		专为来中国工作的日本经贸界人士学习汉语而编写。日文译释本。

编号	教材名称	册数及开本	出版年代	编写者	出版社	组织结构	编写原则	历史作用	备注
40	汉语	上、下册 32 开	1994	任远、刘美琴、玛·阿比亚提[意]	北京语言学院出版社 [意]威尼斯 Cafoscarina 出版社		循序渐进，学以致用；针对性，有效性。		专门为意大利大学汉语主修课编写。意大利语译释本。
41	基础汉语课本修订本	全四册 32 开	1994	李培元、任远、赵淑华、刘社会、刘山、邵佩珍、王砚农、来思平	华语教学出版社	保持了原书的基本结构，以结构为主，增加了功能及文化内容。	逐步掌握，循序渐进。	中国对外开放后第一部面向国内外发行的汉语综合课教材。	英、法、德、西文译释本。
42	新体系汉语：基本句型	全一册 32 开	1994	耿富	黑龙江人民出版社				
43	初级中国语教科书	全一册 大 32 开	1994	北京语言学院来华留学生三系	知永社[韩]				专门为韩国汉语学习者编写。
44	旅游汉语	全一册 32 开	1994	黄政澄、赵宇辉	中国文联出版公司	以场景为主，突出旅游需要。	注重实用性。		中央台电视教学片配套教材。英文译释本。
45	新汉语教程	全三册 32 开	1995（一） 1999（二、三）	李晓琪、戴桂芙、郭振华	北京大学出版社	情景、功能、结构相结合。	实用性；注重文化知识。		英文译释本。
46	基础汉语教程	全四册 32 开	1995	赵贤州、张正期、郭培德	上海外语教育出版社	结构法。			德语地区专用教材。

编号	教材名称	册数及开本	出版年代	编写者	出版社	组织结构	编写原则	历史作用	备注
47	基础汉语教程	全一册 32 开	1995	蒋可心、杨华	黑龙江教育出版社				
48	汉语教程		1995	区启超、盛炎	澳门理工学院行政暨公职司				
49	黄河长城：对外汉语启蒙教材	全一册 16 开	1995	李白坚、丁迪蒙	同济大学出版社	遵循现场演示教学法、参与教学法、游戏教学法。	形象性、实践性、反复性、娱乐性、文化性。		英文译释本。
50	新编汉语教程	上、下册 16 开	1996	黄政澄、马燕华、李泉、赵燕琬	商务印书馆国际有限公司	结构、功能、文化相结合，突出功能训练。	循序渐进，语言真实，贴近生活。		专为海外零起点学生编写的基础汉语教材。英文译释本。
51	汉语入门	全一册 32 开	1996	FESCO 国际教学中心　郭辉春	北京语言学院出版社				不讲汉字，英文译释，通篇以英语和汉语拼音为主。
52	汉语风：读写篇	一册 16 开	1996	肖奚强	江苏科学技术出版社				英文译释本。

编号	教材名称	册数及开本	出版年代	编写者	出版社	组织结构	编写原则	历史作用	备注
53	华人实用汉语课本：基础部分	一册 32 开	1996	张富强	厦门大学出版社				英文译释本。
54	在中国	全一册 32 开	1996	刘富华	华语教学出版社				为外国人和海外华侨子女编写的电视片配套教材。英文译释本。
55	走进中国 初级本	一册 16 开	1997	杨德峰、黄立、袁丽屏	北京大学出版社		循序渐进。		供已掌握少量基础词汇和语法的学生使用。英文译释本。
56	标准汉语教程	上、下册 （共 6 本） 16 开	1998	黄政澄、张凯、崔永华、郭树军、张兰欣、陈宏	北京大学出版社	结构、情景、功能相结合。	富有时代气息。		英、法、德、日、韩文译释本。
57	标准汉语教程 入门	一、二册 32 开	1998	王国安、吴仁甫、陈阿宝、陶炼、王朝秀、王新文、张永奋、肖路、贺国伟、徐子亮、徐玉明、谈蓓丽、彭增安	上海教育出版社	结构、功能、文化三位一体。	科学性、实用性、系统性、趣味性，结构、功能、文化相结合。		英文译释本。为同系列同名教材。
58	标准汉语教程 初级	一一三册 32 开	1998		上海教育出版社				

编号	教材名称	册数及开本	出版年代	编写者	出版社	组织结构	编写原则	历史作用	备注
59	标准中文	全九册 16 开	1998	崔峦、蒯福棣、莘乃珍、宁德琮、蔡玉琴、王玮、王贺玲、徐轶、陈先云、孟令全、倪渝根、叶金祥、顾振彪、顾之川、王本华、程相文、彭宗平、吴福祥、谭桂声、李世中、张德平、尹成奎、宋长宏	人民教育出版社		注重针对性、科学性、实用性、趣味性。		为赴美国、加拿大等海外留学人员子女及其他有志于学习中文的青少年编写。
60	初级汉语系列教材 语法教学指南、精读课本	各一册 16 开	1998	谢文庆、张筱平、郑天刚、段文菡、张文婕	南开大学出版社		科学性与实用性、趣味性相结合原则。	在南开大学汉语言文化学院和日本爱知大学现代中国学部友好合作办学的背景下产生。	为已掌握 800 个左右现代汉语词语的日本留学生编写。
61	汉语教程	一一三册 （每册含上、下册） 16 开	1999	杨寄洲、邱军、朱庆明、李宁、隋岩	北京语言大学出版社	以语法功能为主线，并关注文化内容。	结构、功能、文化相结合；注重实用，由易到难，循序渐进。	语言实用、内容生动、练习丰富、语法简明，是一套优秀的初级汉语综合课教材。	英、泰文译释本。

编号	教材名称	册数及开本	出版年代	编写者	出版社	组织结构	编写原则	历史作用	备注
62	游学在中国	上、下册 16 开	1999	暨南大学华文学院　周健	外语教学与研究出版社		简明生动，实用易学	在暨南大学华文学院举办过的一百多期汉语冬、夏令营和短期进修班基础上编写。	专门为外国人短期学习汉语和中国文化编写的实用型语言文化综合教材。英文译释本。
63	中国全景： 初级汉语	一—三册 16 开	2001（一） 2002（二、三）	吕必松	语文出版社	注重语言能力培养和文化。			为美国 SCOLA 电视网广大汉语学习者编写。
64	快乐学汉语	全一册 16 开	2001	徐菊秀	北京大学出版社	以交际功能为主，注重文化背景介绍。			短期教材，供掌握 500–800 个汉语词汇的外国留学生使用。英、日、韩文译释本。
65	新编基础汉语： 口语速成 常用汉字部首、集中识字	全三册 16 开	2001	张朋朋	华语教学出版社	由既独立又有联系的三个课本组成。		口语教学与汉字教学分开，先语后文，把汉字教学中的写与识分开，先写后识。	英、阿、西、德、法、俄文译释本。
66	新世纪汉语	一、二册 16 开	2001（一） 2002（二）	吴小洲、廖荣容	北京语言大学出版社		注重交际性和趣味性。		英文为主，繁简对照。

编号	教材名称	册数及开本	出版年代	编写者	出版社	组织结构	编写原则	历史作用	备注
67	日本人学汉语	全一册 16 开	2002	邓少君、张欣	海文音像出版社	情景、句型、功能相结合。	针对性、实用性。		为初学汉语的日本人编写，主要针对来华工作的日本人及其家属。
68	韩国人学汉语	全一册 16 开	2002	邓少君、张欣	海文音像出版社	情景、句型、功能相结合。	针对性、实用性。		为初学汉语的韩国人编写，主要针对来华工作的韩国人及其家属。
69	大众汉语 初级	一、二册 大 32 开	2002	李芳杰、刘海芳、朱德君、黄俊红	武汉大学出版社	以技能训练为核心，结构、功能相结合，兼顾文化。	内容真实、规范、实用、有吸引力。		英文译释本。
70	新概念汉语 初级课本	一册 16 开	2002	郑国雄	北京语言大学出版社		强调趣味性和实用性，语法删繁就简，保持系统性。		汉字繁简对照。 英文译释本。

编号	教材名称	册数及开本	出版年代	编写者	出版社	组织结构	编写原则	历史作用	备注
71	新实用汉语课本	一—四册 大16开	2002（一、二） 2003（三） 2004（四）	刘珣、张凯、刘社会、陈曦、左珊丹、施家炜	北京语言大学出版社	以语言结构为纲，结构、功能、文化相结合。	圆周式编排，内容及项点多次循环重现，知识点螺旋式上升；突出功能。	被美国哈佛大学、斯坦福大学、加州大学伯克利分校，加拿大多伦多大学，英国牛津大学、剑桥大学、伦敦大学，德国柏林大学，澳大利亚墨尔本大学，日本早稻田大学等采用，成为世界上使用最广泛的基础汉语综合课教材之一。	专为海外非华裔成人学习者研制的零起点汉语综合课教材。汉字繁简体对照。英、俄、泰、西文译释本。
72	初级汉语课本修订本	全一册 16开	2003	鲁健骥、李继禹、李世之、肖秀妹	北京语言大学出版社		从简到繁，从易到难，适当循环。		英文译释本。
73	实用汉语入门课本	全一册 16开	2003	邓恩明、陈若凡	北京语言大学出版社				《相会在中国》丛书之一。
74	高校中文课本	一册 16开	2003	刘永山、杨丽珠	北京语言大学出版社				英文译释本。
75	汉语教程泰文注释本	全二册 16开	2003	杨寄洲	北京语言大学出版社				在经典教材《汉语教程》基础上改编的泰文译释本。

编号	教材名称	册数及开本	出版年代	编写者	出版社	组织结构	编写原则	历史作用	备注
76	当代中文	全四册 16 开	2003	吴中伟	华语教学出版社 北京大学出版社		实用性、针对性。		英文为主，繁简对照，英、法、意、日、韩、德、葡、乌克兰、塞尔维亚、印地、罗马尼亚、土耳其、印尼、豪萨、斯瓦西里、柬埔寨、老挝、菲律宾文注释本。
77	新概念汉语初级本	一、二册 16 开	2003	刘德联、张园	北京大学出版社	寓功能、结构于情景之中，以图助读。	创新、实用、通俗、风趣，循序渐进。		英、韩、日、德文译释本。
78	今日汉语	全三册 大 16 开	2003	王晓澎、张惠芬、孔繁清、吴叔平、李维籍	外语教学与研究出版社	以结构为主线，结合功能、文化。	实践性，由易到难、简明扼要，实用性。		专门为母语或媒介语为西班牙语的汉语学习者编写。
79	标准汉语初级	上、下册 16 开	2003	陈绂、张和生、马燕华、冯建明、史芬茹、盛双霞	大恒电子出版社	注重文化知识介绍。	循序渐进。		“你好，汉语”网络教学的配套教材。英文译释本。

编号	教材名称	册数及开本	出版年代	编写者	出版社	组织结构	编写原则	历史作用	备注
80	中文基础读本	上、下册 16 开	2004	王之容	北京大学出版社	将语言交际中诸要素融为一体。	系统性、实用性、针对性，有亲切感。		尤其针对有一定中文文化背景的初级班学生。英文译释本。
81	博雅汉语：初级起步篇	一、二册 16 开	2004	李晓琪、任雪梅、徐晶凝	北京大学出版社	结构、功能、文化相结合；以结构为纲，寓结构、功能于情景之中。	实用性、趣味性。		英文译释本。
82	新标准汉语：初级篇	一、二册 16 开	2004	方铭、刘松江	北京大学出版社				主要针对汉语水平考试。英文译释本。
83	汉语新目标	一—三册 大 16 开	2004	《汉语新目标》编写委员会 张晓光、郭莉萍、赵为	教育科学出版社		循序渐进，时代性、趣味性、完整性、科学性。	第一套供俄语地区大学学生使用的系列汉语教材。	供俄语国家学习汉语的本科一年级学生使用。

编号	教材名称	册数及开本	出版年代	编写者	出版社	组织结构	编写原则	历史作用	备注
84	互动汉语	上、下册 16 开	2004	《互动汉语》编写组	华语教学出版社		实用性、科学性，由浅入深，系统完整。		软件配套教材，特别适合在华商务人士自学汉语。英、法、德、日、韩、西、俄、意、阿、印尼、土耳其文译释本。
85	观光汉语——韩国学生用书	上、下册 16 开	2004	秦惠兰、黄意明	北京大学出版社	注重词汇教学。	实用性、针对性、选择性、趣味性。		面向韩国留学生，以短期修学旅游为基本背景。
86	汉语世界	上、下册 大 16 开	2005	外研社对外汉语编辑室　陈乃芳、吕必松	外语教学与研究出版社	结合认知教学法、交际教学法。			多媒体教材，英文译释本。
87	体验汉语：留学篇（40–50/50–70 课时）	全二册 16 开	2005	陈作宏、田艳	高等教育出版社	以实用交际性任务为主线，体现体验式教学理念。	实用性、趣味性，安排灵活，具有伸缩性。		以短期留学生的生存需求为依据。法、韩、日、俄、西文译释本。
88	基础汉语精读零起点	上、下册 16 开	2005	施向东、刘春雨、吴星云、邹雅艳、李伟	南开大学出版社		循序渐进。		英文译释本。为同系列教材。
89	初级汉语精读一年级	全一册 16 开	2005	施向东、史建伟、李增吉、刘平	南开大学出版社		循序渐进。		

编号	教材名称	册数及开本	出版年代	编写者	出版社	组织结构	编写原则	历史作用	备注
90	基础华语	全二册 16 开	2005	周健、蒋利平、徐富平	北京大学出版社	突出实用交际功能。	实用性、交际性。		专为印度尼西亚青年汉语初学者编写。
91	我的汉语教室初级	一—三册 16 开	2005	顾月云	上海译文出版社		句本位教学原则；阶梯性。		英、日文译释本。
92	长城汉语：生存交际	全六册 大 16 开	2005	马箭飞	北京语言大学出版社	多媒体、面授、文本练习相结合模式。	趣味性、实用性，循环渐进。		英文译释本。
93	基础汉语	全二册 大 32 开	2005（一） 2006（二）	和滨公司	北京语言大学出版社	句型、情景、文化相结合。	循序渐进，简单易学。		英文译释本。
94	发展汉语：初级汉语	上、下册 16 开	2006	荣继华、徐桂梅、陈满华	北京语言大学出版社	结构、功能、文化相结合。	由易到难、急用先学、循序渐进、重复再现，针对性、科学性、实用性、趣味性。		英文译释本。

编号	教材名称	册数及开本	出版年代	编写者	出版社	组织结构	编写原则	历史作用	备注
95	汉语教程修订本	一一三册（每册含上、下册）16 开	2006	杨寄洲、邱军、朱庆明、李宁、隋岩	北京语言大学出版社	在保持原版语言点框架不变的前提下，从原来的 100 课精简到 76 课，降低了课文难度，淘汰了过时内容，完善了语法讲解。根据教学反馈，改进了某些语言点的讲解和出现顺序。			英文译释本。
96	体验汉语：基础教程	上、下册 16 开	2006	姜丽萍	高等教育出版社	以功能为主，注重功能与结构相结合。	普及性、应用性和趣味性，强调体验式学习理念。	中国国内第一部贯彻任务型教学法的汉语综合课教材。	英、泰文译释本。
97	体验汉语：生活篇（40–50 课时）	全一册 16 开	2006	朱晓星、岳建玲、吕宇红、褚佩如	高等教育出版社	以实用交际性任务为主线，体现体验式教学理念。	实用性、趣味性。		英、日、法、韩、德、泰、俄、西、印尼、意、越、马来、蒙、葡、希腊文译释本。
98	体验汉语：旅游篇（40–50 课时）	全一册 16 开	2006	张如梅、艾辛	高等教育出版社	以旅游交际任务为编写主线，介绍中国旅游常识。淡化语法。	真实性、实用性，多样化，互动性强。		英、法、日、韩、俄文译释本。

编号	教材名称	册数及开本	出版年代	编写者	出版社	组织结构	编写原则	历史作用	备注
99	当代纯正汉语	全二册 16 开	2006	耿二岭、毛俊萍、尹晓静、卢娅、白晓红、李青峰、李艳、杨爱芬、陈红、陈宏、赵卫、阎君禄	北京大学出版社	结构、功能、文化相结合。			一部主要针对汉语水平考试的教材。英文译释本。
100	汉语精读课本预科	一册 大 16 开	2006	马燕华	中国社会科学出版社	突出功能。	以本科大纲课程设置为编写原则；循序渐进。		英文译释本。 为同系列教材。
101	汉语精读课本一年级	上、下册 大 16 开	2006	汝淑媛、王健昆	中国社会科学出版社	突出功能。			
102	轻松汉语——初级汉语精读	上、下册 16 开	2006（上） 2007（下）	王尧美、张杏春、任晓艳	北京大学出版社	注重展现文化背景。	实用性、实践性。		英、韩文译释本。
103	初级标准华语	全三册 16 开	2006（一、二） 2007（三）	宋燕坤、韩解况、马均、岳建玲、阎亚矛	北京语言大学出版社	以话题为明线，以语法结构为暗线。	针对性、实用性、趣味性、时效性、实效性。		为印度尼西亚成人学习华语而编写。
104	新编汉语教程（同 1997 版教材同名）	上、下册 大 16 开	2007	黄政澄、马燕华、李泉、赵燕琬	北京语言大学出版社	结构、功能、文化相结合，突出功能训练。	循序渐进，语言真实，贴近生活。		专为海外学生编写的基础汉语教材。英文译释本。

编号	教材名称	册数及开本	出版年代	编写者	出版社	组织结构	编写原则	历史作用	备注
105	汉语新视界——大学汉语教程	一—四册 16 开	2007	孟柱亿、金立鑫、蔡红、曹憬殊、段权柏	北京语言大学出版社	采用编写者自行研究的“认知功能教学法”理论编写。	充分注意和利用汉语和韩语的异同。		针对韩国零起点汉语学习者编写。
106	拾级汉语：第 1 级 起步课本	一册 16 开	2007	吴中伟、厉琳、郭鹏	北京语言大学出版社	吸收任务型教学法，讲求“细化级次，逐层递进”。	循环深化，系统性、实用性，简明、实用、趣味、真实。	采用进阶式编排的汉语综合课教材的先例。	英文译释本。
107	拾级汉语：第 1 级 综合课本	一册 16 开	2007	吴中伟、厉琳、许静	北京语言大学出版社				
108	拾级汉语：第 2 级 综合课本	一册 16 开	2007	吴中伟、许静	北京语言大学出版社				
109	拾级汉语：第 3 级 综合课本	一册 16 开	2007	吴中伟、郭鹏	北京语言大学出版社				
110	拾级汉语：第 4 级 综合课本	一册 16 开	2007	袁斌、吴中伟	北京语言大学出版社				
111	标准汉语 汉语入门	一册 16 开	2007	陈绂、张和生	北京师范大学出版社				“你好，汉语”网络教学配套教材。英文译释本。
112	标准汉语初级（同 2003 版教材同名）	上、下册 16 开	2007	陈绂、张和生、马燕华、冯建明、史芬茹、盛双霞	北京师范大学出版社	注重文化知识介绍。	循序渐进。		“你好，汉语”网络教学的配套教材。英文译释本。

编号	教材名称	册数及开本	出版年代	编写者	出版社	组织结构	编写原则	历史作用	备注
113	风光汉语：初级读写	一、二册 16开	2007	齐沪扬、张新明、方绪军、江莉、王鸿滨、张巍、厉霁隽、刘慧清	北京大学出版社	在交际情景话题基础上融入现代旅游文化内容。	创新性、趣味性、实用性，有现代感。		英文译释本。
114	体验汉语：体育篇（50–70课时）	全一册 16开	2007	程红、吴志强、谢卫	高等教育出版社	以体育交际任务为编写主线。	真实性、实用性、多样化，互动性强。		为体育专业的留学生编写的零起点体育方向的汉语教材。
115	汉语综合教程：初中级 入乡随俗	上、下册 大16开	2007	哈佛大学中文部 冯胜利、王学东、胡文泽、赵聪敏	高等教育出版社	“说地道的口语”，用“直接的方法”操练，“写典雅的文章”。	合理分布难易等级，系统性、科学性、实用性。		英文译释本。
116	阶梯汉语：初级读写	Ⅰ、Ⅱ册 大16开	2007	翟汛、孙萍萍、王祖姝、程乐乐、潘田、熊莉、周颖菁	华语教学出版社	以功能为纲，注重文化知识。	注重口语；实用性和通用性，操作性和趣味性。		英文译释本。
117	欧美人学中文初级课本	全一册 大32开	2007	郑国雄、纪晓静	上海复旦大学出版社	注重文化知识介绍。	有趣、有用。		供欧美国家一般大学每周4–6课时学习。

编号	教材名称	册数及开本	出版年代	编写者	出版社	组织结构	编写原则	历史作用	备注
118	新思维汉语	全三册 16 开	2007	李艾	外语教学与研究出版社	注重教学功能和文化差异对比。	真实有趣，注重互动，强调学生自主学习。		供母语为西班牙语学生使用的基础汉语多媒体教材。
119	成功之路： 入门篇	全一册 大 16 开	2008	张辉	北京语言大学出版社	语言知识、技能、文化相结合，以训练语言能力为显性设计，以传授语言知识为隐性设计。	创新理念，实践性思维；依存关联，系统性、立体化。		适用于正规汉语教学机构的课堂教学，也可满足各类教学形式和自学者需求。英文译释本。
120	成功之路： 起步篇	一、二册 大 16 开	2008	杨楠	北京语言大学出版社				
121	成功之路： 顺利篇	一、二册 大 16 开	2008	张莉	北京语言大学出版社				
122	成功之路： 进步篇 综合课本	一—三册 大 16 开	2008	张辉、牟世荣	北京语言大学出版社				
123	中国语新干线 初级表现	上、下册 16 开	2008	冯富荣、杜英起	北京语言大学出版社	结构、功能、文化相结合。	注重日汉语言特点、难点对比。		供日本大学学习汉语的学生使用。
124	标准汉语教程 第二版 会话篇	一、二册 16 开	2008	黄政澄、张凯、崔永华、郭树军、张兰欣、陈宏	北京大学出版社	结构、情景、功能相结合。			英、法、德、日、韩文译释本。
125	标准汉语教程 第二版 阅读篇	一、二册 16 开	2008		北京大学出版社				

编号	教材名称	册数及开本	出版年代	编写者	出版社	组织结构	编写原则	历史作用	备注
126	汉语初级综合教程	上、下册 16开	2008	王珏、高慧宜	北京大学出版社	以功能为核心，结构、功能、文化相结合。	注重内容的交际性、趣味性、丰富性，体裁多样化。		英文译释本。
127	体验汉语：公务篇（60–70课时）	全一册 16开	2008	褚佩如、朱晓星、岳建玲	高等教育出版社	以交际任务为编写主线。	真实性、实用性。		英、泰、西、日、韩、德、法文译释本。
128	清华汉语：综合篇	全一册 16开	2008	鲁俐	对外经济贸易大学出版社	结构、功能、文化相结合。	针对性、实用性、趣味性。		为掌握800左右甲级词汇，具有初步听说读写能力，会使用汉语简单句型的外国学习者编写。
129	新实用汉语课本入门级	全一册 大16开	2009	刘珣、张凯、刘社会、陈曦、左珊丹、施家炜	北京语言大学出版社	结构、功能、文化相结合，国别化。	注重针对性、国别化。	可视为适合不同母语的成人汉语初学者学习的普及型汉语教材。	英、法、德、俄、西、阿、日、韩、泰文译释本。
130	我的汉语	上、中、下册 16开	2009	马燕华、何勇、贾笑寒、王学松、贾放	人民教育出版社	以十大基本功能为纲，以语言功能为主线。	注重针对性，全面覆盖，螺旋上升。		供国际组织或类似机构的外国人使用的汉语入门教材。

编号	教材名称	册数及开本	出版年代	编写者	出版社	组织结构	编写原则	历史作用	备注
131	大学汉语初级精读	一—四册 大 16 开	2009	陈晓辉、王培英、张晓梅、翟英华	华语教学出版社				英文译释本。
132	实用中文初级	全一册 16 开	2009	Chinese Time	华东师范大学出版社	以日常实用情景话题展开学习。	注重学以致用的实用性原则。		英文译释本。
133	21 世纪对外汉语教材——综合教程	一、二册 大 16 开	2009	王德春、钟英华、温象羽、李柏令、刘运同、许希阳	上海外语教育出版社	以建构主义语言教学论为指导，正确处理语言、言语、文化、结构、建构等关系。			英文译释本。
134	易捷汉语：轻松入门	上、下册 大 32 开	2010	李孚嘉	北京语言大学出版社	无复杂语法和汉字讲解，通过实际场景展示短语、句子，比较中外文化异同。			适合任何对汉语感兴趣的初学者，无论有无基础均可感受其中的乐趣。英文译释本。
135	新实用汉语课本第二版	一、二册 大 16 开	2010	刘珣、张凯、刘社会、陈曦、左珊丹、施家炜	北京语言大学出版社	教材的整体框架未作大的变化，结合原版教材在海外使用的课堂实践经验，呈现与时俱进的内容，坚持语言实用，结合实际，培养学习者跨文化交际的能力。			英文译释本。

编号	教材名称	册数及开本	出版年代	编写者	出版社	组织结构	编写原则	历史作用	备注
136	新视角——初级汉语教程	上、下册 大16开	2010	庄稼婴、陈佩瑜、王曼玲、张增增	北京大学出版社		突出生存语言技能训练。		英文译释本。
137	我和中国	全一册 16开	2010	贺谦、吴燕娜、杨颖	外语教学与研究出版社		针对性，注重互动练习。		专为华裔大学生编写的初级中文教材。英文译释本。
138	目标汉语：基础篇	一—八册 16开	2010（一—六） 2011（七、八）	刘川平、王松岩、郑桂芬、杨洁、王瑞	北京大学出版社		交际性、层级性、实用性；适度强化。		适合一年期汉语强化教学。英文译释本。
139	留学中国：汉语综合教程	一、二册 16开	2010（一） 2011（二）	黄晓颖、孙洪威、刘涛、王宇、邓雅娜	高等教育出版社	富含简便易行的教学活动。	以学生为主体，强调实用性、趣味性。		适合预科阶段来华留学生使用。英文译释本。
140	汉语·纵横 精读课本0	全一册 大16开	2011	马燕华	北京语言大学出版社				英文译释本。
141	汉语·纵横 精读课本1	全一册 大16开	2011	汝淑媛	北京语言大学出版社				英文译释本。
142	汉语·纵横 精读课本2	全一册 大16开	2011	王健昆、吕效东	北京语言大学出版社				英文译释本。
143	发展汉语 第二版 初级综合	Ⅰ、Ⅱ册 大16开	2011	荣继华、徐桂梅	北京语言大学出版社	综合语言能力培养与专项语言技能训练相结合。	注重多样性、系统性和针对性。		初级综合Ⅰ附汉字练习本。英文译释本。

表 3-2　中级综合课教材简表

编号	教材名称	册数及开本	出版年代	编写者	出版社	组织结构	编写原则	历史作用	备注
1	实用汉语课本	三、四册 32 开	1986（三） 1987（四）	北京语言学院刘珣、邓恩明、刘社会、潘文娱、来思平、赵淑华、王振礼、刘山、邵佩珍	商务印书馆	结构、情景、功能相结合，已意识到文化知识的重要性。	教授日常交际汉语，实践性，融入情境，结合文化。	第一套贯彻结构、情景及功能相结合原则的教材。代表了到那时为止汉语综合课教材的最高水平，为探索新的教学路子作出了贡献。	英、法文译释本。
2	中级汉语教程	上、下册 32 开	1987（上） 1988（下）	北京语言学院来华留学生二系陈灼、陈田顺、李维籍、黄文彦	北京语言学院出版社	结构法。			英、法文译释本。
3	汉语中级教程	全二册 32 开	1989	杜荣、杨玉秀、郭振华、丘佩玲、毛修敬	北京大学出版社	结构法。	循序渐进。		英文译释本。

编号	教材名称	册数及开本	出版年代	编写者	出版社	组织结构	编写原则	历史作用	备注
4	新汉语课本	五一八册 32 开	1990	复旦大学国际文化交流学院 蔡传廉、陈晨、陈光磊、贺国伟、胡中行、金路、廖光霞、秦湘、陶炼、卫梦荣、徐玉明	复旦大学出版社	结构与功能相结合。	科学性、系统性、实用性和趣味性；结构与功能相结合；由易到难，循序渐进。		英文译释本。
5	大学医用汉语教程	全三册 32 开	1990（一） 1991（二、三）	洪材章、颜玲、李佩燕、林华生、丁德发、杨玉萍、白鸿兴、范源发、俞根山、范裕华、萧亚东	天津大学出版社		既遵循语言教学一般规律，又注意突出医用汉语及其教学特点。	《大学医用汉语教程》和《科技汉语教程》中级课本是我国对外汉语教学领域的又一重要成果，为统一教学要求和提高教学质量提供了有利条件。	为来华攻读中医学专业的留学生使用，也可供医药界人士学习使用。
6	科技汉语教程中级讲读课本	全三册 32 开	1990（一、二） 1993（三）	郑玉、褚福章、黄慰平	天津大学出版社		精讲多练。		供在中国学习理工专业的留学生使用。
7	科技汉语教程中级阅读课本	全三册 32 开	1991（一、二） 1992（三）	郑玉、胡坤慧、潘祖绥、许仁静	天津大学出版社		精讲多练。		
8	中级汉语课本	全一册 32 开	1991	尹润芗	北京师范大学出版社				英、日文译释本。

编号	教材名称	册数及开本	出版年代	编写者	出版社	组织结构	编写原则	历史作用	备注
9	中国家常	全一册 32 开	1991	杨贺松	北京大学出版社	以热门话题为内容，更好地训练学生的交际能力。		本教材探索了一条把精读和泛读、原文和编写的课文以及听说和读写结合起来的路子，代表了今后中高级教材的一种新趋向。	中高级汉语教材。
10	新编汉语教程	全一册 32 开	1991	刘瑞年、李晓琪	北京大学出版社	精读、泛读相结合。		与《中国家常》为同类型教材。	英文译释本。
11	桥梁——实用汉语中级教程	上、下册 16 开	1996（上）	陈灼、王世生、沈志钧、汪宗虎、杨翼、舒春凌、魏威	北京语言学院出版社	功能教学法，圆周式循环。	交际性、科学系统性、启发性。		英、法文译释本。
			1997（下）	陈灼、王世生、左珊丹、沈志钧、汪宗虎、舒春凌	北京语言大学出版社				
12	走进中国中级本	全一册 16 开	1997	任雪梅、刘晓雨	北京大学出版社		循序渐进。		短期汉语教学丛书。英文译释本。

编号	教材名称	册数及开本	出版年代	编写者	出版社	组织结构	编写原则	历史作用	备注
13	中级汉语精读	全一册 16 开	1998	李增吉	南开大学出版社				针对汉语水平考试编写。
14	参与：汉语中级教程	全一册 16 开	1998	赵燕皎、赵延风、张明莹	北京大学出版社	注重文化因素。	参与性。		中级较高阶段迈向高级阶段的汉语教材。英文译释本。
15	标准汉语教程中级	一—四册 32 开	1998	王国安、吴仁甫、陈阿宝、陶炼、王朝秀、王新文、张永奋、肖路、贺国伟、徐子亮、徐玉明、谈蓓丽、彭增安	上海教育出版社	结构、功能、文化三位一体。	科学性、实用性、系统性、趣味性；结构、功能、文化相结合。		英文译释本。
16	中级汉语精读教程	全二册 16 开	1999	赵新、李英、林凌	北京大学出版社		体现精读课型特点，突出科学、实用性，讲求通用、持久性，增强知识、趣味性。		英文译释本。

编号	教材名称	册数及开本	出版年代	编写者	出版社	组织结构	编写原则	历史作用	备注
17	中国剪影：中级汉语教程	全一册 16 开	1999	李晓琪、方霁、刘瑞年	北京大学出版社		规范化、可读性、趣味性、时效性。		在 1991 年《新编汉语教程》基础上编写而成。英文译释本。
18	汉语文化双向教程：准中级	全一册 16 开	1999	杨瑞、李泉	北京语言大学出版社	文化、结构、功能相结合，语言、文化双向并重。	以学生为中心原则。		向中级阶段过渡的汉语综合课教材。英文译释本。
19	中级汉语新编	全二册 32 开	1999	苑良珍、张艳华	明天出版社				英文译释本。
20	中国全景：中级汉语	一—三册 16 开	2000（一） 2001（二、三）	吴叔平	语文出版社	注重语言能力培养和文化介绍。			教材面向美国 SCOLA 电视网广大汉语学习者。
21	中国视点：中级汉语教程	上、下册 16 开	2000	余宁	北京语言大学出版社	语言、文化相结合。	时效性。		英文译释本。
22	新概念汉语中级课本	全一册 16 开	2002	郑国雄、范毓民	北京语言大学出版社		语法删繁就简，保持系统性。		汉字繁简对照。英文译释本。

编号	教材名称	册数及开本	出版年代	编写者	出版社	组织结构	编写原则	历史作用	备注
23	大众汉语 中高级	一、二册 16 开	2002	李芳杰、刘海芳、周颖菁、朱德君	武汉大学 出版社	以社会生活和人文知识为主线，兼顾结构、功能。	现实性、多样性、趣味性。		英文译释本。
24	新世纪汉语	第三册 16 开	2004	吴小洲、陆丙甫	北京语言 大学出版社		注重交际性和趣味性。		英文为主，汉字繁简对照。
25	新标准汉语 中级篇	一、二册 16 开	2004	方铭、刘松江	北京大学 出版社				主要针对汉语水平考试。英文译释本。
26	阶梯汉语 中级精读	一—四册 大 16 开	2004	周小兵、赵新、李英、林凌	华语教学 出版社	以功能为纲，注重文化知识。	注重口语；实用性和通用性，操作性和趣味性。		英文译释本。
27	汉语新目标	四—六册 大 16 开	2004	《汉语新目标》编写委员会 张晓光、郭莉萍、赵为	教育科学 出版社		循序渐进，时代性、趣味性、完整性、科学性。	第一套供俄语地区大学学生使用的系列汉语教材。	供俄语国家学习汉语的本科学生使用。

编号	教材名称	册数及开本	出版年代	编写者	出版社	组织结构	编写原则	历史作用	备注
28	博雅汉语：准中级加速篇	一、二册 16 开	2004（一） 2005（二）	李晓琪、黄立、钱旭菁、金舒年、陈莉	北京大学出版社	结构、功能、文化相结合；以结构为纲，寓结构、功能于情景之中。	实用性、趣味性。		英文译释本。
29	博雅汉语：中级冲刺篇	一、二册 16 开	2005（一） 2006（二）	李晓琪、赵延风、张明莹	北京大学出版社	采用话题理论编写，结构、功能、文化相结合。			
30	中级汉语教程	全二册 16 开	2005	杨寄洲	北京语言大学出版社				维吾尔文、哈萨克文、藏文译释本。
31	新实用汉语课本	五、六册 大 16 开	2005（五） 2009（六）	刘珣、张凯、刘社会、陈曦、左珊丹、施家炜	北京语言大学出版社	以语言结构为纲，结构、功能、文化相结合。	圆周式编排，内容及项点多次循环重现，知识点螺旋式上升；突出功能。	被海外多所知名大学采用，是世界上使用最广泛的汉语教材之一。	汉字繁简体对照。英文译释本。
32	发展汉语：中级汉语	上、下册 16 开	2005	徐桂梅、牟云峰、武惠华	北京语言大学出版社	结构、功能、文化相结合。	由易到难、急用先学、循序渐进、重复再现，针对性、科学性、实用性、趣味性。		英文译释本。

编号	教材名称	册数及开本	出版年代	编写者	出版社	组织结构	编写原则	历史作用	备注
33	汉语精读课本二年级	上、下册 大 16 开	2006	李炜东、白荃、尚平	中国社会科学出版社	突出功能。	以本科大纲课程设置为编写原则；循序渐进。		英文译释本。
34	新阶梯： 中级汉语教程	上、中、下册 16 开	2006（上、下） 2007（下）	苑良珍、张艳华	北京大学出版社		由浅入深，循环递进。		英文译释本。
35	风光汉语： 中级读写	一、二册 16 开	2007	齐沪扬、张新明、方绪军、江莉、王鸿滨、张巍、厉霁隽、刘慧清	北京大学出版社	在交际情景话题基础上融入文化内容。	创新性、趣味性、实用性、现代感。		英文译释本。
36	欧美人学中文中级课本	全一册 大 32 开	2007	郑国雄、赵雪倩	复旦大学出版社	注重文化知识介绍。	有趣、有用。		供欧美国家一般大学每周 4–6 课时学习。
37	拾级汉语： 第 5 级 精读课本	全一册 16 开	2007	徐晓羽、高顺全	北京语言大学出版社	吸收任务型教学法，讲求“细化级次，逐层递进”。	循环深化，系统性、实用性，简明、实用、趣味、真实。		英文译释本。
38	拾级汉语： 第 6 级 精读课本	全一册 16 开	2007	李晓娟、高顺全	北京语言大学出版社				
39	拾级汉语： 第 7 级 精读课本	全一册 16 开	2007	刘海霞、高顺全	北京语言大学出版社				
40	拾级汉语： 第 8 级 精读课本	全一册 16 开	2007	许国萍、高顺全	北京语言大学出版社				

编号	教材名称	册数及开本	出版年代	编写者	出版社	组织结构	编写原则	历史作用	备注
41	汉语综合教程：中级 知人论世	上、下册 大16开	2007	哈佛大学中文部 冯胜利、王学东、胡文泽、赵聪敏	高等教育出版社	“说地道的口语”，用“直接的方法”操练，“写典雅的文章”。	合理分布难易等级，系统性、科学性、实用性。		英文译释本。
42	汉语综合教程：中高级 说古道今	上、下册 大16开	2007		高等教育出版社				
43	我的汉语教室 中级	一——三册 大16开	2007	宋晓琼、张育荣、徐文静、施琳娜	人民教育出版社		系统性。		英、日文译释本。
44	成功之路： 提高篇	一、二册 大16开	2008	黄丹纳、隋岩	北京语言大学出版社	语言知识、技能、文化相结合，以训练语言能力为显性设计，以传授语言知识为隐性设计。	创新理念，实践性思维；依存关联，系统性、立体化。		适用于正规汉语教学机构的课堂教学，也可满足各类教学形式和自学者需求。英文译释本。
45	成功之路： 跨越篇	一、二册 大16开	2008	王俊毅、张伟	北京语言大学出版社				
46	中国语新干线 中级表现	上、下册 大16开	2008	冯富荣、杜英起	北京语言大学出版社	结构、功能、文化相结合。	注重日汉语言特点、难点对比。		供日本大学学习汉语的学生使用。
47	汉语中级综合教程	上、下册 16开	2008	王珏	北京大学出版社	以功能为核心，结构、功能、文化相结合。	注重内容的交际性、趣味性、丰富性，体裁多样化。		英文译释本。

编号	教材名称	册数及开本	出版年代	编写者	出版社	组织结构	编写原则	历史作用	备注
48	中国人的故事：中级汉语精视精读	上、下册 大16开	2009	余宁、张斌、陈晓燕、华雨汉风工作室	北京语言大学出版社	视听与精读相结合，注重与文化融合。		把“读”课文变成“看”课文，是一种创新。	根据中央电视台同名纪录片改编。英文译释本。
49	21世纪对外汉语教材——综合教程	三、四册 16开	2009	王德春、钟英华、温象羽、顾顺莲、翟宜疆、李柏令	上海外语教育出版社	以建构主义语言教学论为指导，正确处理语言、言语、文化、结构、建构等关系。			英文译释本。
50	大学汉语中级精读	上、下册 大16开	2009	陈晓辉、王培英、张晓梅、翟英华	华语教学出版社				英文译释本。
51	实用中文中级	全一册 16开	2009	Chinese Time	华东师范大学出版社	以日常实用情景为话题展开学习。	注重学以致用的实用性原则。		英文译释本。
52	文化全景中级汉语教程	上、下册 16开	2009	史迹、陈越、商拓、王晓艳、全彩宜	高等教育出版社	以文化为主线，语言与文化一以贯之。	强调语言学习与文化感受并重。		英文译释本。
53	汉语•纵横精读课本3	全一册 大16开	2011	李炜东	北京语言大学出版社				英文译释本。
54	汉语•纵横精读课本4	全一册 大16开	2011	白荃、尚平	北京语言大学出版社				英文译释本。
55	发展汉语第二版中级综合	Ⅰ、Ⅱ册 大16开	2011（Ⅰ） 2012（Ⅱ）	徐桂梅、崔娜、牟云峰（Ⅰ） 武惠华（Ⅱ）	北京语言大学出版社	综合语言能力培养与专项语言技能训练相结合。	注重多样性、系统性和针对性。		英文译释本。

表 3-3　高级综合课教材简表

编号	教材名称	册数及开本	出版年代	编写者	出版社	组织结构	编写原则	备注
1	实用汉语课本	五、六册 32 开	1989	潘文娱、王振礼、邓恩明、任远	商务印书馆	结构、情景、功能相结合，已意识到文化知识的重要性。	教授日常交际汉语，实践性，融入情境，结合文化。	
2	高级汉语教程	上、中、下册 32 开	1990	北京语言学院来华留学生二系 姜德梧、王志武、刘锡荣、邢昌伦、孙瑞珍、倪明亮、马中林、王希增、高增良	北京语言学院出版社	注重文化知识的介绍。		
3	汉语高级教程	全二册 32 开	1992	姚殿芳、杨贺松、赵燕琬、戴桂芙、傅民	北京大学出版社	结构法。	循序渐进；注重语言典范性，题材广泛性，体裁多样性。	
4	高级汉语课本	全一册 32 开	1995	梁霞、王学松	北京师范大学出版社		实用性、伸缩性。	
5	实用汉语高级教程	全四册 32 开	1996	倪明亮、王希增、张开信、塔广珍、张宝林、高增良、吕剑峰、马树德、邢昌伦、张玉宇、臧青	华语教学出版社		注重学以致用的实践性原则；注重题材的广泛性，体裁的多样性；由浅入深，循序渐进。	

编号	教材名称	册数及开本	出版年代	编写者	出版社	组织结构	编写原则	备注
6	走进中国 高级本	全一册 16 开	1997	刘元满	北京大学 出版社		循序渐进。	短期汉语教学丛书。
7	标准汉语教程 高级	一—三册 32 开	2000（一） 2001（二） 2002（三）	王国安、吴仁甫、陈阿宝、陶炼、王朝秀、王新文、张永奋、肖路、贺国伟、徐子亮、徐玉明、谈蓓丽、彭增安	上海教育 出版社	结构、功能、文化三位一体。	科学性、实用性、系统性、趣味性；结构、功能、文化相结合。	英文译释本。
8	高级汉语教程 修订本	全四册 32 开	2002	姜德梧、马中林、王志武	经济科学 出版社	注重文化知识介绍。	时代性。	
9	现代汉语 高级教程 三年级	上、下册 16 开	2002（上） 2003（下）	马树德、李文、阎凌云、万业馨、张亚茹、塔广珍	北京语言 大学出版社			
10	现代汉语 高级教程 四年级	全一册 16 开	2003	马树德、李文、阎凌云、万业馨、张亚茹、塔广珍	北京语言 大学出版社			
11	新概念汉语 高级课本	全一册 16 开	2003	郑国雄、纪晓静	北京语言 大学出版社		语法删繁就简，保持系统性。	汉字繁简对照。

编号	教材名称	册数及开本	出版年代	编写者	出版社	组织结构	编写原则	备注
12	高级汉语教程：精泛结合	上、下册 16 开	2003	肖奚强	北京语言大学出版社	主课文与副课文相结合，精读与泛读相结合，学习语言与学习文体相结合。	实用性、系统性。	
13	汉语新目标	七一九册 大 16 开	2004	《汉语新目标》编写委员会 张晓光、郭莉萍、赵为	教育科学出版社		循序渐进，时代性、趣味性、完整性、科学性。	供俄语国家学习汉语的本科学生使用。
14	中国全景：九州行 高级汉语	全一册 16 开	2005	刘道尊	语文出版社		针对性、实用性和趣味性，语言略带京味儿。	供美国 SCOLA 电视网汉语学习者使用。
15	发展汉语：高级汉语	上、下册 16 开	2005	岑玉珍、杨存田	北京语言大学出版社	结构、功能、文化相结合。	由易到难、急用先学、循序渐进、重复再现，针对性、科学性、实用性、趣味性。	
16	汉语精读课本 三年级	上册 大 16 开	2006	冯建明、吴方敏	中国社会科学出版社	突出功能。	以本科大纲课程设置为编写原则；循序渐进。	
17	高级汉语 精读教程	全二册 16 开	2006	邓小宁、陈凡凡、邓淑兰	北京大学出版社		取材广泛，体裁多样，注重知识性、趣味性。	

编号	教材名称	册数及开本	出版年代	编写者	出版社	组织结构	编写原则	备注
18	博雅汉语： 高级飞翔篇	一—三册 16 开	2006（一、二） 2008（三）	李晓琪、金舒年、陈莉	北京大学 出版社		以语篇理论为原则，体现人文精神，展现汉语篇章的丰富性和多样性。	
19	汉语综合教程： 高级 文以载道	上、下册 大 16 开	2007	哈佛大学中文部 冯胜利、王学东、胡文泽、赵聪敏	高等教育 出版社	“说地道的口语”，用“直接的方法”操练，“写典雅的文章”。	合理分布难易等级，系统性、科学性、实用性。	英文译释本。
20	欧美人学中文 高级课本	全一册 大 32 开	2007	郑国雄、范毓民	复旦大学 出版社			英文译释本。
21	新视角： 高级汉语教程	上、下册 大 16 开	2007	庄稼婴、陈佩瑜、王曼玲、张增增	北京大学 出版社	突出生存语言技能教学。		北大海外汉语教程系列。 英文译释本。
22	新汉语高级 教程	上、下册 16 开	2007（上） 2009（下）	郭曙纶	北京大学 出版社			
23	成功之路： 冲刺篇	一、二册 大 16 开	2008	于昆、王又民	北京语言 大学出版社	语言知识、技能、文化相结合，以训练语言能力为显性设计，以传授语言知识为隐性设计。	创新理念，实践性思维；依存关联，系统性、立体化。	英文译释本。
24	成功之路： 成功篇	一、二册 大 16 开	2008	赵冬梅、李小丽	北京语言 大学出版社			

编号	教材名称	册数及开本	出版年代	编写者	出版社	组织结构	编写原则	备注
25	中国语新干线 商务表现	上、下册 16 开	2008	冯富荣、杜英起	北京语言 大学出版社	结构、功能、文化相结合。	注重日汉语言特点、难点对比。	日文译释本。
26	中国语新干线 中日现代事情	上、下册 16 开	2009	冯富荣、杜英起	北京语言 大学出版社			
27	大学汉语 高级精读	上、下册 大 16 开	2009	陈晓辉、王培英、张晓梅、翟英华	华语教学 出版社			英文译释本。
28	实用中文高级	全一册 16 开	2010	Chinese Time	华东师范 大学出版社	以日常实用情景为话题展开学习。	注重学以致用的实用性原则。	英文译释本。
29	汉语•纵横 精读课本 5	全一册 大 16 开	2011	冯建明、吴方敏	北京语言 大学出版社			英文译释本。
30	汉语•纵横 精读课本 6	全一册 大 16 开	2011	汪琦	北京语言 大学出版社			英文译释本。
31	发展汉语 第二版 高级综合	Ⅰ、Ⅱ册 大 16 开	2011（Ⅰ） 2012（Ⅱ）	岑玉珍 高增霞、游舒	北京语言 大学出版社	综合语言能力培养与专项语言技能训练相结合。	注重多样性、系统性和针对性。	英文译释本。

表 3-4　初级少儿、青少年汉语教材简表

编号	教材名称	册数及开本	出版年代	编写者	出版社	组织结构	编写原则	备注
1	中国语文初级	全十二册 16 开	1987		华语教学出版社		循序渐进，由浅入深；注重内容的系统性、实用性、启发性和多样性。	供开设相关课程的小学采用。英文译释本。
2	中学汉语	全六册 32 开	1993	邢福义、朱道明、刘兴策、吴永德、李汛、曹琦、汪国胜、周宝珠、向平	华中师范大学出版社	以功能、结构为纲，注重语言情景。	科学性、实践性、趣味性。	为母语为非汉语的中学生编写。英文译释本。
3	菲律宾华语课本	全二十册 16 开	2000	菲律宾华文教育研究中心	北京语言大学出版社		趣味性、思想性、系统性相结合，同时考虑语言点的系统性和重现率。	针对菲律宾中小学生编写。分繁简汉字本。
4	海外小学中文课本	全十二册 16 开	2001–2002	张洪宇	北京语言大学出版社	保留传统语文教学优点，传授文化同时寓教于乐。	科学性、实用性、趣味性。	适合海外华人子女，周末中文小学 1–6 年级学生使用。分繁简汉字本。英文译释本。
5	通用中文课本	全十二册 16 开	2001–2002	沈文、杨石泉	北京语言大学出版社		将语言学习变成一种极富趣味性的游戏。	由中外中文教师合编的海外小学中文教材。汉字繁简对照。英文译释本。

编号	教材名称	册数及开本	出版年代	编写者	出版社	组织结构	编写原则	备注
6	实用汉语	全二册 大 16 开	2002	谭家骅	中国人民大学出版社			美国金桥中文学校教材。专为 8–12 岁、第一语言为英语、想学中文的儿童设计。
7	快乐汉语	一一三册 16 开	2003	李晓琪、罗青松、刘晓雨、王淑红、宣雅	人民教育出版社	语法点出现以表达功能的需要为基础，以话题为线索。		供 11–16 岁汉语学习者使用。英、西、德、法、意文译释本。
8	愉快学汉语	全五册 16 开	2003	耀中国际学校（上海）中文教材编写委员会	世界图书出版公司	注重语言最基本的功能——交际功能。	听说领先，读写跟上，由浅入深。	适合中小学生使用的对外汉语教材。英文译释本。
9	汉语新起点	全十二册 16 开	2003–2004	《汉语新起点》编写委员会	教育科学出版社	寓功能、结构于情景中，寓教学于游戏中。	循序渐进，突出趣味性和交际性。	第一套供俄语地区 12 年制外语学校（包括小学、初中、高中）学生使用的系列汉语教材。俄文译释本。
10	跟我学汉语	一一四册 大 16 开	2004	陈绂、朱志平、宋志明	人民教育出版社	以表达功能的需要为基础，以话题为线索，培养交际能力。	自然、有趣，符合第二语言学习规律。	专门为海外中学生编写的汉语综合课教材。英、俄、德、西文译释本。
11	汉语易读	全三册 16 开	2004	陆庆和、徐菊秀、姚晓琳、叶翔、余稔生、高山乾忠	北京大学出版社	结构、功能、文化相结合。	科学性、系统性，由易到难，由浅入深。	为日本高中学生编写的汉语教材。

编号	教材名称	册数及开本	出版年代	编写者	出版社	组织结构	编写原则	备注
12	快乐儿童汉语	全二册 16 开	2004	SISA 汉语文化苑	华语教学出版社	从汉语拼音开始学汉语，学一句用一句。	活泼生动，图文并茂，好学好说，即学即用。	为母语为英语的学龄前儿童学习汉语而编写的初级读本。
13	快乐时光 幼儿汉语 拼音篇 会话篇 韵文篇	全三册 16 开	2005	刘德联、刘岩、陈莉、董琳莉	北京大学出版社	拼音、会话、韵文相结合。	循序渐进，轻松有趣，寓教于乐。	针对海外青少年儿童编写的汉语教材。英文译释本。
14	汉语乐园 学生用书	全六册 大 16 开	2005–2006	刘富华、王巍、周芮安、李冬梅	北京语言大学出版社	集语言与文化学习、技能训练、智力发展为一体，融合视、听、说、唱、游戏等多种学习方式。	针对儿童认知心理特点，循序渐进。	针对海外 10–12 岁儿童汉语学习者编写。英、法、德、俄、泰文译释本。
15	中文滚雪球 少儿课本	全四册 16 开	2005（一） 2006（二、三） 2007（四）	詹爱平	北京大学出版社	通过“滚雪球”游戏学中文。		适合世界各地国际学校学中文的学生。汉字繁简对照。英文译释本。

编号	教材名称	册数及开本	出版年代	编写者	出版社	组织结构	编写原则	备注
16	乘风汉语	一—四册 大 16 开	2005（一） 2006（二、三） 2007（四）	刘颂浩、马秀丽、何义情	高等教育出版社	参照美国中学外语教学大纲设计，大量互动练习，融合中国文化。		用现代化网络手段和教育技术进行汉语教学的第一套完整、系统的学习课件。供 12–18 岁汉语学习者使用。“中美网络语言教学项目”的纸质教材。英文译释本。
17	中文课本 双双中文教材	全九册 大 16 开	2005–2009	王双双	北京大学出版社		知识面广，趣味性强，深入浅出，易教易学。	由美国加州王双双老师和中国专家学者专门为海外学生编写的中文教材，适用于有一定中文背景的青少年学生。
18	童趣汉语	全三册 16 开	2006	张洪宇	北京大学出版社			适合学龄前儿童和小学低年级学生使用。英文译释本。
19	儿童汉语	全三册 16 开	2006	刘珣、张亚军、丁永寿	华语教学出版社	对话形式。	语言生动，图文并茂。	供母语为英语的学龄前儿童学习汉语用。
20	美猴王汉语 幼儿	一、二册 24 开	2006	刘富华、王巍、周芮安	北京语言大学出版社	秉承《汉语乐园》的编写理念。	寓教于乐，强调在轻松和游戏氛围中学习汉语。	适合 7 岁以下学汉语的英语国家儿童。
21	美猴王汉语 少儿	一—六册 16 开	2006–2007	刘富华、王巍、周芮安	北京语言大学出版社			适合 7–10 岁学汉语的英语国家儿童。
22	开开汉语 ——泰国小学中文课本	一—六册 16 开	2006–2007	谭晓健、方英美［泰］、刘映婷	北京语言大学出版社	在情景中学习并培养汉语交际能力。	趣味性、实用性。	专为泰国小学生设计，适合 1–6 年级小学生课堂使用。

编号	教材名称	册数及开本	出版年代	编写者	出版社	组织结构	编写原则	备注
23	新意中文	一—十六册 大 16 开	2006–2012	陈健	北京语言大学出版社		系统性较强，语言自然、实用。	专为海外学生编写的“海外本土化教材”，适合 4–16 岁华裔青少年使用。
24	我爱学中文小学用书	全四册 大 16 开	2006–2010	章悦华、刘晓燕、张觅彦、郭方瑜、钟茸	北京大学出版社	遵循行为情景教学法 TPRS 编写。	循序渐进。	专门针对小学运用 TPRS 进行中文教学的学校而设计。
25	我爱学中文中学用书	全四册 大 16 开	2006–2010	章悦华、李翚、黄一玮	北京大学出版社	遵循全身动作教学法编写。		供国际学校无中文背景的青少年使用。
26	嘻哈说唱学汉语	全四册 大 16 开	2006–2011	卢毓文	北京语言大学出版社	以 80 课韵文为主体。	循序渐进。	专门为国际学校学生编写的儿童汉语教材。英文译释本。
27	轻松学中文	全八册 大 16 开	2006–2011	马亚敏、李欣颖	北京语言大学出版社	采用交际法，语言、话题和文化结合，培养语言知识和交际技能。	兼顾汉语和印欧语教学的不同。	适用于海外非华裔零起点中学生，针对 AP 及 IB 汉语考试。英、德、法文译释本。
28	成长汉语	全三册 大 16 开	2007（一） 2008（二） 2011（三）	《成长汉语》编写组	北京语言大学出版社	主张生词—句子—课文的教学方法。	考虑到中学生的学习和心理特点，循序渐进，充分调动学生的积极性。	针对母语为非汉语的中学生编写的零起点汉语教材，适合中国国际学校以及招收留学生的中学使用。英文译释本。
29	儿童趣味中文	全一册 大 16 开	2008	吴德安、胡龙华、Trevor M.Herndon	北京语言大学出版社	将听说和读写分开。	以有效交流为目的。	适用于母语为英语的小学生。参考美国多个州的外语教学标准 LOTE 编写。

编号	教材名称	册数及开本	出版年代	编写者	出版社	组织结构	编写原则	备注
30	八仙过海学汉语	全五册 16 开	2008	美国密西根州立大学孔子学院	中央广播电视大学音像出版社	以游记代替传统课文，以英语叙述，有规律地嵌入汉语词汇和句式。	语言点循环出现，重现率高，注重文化，好玩易学。	这不仅是一部汉语教材，更是一部写给外国中学生的中国旅游指南。英文译释本。
31	中学阶梯汉语	第一册 16 开	2008	宣力	华语教学出版社	功能上采用欧洲教学框架。		供海外或国际学校的学生使用。英文译释本。
32	国际少儿汉语	全十二册 16 开	2008	朱一飞	上海外语教育出版社	结构、功能、文化相结合。	寓教于乐；科学性、趣味性、实用性。	外籍少儿汉语系列教材。供在华国际学校和外国小学汉语教学以及外国少儿短期汉语学习使用。英文译释本。
33	世界少儿汉语	全十二册 16 开	2008–2009	世界汉语教学学会　刘润新	商务印书馆	贴近生活，在活动中体验汉语。	致力于建立课堂教学与自然习得相结合的教学体系。	商务馆世界少儿汉语系列教材。英文译释本。
34	体验汉语 小学	全六册 16 开	2008–2010	国际语言研究与发展中心	高等教育出版社	贯彻体验式外语学习理念。	外语教学 5C 原则。	针对海外小学生的兴趣爱好和学习特点编写。覆盖英语国家小学汉语初级至中级难度。
35	体验汉语 初中	全六册 16 开	2008–2011	国际语言研究与发展中心	高等教育出版社	贯彻体验式外语学习理念。	外语教学 5C 原则。	专为北美零起点初中生编写。适用对象为公立与私立中学 7–9 年级选修汉语课的学生或 13–15 岁的汉语学习者。

编号	教材名称	册数及开本	出版年代	编写者	出版社	组织结构	编写原则	备注
36	体验汉语高中	全六册 16开	2008–2011	国际语言研究与发展中心	高等教育出版社	汲取任务型教学法、交际法和听说法等各教学法之长。	注重本地化原则和外语教学5C原则。	专为零起点高中生编写。适用对象包括公立与私立中学10–12年级选修汉语课的学生或16–18岁的汉语学习者。
37	一学就会：儿童汉语	全一册 16开	2009	王小宁	外文出版社			英文译释本。
38	新启蒙汉语	全八册 16开	2009–2010	牟岭、李戎真、陈旻、刘凡	外语教学与研究出版社	以基础汉字识写为纲，交织生活话题。	基于数据库控制汉字难度和数量。	专门为海外华裔孩子量身订做的汉语教材。
39	汉语乐园入门	全一册 大16开	2009–2010	刘富华、王巍、周芮安、李冬梅	北京语言大学出版社	集语言与文化学习、技能训练、智力发展为一体，融合视、听、说、唱、游戏等多种学习方式。	针对儿童认知心理特点，循序渐进。	针对海外6–12岁汉语初学者编写，英、法、德、泰、俄、西、韩、日、越南、保加利亚、荷兰、意、马来、菲律宾、印尼、葡、老挝、土耳其、阿、匈牙利、瑞典、丹麦、捷克、乌克兰、希腊、克罗地亚、斯洛伐克、柬埔寨、蒙、斯瓦西里、波兰、尼泊尔、罗马尼亚、波斯、阿尔巴尼亚、印地、希伯来、冰岛、芬兰、僧伽罗、塞尔维亚、乌尔都、豪萨、缅甸、挪威文等45个语种译释本。

编号	教材名称	册数及开本	出版年代	编写者	出版社	组织结构	编写原则	备注
40	说说唱唱学汉语	全六册 16 开	2009–2011	龙嘉	北京语言大学出版社	以原创儿童歌曲为载体，以汉语基本语法项目为主线，以丰富有趣的话题为框架。	具有时代感和创新性。	适用于海外初学汉语的学龄前儿童和小学生。
41	新编菲律宾华语课本	全三册 16 开	2009（一、二） 2011（三）	菲律宾华文教育研究中心　周健	北京大学出版社	采用华语教学研究最新成果，与菲律宾汉语教学模式接轨。	寓教于乐，富有趣味性、时代性，尤其符合儿童的认知心理和学习兴趣。	本教材是北京语言大学出版社《菲律宾华语课本》的修订本。
42	初中中文	一、二册 16 开	2010	李晓琪、刘晓雨、Baocai Paul Jia, Marisa Weilun Chang, Ying Jin	人民教育出版社	以实用的交际任务为编写线索，强调在用中学、做中学和体验中学。	注重趣味性，遵循第二语言教材编写原则。	适用于美国公立学校的中学汉语 7–8 年级系列教材。
43	高中中文	一—四册 16 开	2010	李晓琪、黄立、钱旭菁、Baocai Paul Jia, Marisa Weilun Chang, Ying Jin	人民教育出版社			适用于美国公立学校的中学汉语 9–12 年级系列教材。
44	美洲华语	全十二册 大 16 开	2010–2012	许笑浓	北京大学出版社		以美国外语教学标准和外语评鉴规范为准则。	供 1–12 年级每周 2–4 小时中文学习的学生使用。

编号	教材名称	册数及开本	出版年代	编写者	出版社	组织结构	编写原则	备注
45	新儿童汉语	全三册 16 开	2011	刘珣、张亚军、丁永寿	华语教学出版社		突出实用性、趣味性原则。	供 3–12 岁零起点外国儿童学习汉语使用。
46	新新中文课本	一、二册 16 开	2011	张洪宇、张洁	北京大学出版社			主要针对英国周末中文学校小学生使用的汉语教材，适合 6–16 岁学生使用。
47	唱唱跳跳学汉语	第一册 16 开	2011	张保利、张宗美	北京大学出版社	通过原创汉语歌曲学习汉语。	趣味性。	供没有汉语背景和基础的孩子使用。

表 3–5　中高级少儿、青少年汉语教材简表

编号	教材名称	册数及开本	出版年代	编写者	出版社	编写原则	备注
1	中国语文中级	全四册 32 开	1988		华语教学出版社	循序渐进，由浅入深；注意内容的系统性、实用性、启发性和多样性。	供欧美华侨华人中学生所用。全汉语本。
2	中国语文高级	上、下册 32 开	1992	潘兆明、刘毅、张经之、牟淑媛	华语教学出版社	基础性、实用性，学以致用。	为欧美华侨华人高中生编写。

表 3-6　初级商务汉语综合课教材简表

编号	教材名称	册数及开本	出版年代	编写者	出版社	备注
1	商务汉语	全一册 32 开	1995	黄为之	华语教学出版社	适合有一定汉语基础、来中国经商的外国人，也适合经贸专业的外国学生使用。英文译释本。
2	经贸汉语	全一册 32 开	1998	黄为之	华语教学出版社	针对具有一定汉语基础、希望在中国建立稳定市场和生产基地的外国客商编写的初级汉语教材。英文译释本。
3	基础实用商务汉语	全一册 16 开	2000	关道雄、遇笑容	北京大学出版社	为已有一定基础的汉语学习者编写的基础商务教程。汉字繁简对照。
4	商务汉语 修订本	全一册 32 开	2002	黄为之	华语教学出版社	适合有一定汉语基础、来中国经商的外国人，也适合经贸专业的外国学生使用。英文译释本。
5	基础实用商务汉语 修订本	全一册 16 开	2003	关道雄	北京大学出版社	为已有一定基础的汉语学习者编写的基础商务教程。英文译释本。
6	基础商务汉语—— 会话与应用	上、下册 大 16 开	2005	王晓钧、张旺熹、孙德金	北京语言大学出版社	适用于初级汉语水平、以英语为母语或主要交流语言并有兴趣在中国及华人社区从事商务活动的人。汉字繁简对照。
7	商务汉语入门 基本礼仪篇	全一册 16 开	2005	张黎、沈庶英	北京大学出版社	适用于完全没有或只具有一点儿汉语基础的工商界人士以及其他希望学习一些基础商务汉语的人。
8	商务汉语入门 日常交际篇	全一册 16 开	2005	张黎、聂学慧	北京大学出版社	适用于完全没有或只具有一点儿汉语基础的工商界人士以及其他希望学习一些基础商务汉语的人。
9	商务汉语提高 应酬篇、办公篇、 业务篇	全一册 16 开	2005	张黎、陶晓红	北京大学出版社	适用于只具有一点儿汉语基础的工商界人士以及其他希望学习一些基础商务汉语的人。

编号	教材名称	册数及开本	出版年代	编写者	出版社	备注
10	经理人汉语 语音篇	全一册 16 开	2005	张晓慧、李明	外语教学与研究出版社	本书是《经理人汉语》系列教材之一，适合将汉语作为第二语言的基础语音教学，也可作为普通话语音入门教材单独使用。
11	经理人汉语 生活篇	上、下册 16 开	2009	张晓慧、李明、丁安琪、李立、马晓冬	外语教学与研究出版社	可供集中强化训练使用半年，每课 10–12 课时。
12	经理人汉语 商务篇	上、下册 16 开	2005	张晓慧、张红、王波、梁冬梅、来静青、李真	外语教学与研究出版社	可供集中强化的商务汉语培训项目使用一年，也可供经贸方向的本科留学生有选择地使用。
13	商务汉语速成	全一册 32 开	2005	李振刚	华语教学出版社	适用于零起点的商务人士自学汉语使用。多媒体配套纸版教材。英文译释本。
14	体验汉语 商务篇（60–80 课时）	全一册 16 开	2006	张红、岳薇	高等教育出版社	专为已完成大约 160 个学时的基础汉语学习、能用汉语进行日常交际的外国人编写的商务汉语教材。英、日、俄、德、法、韩、西、泰文译释本。
15	BBC 初级实用商务汉语	全一册 16 开	2006	刘美如	北京大学出版社	适用对象为意在提高商务交际水平并从未学过中文、亦无国际商贸知识的零起点或初中级汉语学习者。英文译释本。
16	初级商务汉语精读	全一册 16 开	2007	董堇、吴晓峰	外语教学与研究出版社	针对来华留学生经贸专业本科生的需求编写。英文译释本。
17	实用商务汉语课本 初级篇	全一册 16 开	2007	王又民、倪明亮、刘长辉	商务印书馆	本书专门针对韩国留学生编写，学习者应具有初级汉语基础，掌握最基本的语法点和 600–800 个汉语常用词。
18	实用商务汉语课本 准中级	全一册 16 开	2007	王又民、倪明亮、吴春仙	商务印书馆	本书是专门针对韩国留学生编写的商务汉语教材。

编号	教材名称	册数及开本	出版年代	编写者	出版社	备注
19	商务汉语 初级	全一册 32 开	2007	大众中文网教材编委会	湖南科学技术出版社	适用于零起点的经商人员自学学习，可在短时间内快速掌握常用语言，以满足日常生活、商务旅行的需要。英文译释本。
20	实用商务汉语	全一册 16 开	2008	黄为之	华语教学出版社	原《经贸汉语》(1998 版）的修订本。
21	经贸汉语	上、下册 16 开	2009	金一平	北京语言大学出版社	适用于经贸专业预科生或本科一年级的经贸汉语强化课程，或留学生汉语言专业（经贸方向）本科高年级的相关主课或选修课教学。英文译释本。
22	新丝路——初级速成商务汉语	Ⅰ、Ⅱ册 大 16 开	2009–2010	李晓琪、蔡云凌	北京大学出版社	《新丝路——商务汉语速成》系列教材的初级篇，适合汉语初学者学习。英文译释本。
23	商务汉语一本通	全一册 16 开	2010	王立非、史兴松	高等教育出版社	专门为商务汉语入门水平学习者编写，提供 60 课时的解决方案。英、日、西、阿、法、德、越、韩、意、俄文译释本。
24	通用商务汉语	全三册 16 开	2010	季瑾	对外经济贸易大学出版社	针对各类商务汉语学习者的商务交际活动编写，适用于海内外有一定汉语水平（相当于 HSK 成绩三级或以上水平）的学习者的商务汉语学习。英文译释本。
25	赢在中国 语音汉字篇	全一册 大 16 开	2010	季瑾	北京语言大学出版社	专门为欧盟经理人项目及其他零起点的商务汉语学习者编写。《汉字语音篇》配合入门阶段使用。英文译释本。
26	赢在中国 基础篇	一——三册 大 16 开	2010	季瑾	北京语言大学出版社	专门为欧盟经理人项目及其他零起点的商务汉语学习者编写。英文译释本。
27	发展商务汉语 读写篇	全一册 16 开	2010	幺书君、王淑红、游舒、李泉	上海外语教育出版社	分技能商务汉语教材。适合具有初步汉语能力的学习者使用。可作为在华留学生商务汉语选修课教材、企业商务汉语培训教材、商务人士自学教材。英文译释本。

编号	教材名称	册数及开本	出版年代	编写者	出版社	备注
28	商务汉语综合教程	全四册 16 开	2010	仇鸿伟、春晓、谢玲玲、董福升、向平	对外经济贸易大学出版社	为有志于用汉语在中国大陆以及港、澳、台地区从事商务活动的留学生编写。英文译释本。
29	卓越汉语 公司实战篇	全一册 大 16 开	2010	史中琦、胡灵均、王肖丹	外语教学与研究出版社	专门为目前正在或者有意到中国实习或工作的汉语学习者设计，并可供对中国经济问题和商务文化感兴趣的外籍商务人士使用。英文译释本。
30	卓越汉语 商务致胜	一、二册 大 16 开	2010–2011	王惠玲、周红	外语教学与研究出版社	适用于有半年（340 学时）汉语学习经历的学习者。
31	成功商务汉语	全一册 16 开	2011	对外经济贸易大学国际商务汉语教学与资源开发基地	对外经济贸易大学出版社	专门为外国人初学商务汉语而编写。英文译释本。
32	商务汉语入门	上、下册 16 开	2012	覃俏丽、万凯艳	旅游教育出版社	为商务汉语初学者编写。

表 3-7　中高级商务汉语综合课教材简表

编号	教材名称	册数及开本	出版年代	编写者	出版社	备注
1	国际商务汉语	上、下册 16 开	1997	李忆民、刘丽瑛、赵雷、马树德	北京语言大学出版社	供学过基础汉语的从事对华贸易（包括在华和世界各地）的外国人和广大华侨，以及来华留学生、世界各国的汉语学习者使用。
2	国际商务汉语教程	全一册 16 开	2000	张泰平	北京大学出版社	适合留学生本科三、四年级相关方向的学生及商务人士使用。英文译释本。
3	商贸高级汉语	全一册 大 32 开	2001	金振邦、石克延	华语教学出版社	可帮助高级阶段学生尽快掌握有关贸易知识和经营原则，学会商业交际中的常用术语和套话，达到用汉语进行贸易交际的目的。
4	中国全景商贸汉语	全一册 16 开	2002	黄为之、杨廷治	语文出版社	大型电视系列教材，专门为外国人到中国做生意设计，适合有一定汉语基础的外国朋友学习。英文译释本。
5	公司汉语	全一册 16 开	2002	李立、丁安琪	北京大学出版社	适合在华留学一年以上或具有初中等水平的留学生使用。英文译释本。
6	放眼天下——国际商务汉语	全一册 16 开	2003	任长慧、朱敏琪、张黎	北京语言大学出版社	美国宾夕法尼亚大学沃顿商学院国际企管研究所指定教材，适合具有中高级汉语水平、对中国商贸比较了解的外国人使用。
7	经贸汉语中级教程	全一册 16 开	2004	董堇	外语教学与研究出版社	适合中高层次经贸汉语学习者使用。英文译释本。
8	经贸汉语高级教程	上、下册 16 开	2004	董堇、罗陈霞、朱彤	外语教学与研究出版社	适合中高层次经贸汉语学习者使用。英文译释本。
9	中级商务汉语教程	上、下册 16 开	2004	王惠玲、黄锦章	北京大学出版社	适用于对外汉语专业（经贸方向）的本科生。英文译释本。
10	成功之道——中级商务汉语案例教程	全一册 16 开	2005	袁芳远	北京大学出版社	为在正规高等院校学过两到三年汉语或具有同等汉语水平的中高级学习者编写。英文译释本。

编号	教材名称	册数及开本	出版年代	编写者	出版社	备注
11	新世纪 中级商用汉语	上、下册 16 开	2005	郭珠美	北京语言大学出版社	针对具备中级汉语水平的学生或在美国攻读中文专业本科或研究生课程的三、四年级学生而设计。
12	经贸汉语 中级	全一册 大 16 开	2006	梁镛、王庆云	北京语言大学出版社	适合来华留学的中高级汉语进修生和本科二年级及以上学生使用，同样适用于汉语培训班或海外高校具有相应水平的学生。英文译释本。
13	实用商务汉语课本 中级	全一册 16 开	2007	王又民、倪明亮	商务印书馆	《商务馆实用商务汉语》系列教材的中级本，专门针对韩国留学生编写。
14	实用商务汉语课本 准高级	全一册 16 开	2007	王又民、倪明亮、草荃	商务印书馆	《商务馆实用商务汉语》系列教材的准高级本，专门针对韩国留学生编写。
15	实用商务汉语课本 高级	全一册 16 开	2007	王又民、倪明亮	商务印书馆	《商务馆实用商务汉语》系列教材的高级本，专门针对韩国留学生编写。
16	中级商务汉语 实用会话	全一册 16 开	2007	黄为之	北京语言大学出版社	针对具有一定汉语基础、打算来华经商的外国人或经济商学等专业的留学生编写的商务汉语教材。英文译释本。
17	实用商务汉语	全一册 16 开	2007	包文英	华东师范大学出版社	为在校的外国留学生（汉语研修生、本科生）以及从事对华商务活动的企业界人士编写，适合于已学过半年或一年以上通用汉语的外国人。英文译释本。
18	商务汉语 中级	全一册 32 开	2007	大众中文网教材编委会	湖南科学技术出版社	《大众中文学习》系列教材商务教材中级本。英文译释本。
19	商务汉语 高级	全一册 32 开	2007	大众中文网教材编委会	湖南科学技术出版社	《大众中文学习》系列教材商务教材高级本。英文译释本。
20	中国语新干线 商务表现	全一册 16 开	2008	冯富荣、杜英起	北京语言大学出版社	以日本大学生为对象，针对日本学生特点和日本国内大学课程设置而编写的系列汉语教材之一。

编号	教材名称	册数及开本	出版年代	编写者	出版社	备注
21	新丝路——中级速成商务汉语	Ⅰ、Ⅱ册 大 16 开	2009	李晓琪、崔华山	北京大学出版社	《新丝路——商务汉语速成》系列教材的中级篇。英文译释本。
22	新丝路——高级速成商务汉语	Ⅰ、Ⅱ册 大 16 开	2009	李晓琪、李海燕	北京大学出版社	《新丝路——商务汉语速成》系列教材的高级篇。英文译释本。
23	赢在中国 提高篇	全一册 大 16 开	2011	季瑾	北京语言大学出版社	专门为欧盟经理人项目及其他商务汉语学习者编写。英文译释本。
24	赢在中国 成功篇	全一册 大 16 开	2011	季瑾	北京语言大学出版社	专门为欧盟经理人项目及其他商务汉语学习者编写。英文译释本。

第四章　初级综合课教材概述

表 4-1　初级综合课教材编排项点表

教材名称	教材体例及呈现顺序	所依据大纲	总单元数	总课数	复习课数	测试题	备注
《汉语教科书》 上、下册	语音：无固定结构 口语练习：生词、短句、汉字字素、基本笔画 基本语法：生词、语法、课文、课外练习	—	上：5 下：5	上：42 （语音 1–8； 口语 9–12； 语法 13–42） 下：30	上：5 下：5	—	
《基础汉语》 上、下册	范句、课文、生词、语法、练习、汉字表	—	上：4 下：5	上：36 下：30	上：4 下：5	—	
《汉语课本》 一、二册	替换练习、课文一、课文二、生词、会话、注释、汉字表、练习	—	一：2 二：4	一：24 二：20	一：2 二：4	+	
《基础汉语课本》 一—四册、续篇	语音阶段：会话、生词和汉字、拼音（声母、韵母、声调）、练习、注释、汉字的基本笔画、汉字笔顺规则、汉字表 语法阶段：替换练习、课文、生词、语法、练习、汉字表	—	一：3 二：4 三：4 四：无 续：无	一：26 （语音 1–10； 语法 11–26） 二：16 三：16 四：15 续：11	一：3 二：4 三：4 四：无 续：无	—	
《实用汉语课本》 一、二册	语音阶段：课文、注释、语音练习与会话练习、语音、语法 语法阶段：课文、注释、替换与扩展、阅读短文、语法、语音语调	—	一：4 二：4	一：30 （语音 1–12； 语法 13–30） 二：20	一：4 二：4	—	

教材名称	教材体例及呈现顺序	所依据大纲	总单元数	总课数	复习课数	测试题	备注
《简明汉语课本》 上、下册	语音阶段：会话、生词、声母、韵母、声调、注释、练习 语法阶段：会话、课文、句型结构举例、生词、语法、注释、练习	—	上：4 下：4	上：25 （语音 1–4； 语法 5–25） 下：25	上：4 下：4	+	
《初级汉语课本》 一—三册	生词、课文、语音、语法、练习	—	—	一：30 二：25 三：25	—	—	
《汉语初级教程》 一—四册	语音阶段：声母、韵母、声调、轻声和变调……、练习 语法阶段：课文、生词语、专名词、语言点、练习、综合练习	—	一：6 二：5 三：5 四：无	一：30 （语音 1–15； 语法 16–30） 二：25 三：25 四：70 讲 （汉字）	一：6 二：5 三：5 四：无	+	
《新汉语课本》 一—四册	语音阶段：语音、会话、生词、练习 语法阶段：词语、句型、课文、注释、语法、练习	—	一：4 二：4 三：4 四：无	一：20 （语音 1–10； 语法 11–20） 二：20 三：20 四：14	一：5 二：4 三：4 四：无	—	第一册语音第二单元含两个复习课。
《汉语教程》 一—三册 （每册含上、下册）	一册：课文、生词、注释、语法、语音、练习 二册：课文、生词、注释、语法、练习 三册：课文、生词、注释、词语用法、练习	《初级对外汉语教学等级大纲》	一上：2 一下：3 二上：2 二下：3 三：无	一上：15 一下：15 二上：15 二下：15 三上：20 三下：20	一上：2 一下：3 二上：2 二下：3 三：无	—	

教材名称	教材体例及呈现顺序	所依据大纲	总单元数	总课数	复习课数	测试题	备注
《新实用汉语课本》一—四册	语音阶段：课文、生词、注释、语音练习、会话练习、语音、语法、汉字、文化知识 语法阶段：课文、生词、注释、练习与运用、阅读和复述、语法、汉字、文化知识	—	一：2 二：2 三：2 四：2	一：14 （语音 1–6；语法 7–14） 二：12 三：12 四：12	一：2 二：2 三：2 四：2	—	
《基础汉语精读》零起点上、下册	零起点上：新词语、课文、语法、语音、练习 零起点下：新词语、课文、语法、练习	—	—	上：20 下：20	—	—	
《初级汉语精读》第一册	新词语、课文一、课文二、语言点例释、练习、副课文	—	—	9	—	—	
《发展汉语》初级汉语上、下册	预备部分：本书人物介绍、词类和语法常用语、常用数字、日常用语、课堂用语、汉语拼音、汉字 上册：语法点释例、课文、对话、生词、专名、补充生词、注释、语音、语法、练习 下册：语法点释例、课文、对话、生词、专名、词语释例、注释、语音、语法、练习	《汉语水平词汇与汉字等级大纲》（修订版）、《汉语水平等级标准与语法等级大纲》	—	上：35 下：27	—	—	
《体验汉语》基础教程上、下册	语音：音节、声母、韵母、声调、变调、儿化韵、拼写规则 语法：句子、词语、课文一、注释、句型操练、词语、课文二、注释、句型操练、词语扩展、听与说、汉字读与写	—	—	上：24 下：24	—	每册最后出现。	

教材名称	教材体例及呈现顺序	所依据大纲	总单元数	总课数	复习课数	测试题	备注
《汉语精读课本》 预科一册	语音阶段：语法点、课文、词语表、专有名词、数字、注释、课堂用语、语音基础知识、汉字基础知识、练习 语法阶段：语法点、课文、词语表、专有名词、注释、练习	《高等学校外国留学生汉语言专业教学大纲》	3	30 （语音1–10；语法 11–30）	3（不算在 30 课之内）	3	
《汉语精读课本》 一年级上、下册	主要语法点、课文、词语表、专有名词、注释、练习	《高等学校外国留学生汉语言专业教学大纲》	上：3 下：3	上：15 下：15	—	上：3 下：3+最后总复习测试卷	
《阶梯汉语》 初级读写Ⅰ、Ⅱ册	语音阶段：语法点与功能提示、课文、生词、注释、语法、语音、练习 语法阶段：语法点与功能提示、课文、生词、注释、语法、练习、文化知识	《高等学校外国留学生汉语教学大纲》（长期进修）、《汉语水平词汇与汉字等级大纲》	Ⅰ：4 Ⅱ：4	Ⅰ：40 （语音1–10；语法 11–40） Ⅱ：40	Ⅰ：7课+四个单元复习 Ⅱ：7课+四个单元复习	Ⅰ：4 Ⅱ：4	
《成功之路》 入门篇一册	跟我说、学拼音、语音注释、练习、学汉字	《高等学校外国留学生汉语教学大纲》（长期进修）	—	8	—	—	
《成功之路》 起步篇一、二册	课文一、课文二、生词、学说话、语言点注释、学汉字、读写练习、综合练习		一：3 二：4	一：12 二：16			
《成功之路》 顺利篇一、二册	课文一、生词、语法点注释、练习、课文二、生词、语法点注释、练习、综合练习		一：3 二：3	一：12 二：12			
《成功之路》 进步篇综合课本一—三册	课文、词语扩展、语言点注释、练习		一：3 二：3 三：3	一：12 二：12 三：12			

表 4-2　初级综合课教材课文选篇项点表

<table>
<tr><td rowspan="6">教材名称</td><td colspan="3">体裁</td><td colspan="2">题材</td><td colspan="2">情境</td><td colspan="2">功能</td></tr>
<tr><td>单句</td><td>会话</td><td>课文</td><td>会话</td><td>课文</td><td>会话</td><td>课文</td><td>会话</td><td>课文</td></tr>
<tr><td rowspan="4">《汉语教科书》上、下册</td><td>+</td><td>+</td><td>记叙文、书信、日记等</td><td>学校生活、少量与学校生活相关的社会活动</td><td>寓言、传说、成语故事等</td><td colspan="2">无特别提示。</td><td>询问、感谢、道歉等，单一、适用范围小。</td><td>学校生活为主，较拘谨、刻板。</td></tr>
<tr><td colspan="3">整体结构</td><td colspan="2">语言特点</td><td colspan="3">文化知识</td><td>备注</td></tr>
<tr><td colspan="3">句型—语法</td><td colspan="2">规范，具有时代特色和政治色彩。</td><td colspan="3">—</td><td></td></tr>
</table>

<table>
<tr><td rowspan="6">《基础汉语》上、下册</td><td colspan="3">体裁</td><td colspan="2">题材</td><td colspan="2">情境</td><td colspan="2">功能</td></tr>
<tr><td>单句</td><td>会话</td><td>课文</td><td>会话</td><td>课文</td><td>会话</td><td>课文</td><td>会话</td><td>课文</td></tr>
<tr><td>+</td><td>+</td><td>记叙文、书信</td><td>学校生活</td><td>学校生活、社会活动、历史故事、寓言等</td><td colspan="2">除课文标题外无特别提示。</td><td>询问一回答为主。</td><td>无法满足社会交际需要。</td></tr>
<tr><td colspan="3">整体结构</td><td colspan="2">语言特点</td><td colspan="3">文化知识</td><td>备注</td></tr>
<tr><td colspan="3">范句—课文—语法注释</td><td colspan="2">较枯燥，具有时代特色和政治色彩。</td><td colspan="3">—</td><td></td></tr>
</table>

<table>
<tr><td rowspan="6">《汉语课本》一、二册</td><td colspan="3">体裁</td><td colspan="2">题材</td><td colspan="2">情境</td><td colspan="2">功能</td></tr>
<tr><td>单句</td><td>会话</td><td>课文</td><td>会话</td><td>课文</td><td>会话</td><td>课文</td><td>会话</td><td>课文</td></tr>
<tr><td>+</td><td>+</td><td>记叙文、书信等</td><td>学校生活及带有时代色彩的社会活动</td><td>观后感、历史故事等</td><td colspan="2">除课文标题外无特别提示。</td><td>询问、请求等</td><td>无法满足社会交际需要。</td></tr>
<tr><td colspan="3">整体结构</td><td colspan="2">语言特点</td><td colspan="3">文化知识</td><td>备注</td></tr>
<tr><td colspan="3">句型替换—课文—语法注释</td><td colspan="2">较枯燥，具有时代特色和政治色彩。</td><td colspan="3">—</td><td></td></tr>
</table>

<table>
<tr><th rowspan="2">教材名称</th><th colspan="3">体裁</th><th colspan="2">题材</th><th colspan="2">情境</th><th colspan="2">功能</th></tr>
<tr><th>单句</th><th>会话</th><th>课文</th><th>会话</th><th>课文</th><th>会话</th><th>课文</th><th>会话</th><th>课文</th></tr>
<tr><td rowspan="3">《基础汉语课本》一—四册、续篇</td><td>+</td><td>+</td><td>记叙文为主，另含书信等。</td><td>学校及社会生活</td><td>日常生活、历史、寓言、戏曲故事、使用说明、风俗等</td><td colspan="2">通过固定人物设置情景。</td><td>询问、请求、提议、课堂用语等</td><td>可满足社会交际需要。</td></tr>
<tr><th colspan="3">整体结构</th><th colspan="2">语言特点</th><th colspan="3">文化知识</th><th>备注</th></tr>
<tr><td colspan="3">句型—语法—替换（有功能出现）</td><td colspan="2">通俗规范，摈弃了极左思想，但较枯燥。</td><td colspan="3">成语故事、寓言等涉及文化内容。</td><td></td></tr>
<tr><td rowspan="6">《实用汉语课本》一、二册</td><th colspan="3">体裁</th><th colspan="2">题材</th><th colspan="2">情境</th><th colspan="2">功能</th></tr>
<tr><th>单句</th><th>会话</th><th>课文</th><th>会话</th><th>课文</th><th>会话</th><th>课文</th><th>会话</th><th>课文</th></tr>
<tr><td>—</td><td>对话体为主</td><td>第 44 课开始出现记叙文、书信、日记等。</td><td>学校及社会生活</td><td>中国社会、历史、名胜、风俗等</td><td colspan="2">通过固定人物设置情景，课前有场景提示。</td><td>问候、介绍、道歉、请求、询问等</td><td>可满足社会交际需要。</td></tr>
<tr><th colspan="3">整体结构</th><th colspan="2">语言特点</th><th colspan="3">文化知识</th><th>备注</th></tr>
<tr><td colspan="3">功能—句型—语法</td><td colspan="2">通用、规范、地道的现代汉语，日常生活最必需的语言材料。</td><td colspan="3">语言、文化相结合，有专门的文化知识板块。</td><td></td></tr>
<tr><td rowspan="6">《简明汉语课本》上、下册</td><th colspan="3">体裁</th><th colspan="2">题材</th><th colspan="2">情境</th><th colspan="2">功能</th></tr>
<tr><th>单句</th><th>会话</th><th>课文</th><th>会话</th><th>课文</th><th>会话</th><th>课文</th><th>会话</th><th>课文</th></tr>
<tr><td>—</td><td>+</td><td>记叙文为主</td><td>学校生活及社会生活</td><td>日常生活、民间故事、历史、寓言、人物、书籍、风俗、地理等</td><td colspan="2">有特定人物及场景。（大多数为暗含）</td><td>询问、请求、道歉、日常陈述、抱怨等</td><td>可满足社会交际需要。</td></tr>
<tr><th colspan="3">整体结构</th><th colspan="2">语言特点</th><th colspan="3">文化知识</th><th>备注</th></tr>
<tr><td colspan="3">句型—结构</td><td colspan="2">通用、规范、地道的现代汉语</td><td colspan="3">语言、文化相结合。</td><td></td></tr>
</table>

<table>
<tr><th rowspan="2">教材名称</th><th colspan="3">体裁</th><th colspan="2">题材</th><th colspan="2">情境</th><th colspan="2">功能</th></tr>
<tr><th>单句</th><th>会话</th><th>课文</th><th>会话</th><th>课文</th><th>会话</th><th>课文</th><th>会话</th><th>课文</th></tr>
<tr><td rowspan="3">《初级汉语课本》
——三册</td><td>—</td><td>+</td><td>记叙文为主</td><td>以校园生活为主的社会生活</td><td>亲情、寓言故事、日常生活等</td><td>初版有固定情景，1986 年版有固定人物和情景。</td><td>通过固定人物设置情景。</td><td>问候、感谢、询问、请求等</td><td>实用，可基本满足交际需要。</td></tr>
<tr><th colspan="3">整体结构</th><th colspan="2">语言特点</th><th colspan="2">文化知识</th><th colspan="2">备注</th></tr>
<tr><td colspan="3">情景—功能—语法</td><td colspan="2">多样化、趣味性</td><td colspan="2">对中外交往所必需的交际文化作了简要而实用的介绍。</td><td colspan="2">第一册 11–15 课为拼音形式。</td></tr>
<tr><td rowspan="5">《汉语初级教程》
——四册</td><th colspan="3">体裁</th><th colspan="2">题材</th><th colspan="2">情境</th><th colspan="2">功能</th></tr>
<tr><th>单句</th><th>会话</th><th>课文</th><th>会话</th><th>课文</th><th>会话</th><th>课文</th><th>会话</th><th>课文</th></tr>
<tr><td>—</td><td>+</td><td>书信、记叙文等均较少。</td><td>与当时中国社会生活相关的方方面面</td><td>社会、文化、政治、经济、历史、地理、名胜、土特产、医疗、艺术等</td><td colspan="2">通过固定人物设置情景。</td><td>问候、道歉、感谢、询问、称赞等</td><td>非常实用，可满足各种社会交际需要。</td></tr>
<tr><th colspan="3">整体结构</th><th colspan="2">语言特点</th><th colspan="2">文化知识</th><th colspan="2">备注</th></tr>
<tr><td colspan="3">情景—功能—语法</td><td colspan="2">通用、地道</td><td colspan="2">课文涉及中国文化知识。</td><td colspan="2">1–10 课为拼音形式。第四册介绍汉字相关知识。</td></tr>
</table>

教材名称	体裁			题材		情境		功能	
	单句	会话	课文	会话	课文	会话	课文	会话	课文
《新汉语课本》 一—四册	—	+	应用文、记叙文、说明文、散文	社会生活	多与时代人物有关。	通过固定人物设置日常生活情景。	第三册课文与会话情境有关；第四册课文多与时代人物有关。	可满足社会交际需要。	使学生了解中国的部分时代人物和历史人物。
	整体结构			语言特点		文化知识		备注	
	结构—功能			通用、规范、地道的现代汉语		语言、文化相结合。		第三册会话、短文各一篇；第四册均为短文。	
《汉语教程》 一—三册 （每册含上、下册）	体裁			题材		情境		功能	
	单句	会话	课文	会话	课文	会话	课文	会话	课文
	—	一、二册以对话体为主。	第三册出现叙述性短文。	留学生生活、社会生活	生活作息、习惯爱好、国情、艺术风俗等	有特定情景，部分含有固定人物。		问候、问路、讨价还价等，强调口语惯用语和功能。	可满足社会交际需要。
	整体结构			语言特点		文化知识		备注	
	情景—结构—功能			规范、流畅，便于理解和记忆。		语言、文化相结合。			

<table>
<tr><th rowspan="2">教材名称</th><th colspan="3">体裁</th><th colspan="2">题材</th><th colspan="2">情境</th><th colspan="2">功能</th></tr>
<tr><th>单句</th><th>会话</th><th>课文</th><th>会话</th><th>课文</th><th>会话</th><th>课文</th><th>会话</th><th>课文</th></tr>
<tr><td rowspan="4">《新实用汉语课本》
一—四册</td><td>—</td><td>一、二册基本为对话体。</td><td>三、四册以较长对话为主，第四册课文二以记叙文为主。</td><td>校园、日常生活与习俗文化相结合。</td><td>对学生感兴趣的话题的中外对比及文化对比。</td><td colspan="2">通过固定人物设置情境，每课前有情境提示。</td><td>含功能提示，如问候、介绍等。</td><td>三、四册课文突出知识和文化。</td></tr>
<tr><th colspan="3">整体结构</th><th colspan="2">语言特点</th><th colspan="3">文化知识</th><th>备注</th></tr>
<tr><td colspan="3">螺旋式编排；语言结构、功能、文化知识相结合。</td><td colspan="2">实用、交际性强的现代汉语</td><td colspan="3">有专门的文化知识板块，多用外语介绍，逐步融合到课文中，注意课文的人文性。</td><td></td></tr>
<tr><td colspan="9"></td></tr>
<tr><td rowspan="6">《基础汉语精读》
零起点上、下册</td><th colspan="3">体裁</th><th colspan="2">题材</th><th colspan="2">情境</th><th colspan="2">功能</th></tr>
<tr><th>单句</th><th>会话</th><th>课文</th><th>会话</th><th>课文</th><th>会话</th><th>课文</th><th>会话</th><th>课文</th></tr>
<tr><td>+</td><td>对话为主</td><td>+</td><td>社会生活</td><td>历史、名胜、风俗、日常生活等</td><td colspan="2">通过固定人物设置情景。</td><td>道歉、请求、询问、写信、介绍、祝贺等</td><td>可满足社会交际需要。</td></tr>
<tr><th colspan="3">整体结构</th><th colspan="2">语言特点</th><th colspan="2">文化知识</th><th colspan="2">备注</th></tr>
<tr><td colspan="3">新词语—课文—语法—语音</td><td colspan="2">通用、规范、地道的现代汉语</td><td colspan="2">语言、文化相结合。</td><td colspan="2"></td></tr>
<tr><td colspan="9"></td></tr>
<tr><td rowspan="6">《初级汉语精读》
第一册</td><th colspan="3">体裁</th><th colspan="2">题材</th><th colspan="2">情境</th><th colspan="2">功能</th></tr>
<tr><th>单句</th><th>会话</th><th>课文</th><th>会话</th><th>课文</th><th>会话</th><th>课文</th><th>会话</th><th>课文</th></tr>
<tr><td>+</td><td>—</td><td>短文为主</td><td>—</td><td>名胜、风俗、文化、历史</td><td>—</td><td>通过固定人物设置情景。</td><td>—</td><td>了解中国文化。</td></tr>
<tr><th colspan="3">整体结构</th><th colspan="2">语言特点</th><th colspan="2">文化知识</th><th colspan="2">备注</th></tr>
<tr><td colspan="3">新词语—课文—语言点（语法）</td><td colspan="2">通用、规范、地道的现代汉语</td><td colspan="2">语言、文化相结合。</td><td colspan="2"></td></tr>
</table>

<table>
<tr><th rowspan="2">教材名称</th><th colspan="3">体裁</th><th colspan="2">题材</th><th colspan="2">情境</th><th colspan="2">功能</th></tr>
<tr><th>单句</th><th>会话</th><th>课文</th><th>会话</th><th>课文</th><th>会话</th><th>课文</th><th>会话</th><th>课文</th></tr>
<tr><td rowspan="3">《发展汉语》
初级汉语
上、下册</td><td>+</td><td>+</td><td>正课文：短文
副课文：对话</td><td>社会生活、校园生活、日常生活</td><td>自编、改编中外报刊、学生作文</td><td>通过固定人物设置情境，发表观点、议论、解决问题等。</td><td>正课文多为知识性内容介绍；副课文通过固定人物设置情境。</td><td>介绍、描述事件或经历，多围绕学生日常生活展开，具有交际性。</td><td>非交际性，以介绍性书面语为主。</td></tr>
<tr><th colspan="3">整体结构</th><th colspan="2">语言特点</th><th colspan="2">文化知识</th><th colspan="2">备注</th></tr>
<tr><td colspan="3">句型—语法—功能</td><td colspan="2">书面语与富有时代特征、实用性、生活化的口语相结合。</td><td colspan="2">文化知识出现于注释中，并进行简单的说明。</td><td colspan="2">课文容量大，生词多，语法形式复杂，难度较大。</td></tr>
<tr><td rowspan="5">《体验汉语》
基础教程
上、下册</td><th colspan="3">体裁</th><th colspan="2">题材</th><th colspan="2">情境</th><th colspan="2">功能</th></tr>
<tr><th>单句</th><th>会话</th><th>课文</th><th>会话</th><th>课文</th><th>会话</th><th>课文</th><th>会话</th><th>课文</th></tr>
<tr><td>+</td><td>课文一、二以对话为主。</td><td>—</td><td colspan="2">以学生最熟悉、最需要的学校生活和相关社会生活为主。</td><td colspan="2">通过固定人物设置情境。</td><td colspan="2">有课前功能提示。</td></tr>
<tr><th colspan="3">整体结构</th><th colspan="2">语言特点</th><th colspan="2">文化知识</th><th colspan="2">备注</th></tr>
<tr><td colspan="3">功能—结构</td><td colspan="2">风趣、幽默</td><td colspan="2">暗含、渗透在课文中。</td><td colspan="2">书后附句子卡片。</td></tr>
<tr><td rowspan="5">《汉语精读课本》
预科一册</td><th colspan="3">体裁</th><th colspan="2">题材</th><th colspan="2">情境</th><th colspan="2">功能</th></tr>
<tr><th>单句</th><th>会话</th><th>课文</th><th>会话</th><th>课文</th><th>会话</th><th>课文</th><th>会话</th><th>课文</th></tr>
<tr><td>+</td><td>—</td><td>短文为主</td><td>—</td><td>生活、文化名胜等</td><td>—</td><td>通过固定人物设置情景。</td><td>—</td><td>了解中国文化。</td></tr>
<tr><th colspan="3">整体结构</th><th colspan="2">语言特点</th><th colspan="2">文化知识</th><th colspan="2">备注</th></tr>
<tr><td colspan="3">基本句型—句型提示—语法</td><td colspan="2">通用、规范的现代汉语</td><td colspan="2">语言、文化相结合。</td><td colspan="2"></td></tr>
</table>

<table>
<tr><th rowspan="2">教材名称</th><th colspan="3">体裁</th><th colspan="2">题材</th><th colspan="2">情境</th><th colspan="2">功能</th></tr>
<tr><th>单句</th><th>会话</th><th>课文</th><th>会话</th><th>课文</th><th>会话</th><th>课文</th><th>会话</th><th>课文</th></tr>
<tr><td rowspan="3">《汉语精读课本》
一年级上、下册</td><td>+</td><td>—</td><td>短文为主</td><td>—</td><td>生活、文化、风俗等</td><td>—</td><td>通过固定人物设置情景。</td><td>—</td><td>了解中国文化。</td></tr>
<tr><th colspan="3">整体结构</th><th colspan="2">语言特点</th><th colspan="2">文化知识</th><th colspan="2">备注</th></tr>
<tr><td colspan="3">课文—词汇—语法—练习</td><td colspan="2">通用、规范的现代汉语</td><td colspan="2">语言、文化相结合。</td><td colspan="2"></td></tr>
<tr><td rowspan="5">《阶梯汉语》
初级读写
Ⅰ、Ⅱ册</td><th colspan="3">体裁</th><th colspan="2">题材</th><th colspan="2">情境</th><th colspan="2">功能</th></tr>
<tr><th>单句</th><th>会话</th><th>课文</th><th>会话</th><th>课文</th><th>会话</th><th>课文</th><th>会话</th><th>课文</th></tr>
<tr><td>—</td><td>课文二为会话。</td><td>课文一为叙述性课文。</td><td colspan="2">贴近现实生活，涉及留学生在中国学习、生活的各个方面。</td><td colspan="2">有课前场景提示，有固定人物。课文一与课文二内容相关，互为补充。</td><td colspan="2">有课前功能提示。</td></tr>
<tr><th colspan="3">整体结构</th><th colspan="2">语言特点</th><th colspan="2">文化知识</th><th colspan="2">备注</th></tr>
<tr><td colspan="3">功能—结构—文化</td><td colspan="2">会话生动自然，陈述性课文注重培养成段表达能力。</td><td colspan="2">专门设有文化知识板块。</td><td colspan="2"></td></tr>
<tr><td rowspan="5">《成功之路》
入门篇一册</td><th colspan="3">体裁</th><th colspan="2">题材</th><th colspan="2">情境</th><th colspan="2">功能</th></tr>
<tr><th>单句</th><th>会话</th><th>课文</th><th>会话</th><th>课文</th><th>会话</th><th>课文</th><th>会话</th><th>课文</th></tr>
<tr><td>—</td><td>+</td><td>—</td><td>日常交际用语</td><td>—</td><td>无特别提示。</td><td>—</td><td>打招呼、感谢、介绍等</td><td>—</td></tr>
<tr><th colspan="2">整体结构</th><th colspan="3">语言特点</th><th colspan="2">文化知识</th><th colspan="2">备注</th></tr>
<tr><td colspan="2">零起点会话为主。</td><td colspan="3">使用初级汉语有限的语料，尽可能地多展现文化点。语言丰富、有趣。</td><td colspan="2">文化现象—文化内涵—文化理解的完整“文化链”</td><td colspan="2">会话全部为拼音形式。</td></tr>
</table>

<table>
<tr><th rowspan="2">教材名称</th><th colspan="3">体裁</th><th colspan="2">题材</th><th colspan="2">情境</th><th colspan="2">功能</th></tr>
<tr><th>单句</th><th>会话</th><th>课文</th><th>会话</th><th>课文</th><th>会话</th><th>课文</th><th>会话</th><th>课文</th></tr>
<tr><td rowspan="3">《成功之路》
起步篇一、二册</td><td>—</td><td>+</td><td>+</td><td colspan="2">日常交际、需要用语</td><td colspan="2">有固定人物，会话与短文互为情境提示。</td><td>确认、介绍、时间、方位等</td><td>日常交际功能</td></tr>
<tr><th colspan="3">整体结构</th><th colspan="2">语言特点</th><th colspan="2">文化知识</th><th colspan="2">备注</th></tr>
<tr><td colspan="3">话题—重点句型、句式</td><td colspan="2">同“入门篇”。</td><td colspan="2">同“入门篇”。</td><td colspan="2"></td></tr>
<tr><td rowspan="5">《成功之路》
顺利篇一、二册</td><th colspan="3">体裁</th><th colspan="2">题材</th><th colspan="2">情境</th><th colspan="2">功能</th></tr>
<tr><th>单句</th><th>会话</th><th>课文</th><th>会话</th><th>课文</th><th>会话</th><th>课文</th><th>会话</th><th>课文</th></tr>
<tr><td>—</td><td>+</td><td>—</td><td>日常生活、校园生活、交通旅游、社会交往、运动健康、娱乐文化等</td><td>—</td><td>每单元前有功能提示或提问。</td><td>—</td><td>+</td><td>—</td></tr>
<tr><th colspan="3">整体结构</th><th colspan="2">语言特点</th><th colspan="2">文化知识</th><th colspan="2">备注</th></tr>
<tr><td colspan="3">以话题为主。</td><td colspan="2">同“入门篇”。</td><td colspan="2">同“入门篇”。</td><td colspan="2"></td></tr>
<tr><td rowspan="5">《成功之路》
进步篇综合课本
一一三册</td><th colspan="3">体裁</th><th colspan="2">题材</th><th colspan="2">情境</th><th colspan="2">功能</th></tr>
<tr><th>单句</th><th>会话</th><th>课文</th><th>会话</th><th>课文</th><th>会话</th><th>课文</th><th>会话</th><th>课文</th></tr>
<tr><td>—</td><td>—</td><td>日记、记叙文、书信、寓言、传说等</td><td>—</td><td>中国传统文化、当代中国社会现象、中国人情感生活、外国人在中国的留学生活等</td><td>—</td><td>有课前提示或提问。</td><td>—</td><td>了解中国文化，进行成段表达、日常交际等。</td></tr>
<tr><th colspan="3">整体结构</th><th colspan="2">语言特点</th><th colspan="2">文化知识</th><th colspan="2">备注</th></tr>
<tr><td colspan="3">简单的陈述性课文为主。</td><td colspan="2">同“入门篇”。</td><td colspan="2">同“入门篇”。</td><td colspan="2"></td></tr>
</table>

表 4–3　初级综合课教材语音项点表

<table>
<tr><td>教材名称</td><td colspan="2">语音课呈现方式</td><td colspan="6">汉语拼音表</td><td colspan="2" rowspan="3">发音示意图
呈现方式</td></tr>
<tr><td rowspan="9">《汉语教科书》
上、下册</td><td rowspan="2">集中讲解</td><td rowspan="2">分散讲解</td><td colspan="2">声母表（完整）</td><td colspan="2">韵母表（完整）</td><td colspan="2">声韵配合表</td></tr>
<tr><td>有无及位置</td><td>声母数量</td><td>有无及位置</td><td>韵母数量</td><td>出现位置</td><td>呈现方式</td></tr>
<tr><td>上册 1–8 课</td><td></td><td>—</td><td>21</td><td>—</td><td>38 个（无 ê）</td><td>第 5 课</td><td>完整</td><td colspan="2">以多图的方式出现在上册 1–4 课。</td></tr>
<tr><td colspan="10">语音讲解</td></tr>
<tr><td rowspan="2">基本概念</td><td rowspan="2">声韵母讲解顺序</td><td colspan="2">发音要领</td><td rowspan="2">拼写规则</td><td colspan="5">音变现象及讲解顺序</td></tr>
<tr><td>发音部位</td><td>发音方法</td><td>三声变调</td><td>“一”的变调</td><td>“不”的变调</td><td>轻声</td><td>儿化</td></tr>
<tr><td>+</td><td>基本按声韵母表顺序由易到难搭配讲解。</td><td>+</td><td>+</td><td>+</td><td>②</td><td>—</td><td>—</td><td>①</td><td>③</td></tr>
<tr><td>备注</td><td colspan="9">1. 语音讲解之基本概念包括：声母、韵母、声调、音节等，下表同；
2. 声韵配合表有零声母，韵母 37 个（无 ê，[ɿ]、[ʅ] 都写做 -i）；
3. 两个四声相连的变调、轻声算变调；
4. “音变现象及讲解顺序”中的①②③④⑤代表各音变现象在书中讲解的先后顺序，下表同。</td></tr>
</table>

<table>
<tr><td>教材名称</td><td colspan="2">语音课呈现方式</td><td colspan="6">汉语拼音表</td><td colspan="2" rowspan="3">发音示意图呈现方式</td></tr>
<tr><td rowspan="8">《基础汉语》上、下册</td><td rowspan="2">集中讲解</td><td rowspan="2">分散讲解</td><td colspan="2">声母表（完整）</td><td colspan="2">韵母表（完整）</td><td colspan="2">声韵配合表</td></tr>
<tr><td>有无及位置</td><td>声母数量</td><td>有无及位置</td><td>韵母数量</td><td>出现位置</td><td>呈现方式</td></tr>
<tr><td>上册 1–7 课</td><td></td><td>—</td><td>21 个</td><td>—</td><td>38 个（无 ê）</td><td>第 2 课</td><td>完整</td><td colspan="2">—</td></tr>
<tr><td colspan="10">语音讲解</td></tr>
<tr><td rowspan="2">基本概念</td><td rowspan="2">声韵母讲解顺序</td><td colspan="2">发音要领</td><td rowspan="2">拼写规则</td><td colspan="5">音变现象及讲解顺序</td></tr>
<tr><td>发音部位</td><td>发音方法</td><td>三声变调</td><td>“一”的变调</td><td>“不”的变调</td><td>轻声</td><td>儿化</td></tr>
<tr><td>+</td><td>先讲 6 个单韵母和声母，再讲复韵母和鼻韵母。</td><td>+</td><td>+</td><td>+</td><td>②</td><td>—</td><td>—</td><td>①</td><td>③</td></tr>
<tr><td>备注</td><td colspan="9">1. 声韵配合表有零声母，韵母 37 个（无 ê，[ɿ]、[ʅ] 都写做 -i）；2. 有辅音表。</td></tr>
<tr><td rowspan="9">《汉语课本》一、二册</td><td colspan="2">语音课呈现方式</td><td colspan="6">汉语拼音表</td><td colspan="2">发音示意图呈现方式</td></tr>
<tr><td rowspan="2">集中讲解</td><td rowspan="2">分散讲解</td><td colspan="2">声母表（完整）</td><td colspan="2">韵母表（完整）</td><td colspan="2">声韵配合表</td><td colspan="2" rowspan="3">第 12 课有发音器官图，发音示意图与 21 个声母同现。</td></tr>
<tr><td>有无及位置</td><td>声母数量</td><td>有无及位置</td><td>韵母数量</td><td>出现位置</td><td>呈现方式</td></tr>
<tr><td></td><td>第一册 1–12 课</td><td>—</td><td>23 个（多 y[j]、w[w]）</td><td>—</td><td>24 个</td><td>第 12 课后</td><td>完整</td></tr>
<tr><td colspan="10">语音讲解</td></tr>
<tr><td rowspan="2">基本概念</td><td rowspan="2">声韵母讲解顺序</td><td colspan="2">发音要领</td><td rowspan="2">拼写规则</td><td colspan="5">音变现象及讲解顺序</td></tr>
<tr><td>发音部位</td><td>发音方法</td><td>三声变调</td><td>“一”的变调</td><td>“不”的变调</td><td>轻声</td><td>儿化</td></tr>
<tr><td>+</td><td>根据声韵母由易到难，并结合课文内容搭配讲解。</td><td>+</td><td>+</td><td>+</td><td>②</td><td>—</td><td>③</td><td>①</td><td>④</td></tr>
<tr><td>备注</td><td colspan="9">1. 声韵配合表有零声母、隔音符号 y、w，韵母 37 个（[ɿ]、[ʅ] 都写做 -i，无 ueng）；
2. 本书只单独教了 8 个复韵母、9 个鼻韵母。</td></tr>
</table>

<table>
<tr><th>教材名称</th><th colspan="2">语音课呈现方式</th><th colspan="6">汉语拼音表</th><th colspan="2">发音示意图呈现方式</th></tr>
<tr><td rowspan="8">《基础汉语课本》——四册、续篇</td><td rowspan="2">集中讲解</td><td rowspan="2">分散讲解</td><td colspan="2">声母表（完整）</td><td colspan="2">韵母表（完整）</td><td colspan="2">声韵配合表</td><td colspan="2" rowspan="3">第 1 课前有发音器官图，发音示意图与 21 个声母同现。</td></tr>
<tr><td>有无及位置</td><td>声母数量</td><td>有无及位置</td><td>韵母数量</td><td>出现位置</td><td>呈现方式</td></tr>
<tr><td></td><td>第一册 1–9 课</td><td>—</td><td>21 个</td><td>—</td><td>38 个
（无 ê）</td><td>第 7 课</td><td>1–7 课有部分声韵配合表，第 7 课完整呈现。</td></tr>
<tr><td colspan="10">语音讲解</td></tr>
<tr><td rowspan="2">基本概念</td><td rowspan="2">声韵母讲解顺序</td><td colspan="2">发音要领</td><td rowspan="2">拼写规则</td><td colspan="5">音变现象及讲解顺序</td></tr>
<tr><td>发音部位</td><td>发音方法</td><td>三声变调</td><td>“一”的变调</td><td>“不”的变调</td><td>轻声</td><td>儿化</td></tr>
<tr><td>+</td><td>基本按声韵母表顺序由易到难搭配讲解。</td><td>+</td><td>+</td><td>+</td><td>①</td><td>—</td><td>③</td><td>②</td><td>④</td></tr>
<tr><td>备注</td><td colspan="9">声韵配合表有零声母，韵母 37 个（无 ê，[ɿ]、[ʅ] 都写做 -i）。</td></tr>
<tr><td rowspan="10">《实用汉语课本》一、二册</td><td colspan="2">语音课呈现方式</td><td colspan="6">汉语拼音表</td><td colspan="2" rowspan="2">发音示意图呈现方式</td></tr>
<tr><td rowspan="2">集中讲解</td><td rowspan="2">分散讲解</td><td colspan="2">声母表（完整）</td><td colspan="2">韵母表（完整）</td><td colspan="2">声韵配合表</td></tr>
<tr><td>有无及位置</td><td>声母数量</td><td>有无及位置</td><td>韵母数量</td><td>出现位置</td><td>呈现方式</td><td colspan="2" rowspan="2">只有 zh、sh、j、x、z、c、s 有发音示意图。</td></tr>
<tr><td></td><td>第一册 1–29 课</td><td>第 12 课</td><td>21 个</td><td>第 12 课</td><td>39 个</td><td>第 12 课</td><td>完整</td></tr>
<tr><td colspan="10">语音讲解</td></tr>
<tr><td rowspan="2">基本概念</td><td rowspan="2">声韵母讲解顺序</td><td colspan="2">发音要领</td><td rowspan="2">拼写规则</td><td colspan="5">音变现象及讲解顺序</td></tr>
<tr><td>发音部位</td><td>发音方法</td><td>三声变调</td><td>“一”的变调</td><td>“不”的变调</td><td>轻声</td><td>儿化</td></tr>
<tr><td>+</td><td>基本按声韵母表顺序由易到难搭配讲解。</td><td>+</td><td>+</td><td>+</td><td>①</td><td>—</td><td>③</td><td>②</td><td>④</td></tr>
<tr><td>备注</td><td colspan="9">1. 声韵配合表有零声母，韵母 38 个（[ɿ]、[ʅ] 都写做 -i）；
2. 第 13–29 课还包括词重音、意群重音和句调的内容。</td></tr>
</table>

<table>
<tr><th>教材名称</th><th colspan="2">语音课呈现方式</th><th colspan="6">汉语拼音表</th><th colspan="2" rowspan="2">发音示意图呈现方式</th></tr>
<tr><td rowspan="8">《简明汉语课本》
上、下册</td><td rowspan="2">集中讲解</td><td rowspan="2">分散讲解</td><td colspan="2">声母表（完整）</td><td colspan="2">韵母表（完整）</td><td colspan="2">声韵配合表</td></tr>
<tr><td>有无及位置</td><td>声母数量</td><td>有无及位置</td><td>韵母数量</td><td>出现位置</td><td>呈现方式</td><td colspan="2" rowspan="2">发音器官图出现在目录后第 1 课前。</td></tr>
<tr><td></td><td>上册 1–4 课</td><td>—</td><td>21 个</td><td>—</td><td>36 个（无 ê、[ʅ]、[ɿ]）</td><td>第 4 课</td><td>完整</td></tr>
<tr><td colspan="10">语音讲解</td></tr>
<tr><td rowspan="2">基本概念</td><td rowspan="2">声韵母讲解顺序</td><td colspan="2">发音要领</td><td rowspan="2">拼写规则</td><td colspan="5">音变现象及讲解顺序</td></tr>
<tr><td>发音部位</td><td>发音方法</td><td>三声变调</td><td>“一”的变调</td><td>“不”的变调</td><td>轻声</td><td>儿化</td></tr>
<tr><td>+</td><td>基本按声韵母表顺序由易到难搭配讲解。</td><td>+</td><td>+</td><td>+</td><td>③</td><td>—</td><td>—</td><td>①</td><td>②</td></tr>
<tr><td>备注</td><td colspan="9">1. 声韵配合表有零声母，韵母 37 个（无 ê，[ʅ]、[ɿ] 都写做 -i）；
2. 声母、韵母讲完后有完整的总结。</td></tr>
<tr><td rowspan="10">《初级汉语课本》
一——三册</td><td colspan="2">语音课呈现方式</td><td colspan="6">汉语拼音表</td><td colspan="2" rowspan="2">发音示意图</td></tr>
<tr><td rowspan="2">集中讲解</td><td rowspan="2">分散讲解</td><td colspan="2">声母表（完整）</td><td colspan="2">韵母表（完整）</td><td colspan="2">声韵配合表</td></tr>
<tr><td>有无及位置</td><td>声母数量</td><td>有无及位置</td><td>韵母数量</td><td>出现位置</td><td>呈现方式</td><td colspan="2" rowspan="2">—</td></tr>
<tr><td></td><td>第一册整册</td><td>第 15 课</td><td>23 个（多 y[j]、w[w]）</td><td>第 15 课</td><td>35 个（无 ê、ueng、[ʅ]、[ɿ]）</td><td>—</td><td></td></tr>
<tr><td colspan="10">语音讲解</td></tr>
<tr><td rowspan="2">基本概念</td><td rowspan="2">声韵母讲解顺序</td><td colspan="2">发音要领</td><td rowspan="2">拼写规则</td><td colspan="5">音变现象及讲解顺序</td></tr>
<tr><td>发音部位</td><td>发音方法</td><td>三声变调</td><td>“一”的变调</td><td>“不”的变调</td><td>轻声</td><td>儿化</td></tr>
<tr><td>+</td><td>只有声韵母总结，无分课讲解。</td><td colspan="2">第 1 课前有汉语元辅音发音说明，第 3–9 课着重讲复韵母和鼻韵母的发音。</td><td>+</td><td>②</td><td>⑤</td><td>④</td><td>①</td><td>②</td></tr>
<tr><td>备注</td><td colspan="9">1. 第 10 课有语气词“啊”的音变；
2. 第 11–13 课有字母 a、e、i 的发音小结；
3. 第 16–30 课讲词重音、句重音、语调等。</td></tr>
</table>

<table>
<tr><td>教材名称</td><td colspan="2">语音课呈现方式</td><td colspan="6">汉语拼音表</td><td colspan="2" rowspan="3">发音示意图呈现方式</td></tr>
<tr><td rowspan="8">《汉语初级教程》
一—四册</td><td rowspan="2">集中讲解</td><td rowspan="2">分散讲解</td><td colspan="2">声母表（完整）</td><td colspan="2">韵母表（完整）</td><td colspan="2">声韵配合表</td></tr>
<tr><td>有无及位置</td><td>声母数量</td><td>有无及位置</td><td>韵母数量</td><td>出现位置</td><td>呈现方式</td></tr>
<tr><td>第一册
1–16 课</td><td></td><td>第 10 课</td><td>21 个</td><td>—</td><td>35 个（无 er、ê、[ɿ]、[ʅ]）</td><td>—</td><td>—</td><td colspan="2">—</td></tr>
<tr><td colspan="10">语音讲解</td></tr>
<tr><td rowspan="2">基本概念</td><td rowspan="2">声韵母讲解顺序</td><td colspan="2">发音要领</td><td rowspan="2">拼写规则</td><td colspan="5">音变现象及讲解顺序</td></tr>
<tr><td>发音部位</td><td>发音方法</td><td>三声变调</td><td>“一”的变调</td><td>“不”的变调</td><td>轻声</td><td>儿化</td></tr>
<tr><td>+</td><td>先讲声母，后讲韵母。</td><td>+</td><td>+</td><td>+</td><td>②</td><td>—</td><td>④</td><td>①</td><td>③</td></tr>
<tr><td>备注</td><td colspan="9">1. 第 17 课有“不”的变调；
2. 有两个四声连读的变调。</td></tr>
<tr><td rowspan="9">《新汉语课本》
一—四册</td><td colspan="2">语音课呈现方式</td><td colspan="6">汉语拼音表</td><td colspan="2" rowspan="3">发音示意图呈现方式</td></tr>
<tr><td rowspan="2">集中讲解</td><td rowspan="2">分散讲解</td><td colspan="2">声母表（完整）</td><td colspan="2">韵母表（完整）</td><td colspan="2">声韵配合表</td></tr>
<tr><td>有无及位置</td><td>声母数量</td><td>有无及位置</td><td>韵母数量</td><td>出现位置</td><td>呈现方式</td></tr>
<tr><td></td><td>第一册 1–10 课</td><td>—</td><td>21 个</td><td>—</td><td>39 个</td><td>第 9 课</td><td>完整</td><td colspan="2">—</td></tr>
<tr><td colspan="10">语音讲解</td></tr>
<tr><td rowspan="2">基本概念</td><td rowspan="2">声韵母讲解顺序</td><td colspan="2">发音要领</td><td rowspan="2">拼写规则</td><td colspan="5">音变现象及讲解顺序</td></tr>
<tr><td>发音部位</td><td>发音方法</td><td>三声变调</td><td>“一”的变调</td><td>“不”的变调</td><td>轻声</td><td>儿化</td></tr>
<tr><td>+</td><td>根据声韵母由易到难，并结合课文内容搭配讲解。</td><td>+</td><td>+</td><td>+</td><td>①</td><td>④</td><td>③</td><td>②</td><td>⑤</td></tr>
<tr><td>备注</td><td colspan="9">声韵配合表有零声母，韵母 37 个（无 ê，[ɿ]、[ʅ] 都写做 -i）。</td></tr>
</table>

<table>
<tr><th>教材名称</th><th colspan="2">语音课呈现方式</th><th colspan="6">汉语拼音表</th><th colspan="2" rowspan="2">发音示意图
呈现方式</th></tr>
<tr><td rowspan="8">《汉语教程》
——三册
（每册含上、下册）</td><td rowspan="2">集中讲解</td><td rowspan="2">分散讲解</td><td colspan="2">声母表（完整）</td><td colspan="2">韵母表（完整）</td><td colspan="2">声韵配合表</td></tr>
<tr><td>有无及位置</td><td>声母数量</td><td>有无及位置</td><td>韵母数量</td><td>出现位置</td><td>呈现方式</td><td colspan="2" rowspan="2">发音器官图出现在前言后、目录前。</td></tr>
<tr><td></td><td>第一册整册</td><td>—</td><td>21 个</td><td>—</td><td>38 个（无 ê）</td><td>第 5 课</td><td>完整</td></tr>
<tr><td colspan="10">语音讲解</td></tr>
<tr><td rowspan="2">基本概念</td><td rowspan="2">声韵母讲解顺序</td><td colspan="2">发音要领</td><td rowspan="2">拼写规则</td><td colspan="5">音变现象及讲解顺序</td></tr>
<tr><td>发音部位</td><td>发音方法</td><td>三声变调</td><td>“一”的变调</td><td>“不”的变调</td><td>轻声</td><td>儿化</td></tr>
<tr><td>+</td><td>基本按声韵母表顺序由易到难搭配讲解。</td><td>+</td><td>+</td><td>+</td><td>①</td><td>⑤</td><td>③</td><td>②</td><td>④</td></tr>
<tr><td>备注</td><td colspan="9">1. 声韵配合表有零声母及隔音符号 y、w，韵母 37 个（无 ueng，[ʅ]、[ɿ] 都写做 -i）；
2. 第 7 课之后有词重音、句重音、语调和三个三声连读的内容。</td></tr>
<tr><td rowspan="9">《新实用汉语课本》
——四册</td><td colspan="2">语音课呈现方式</td><td colspan="6">汉语拼音表</td><td colspan="2" rowspan="2">发音示意图
呈现方式</td></tr>
<tr><td rowspan="2">集中讲解</td><td rowspan="2">分散讲解</td><td colspan="2">声母表（完整）</td><td colspan="2">韵母表（完整）</td><td colspan="2">声韵配合表</td></tr>
<tr><td>有无及位置</td><td>声母数量</td><td>有无及位置</td><td>韵母数量</td><td>出现位置</td><td>呈现方式</td><td colspan="2" rowspan="2">—</td></tr>
<tr><td></td><td>第一册 1–6 课</td><td>—</td><td>21 个</td><td>—</td><td>37 个（无 ueng、ê）</td><td>第 6 课</td><td>完整</td></tr>
<tr><td colspan="10">语音讲解</td></tr>
<tr><td rowspan="2">基本概念</td><td rowspan="2">声韵母讲解顺序</td><td colspan="2">发音要领</td><td rowspan="2">拼写规则</td><td colspan="5">音变现象及讲解顺序</td></tr>
<tr><td>发音部位</td><td>发音方法</td><td>三声变调</td><td>“一”的变调</td><td>“不”的变调</td><td>轻声</td><td>儿化</td></tr>
<tr><td>+</td><td>根据声韵母由易到难，并结合课文内容搭配讲解。</td><td>+</td><td>+</td><td>+</td><td>①</td><td>⑤</td><td>③</td><td>②</td><td>④</td></tr>
<tr><td>备注</td><td colspan="9">声韵配合表有零声母，韵母 38 个（无 ê）。</td></tr>
</table>

<table>
<tr><th>教材名称</th><th colspan="2">语音课呈现方式</th><th colspan="6">汉语拼音表</th><th colspan="2" rowspan="2">发音示意图
呈现方式</th></tr>
<tr><td rowspan="9">《基础汉语精读》
零起点上、下册</td><td rowspan="2">集中讲解</td><td rowspan="2">分散讲解</td><td colspan="2">声母表（完整）</td><td colspan="2">韵母表（完整）</td><td colspan="2">声韵配合表</td></tr>
<tr><td>有无及位置</td><td>声母数量</td><td>有无及位置</td><td>韵母数量</td><td>出现位置</td><td>呈现方式</td><td colspan="2" rowspan="2">—</td></tr>
<tr><td></td><td>上册 1–19 课</td><td>第 7 课</td><td>21 个</td><td>第 10 课</td><td>39 个</td><td>—</td><td>—</td></tr>
<tr><td colspan="10">语音讲解</td></tr>
<tr><td rowspan="2">基本概念</td><td rowspan="2">声韵母讲解顺序</td><td colspan="2">发音要领</td><td rowspan="2">拼写规则</td><td colspan="5">音变现象及讲解顺序</td></tr>
<tr><td>发音部位</td><td>发音方法</td><td>三声变调</td><td>“一”的变调</td><td>“不”的变调</td><td>轻声</td><td>儿化</td></tr>
<tr><td>+</td><td>基本按声韵母表顺序由易到难搭配讲解。</td><td>+</td><td>+</td><td>+</td><td>②</td><td colspan="2">③</td><td>①</td><td>④</td></tr>
<tr><td>备注</td><td colspan="9">1. 有 ɑ、e、i 的发音总结；2. 第 11–19 课有词重音、句重音、停顿和语调的内容。</td></tr>
<tr><td rowspan="10">《发展汉语》
初级汉语
上、下册</td><td colspan="2">语音课呈现方式</td><td colspan="6">汉语拼音表</td><td colspan="2" rowspan="2">发音示意图
呈现方式</td></tr>
<tr><td rowspan="2">集中讲解</td><td rowspan="2">分散讲解</td><td colspan="2">声母表（完整）</td><td colspan="2">韵母表（完整）</td><td colspan="2">声韵配合表</td></tr>
<tr><td>有无及位置</td><td>声母数量</td><td>有无及位置</td><td>韵母数量</td><td>出现位置</td><td>呈现方式</td><td colspan="2" rowspan="2">—</td></tr>
<tr><td></td><td>上册预备部分到第 11 课</td><td>预备部分</td><td>21 个</td><td>预备部分</td><td>36 个（无 ê、[ʅ]、[ʅ]）</td><td>目录后的预备部分</td><td>由表一和表二完整呈现。</td></tr>
<tr><td colspan="10">语音讲解</td></tr>
<tr><td rowspan="2">基本概念</td><td rowspan="2">声韵母讲解顺序</td><td colspan="2">发音要领</td><td rowspan="2">拼写规则</td><td colspan="5">音变现象及讲解顺序</td></tr>
<tr><td>发音部位</td><td>发音方法</td><td>三声变调</td><td>“一”的变调</td><td>“不”的变调</td><td>轻声</td><td>儿化</td></tr>
<tr><td>+</td><td>只有声韵母总结，无分课讲解。</td><td colspan="2">鼻韵母有比较详细的发音部位和发音方法介绍。</td><td>+</td><td>②</td><td>⑤</td><td>③</td><td>①</td><td>④</td></tr>
<tr><td>备注</td><td colspan="9">1. 声韵配合表有零声母，韵母 38 个（无 ê）；2. 预备部分总结了声韵配合规律；
3. 第 4 课讲了“这”“那”的读音；4. 第 11 课讲了“啊”的音变；5. 有句调停顿的内容。</td></tr>
</table>

<table>
<tr><th>教材名称</th><th colspan="2">语音课呈现方式</th><th colspan="6">汉语拼音表</th><th colspan="2" rowspan="2">发音示意图呈现方式</th></tr>
<tr><td rowspan="8">《体验汉语》基础教程上、下册</td><td rowspan="2">集中讲解</td><td rowspan="2">分散讲解</td><td colspan="2">声母表（完整）</td><td colspan="2">韵母表（完整）</td><td colspan="2">声韵配合表</td></tr>
<tr><td>有无及位置</td><td>声母数量</td><td>有无及位置</td><td>韵母数量</td><td>出现位置</td><td>呈现方式</td><td colspan="2" rowspan="2">—</td></tr>
<tr><td>第 1 课前语音部分</td><td></td><td>第 1 课前语音部分</td><td>21 个</td><td>第 1 课前语音部分</td><td>38 个（无 ê）</td><td>—</td><td>—</td></tr>
<tr><td colspan="10">语音讲解</td></tr>
<tr><td rowspan="2">基本概念</td><td rowspan="2">声韵母讲解顺序</td><td colspan="2">发音要领</td><td rowspan="2">拼写规则</td><td colspan="5">音变现象及讲解顺序</td></tr>
<tr><td>发音部位</td><td>发音方法</td><td>三声变调</td><td>“一”的变调</td><td>“不”的变调</td><td>轻声</td><td>儿化</td></tr>
<tr><td>+</td><td>只有声韵母表，并无分课讲解。</td><td>—</td><td>—</td><td>+</td><td>②</td><td>③</td><td>④</td><td>①</td><td>⑤</td></tr>
<tr><td>备注</td><td colspan="9">语音内容比较少。</td></tr>
<tr><td rowspan="9">《汉语精读课本》预科一册</td><td colspan="2">语音课呈现方式</td><td colspan="6">汉语拼音表</td><td colspan="2" rowspan="2">发音示意图呈现方式</td></tr>
<tr><td rowspan="2">集中讲解</td><td rowspan="2">分散讲解</td><td colspan="2">声母表（完整）</td><td colspan="2">韵母表（完整）</td><td colspan="2">声韵配合表</td></tr>
<tr><td>有无及位置</td><td>声母数量</td><td>有无及位置</td><td>韵母数量</td><td>出现位置</td><td>呈现方式</td><td colspan="2" rowspan="2">—</td></tr>
<tr><td></td><td>第 1–10 课</td><td>附表 1</td><td>21 个</td><td>附表 1</td><td>35 个（无 ê、er、[ʅ]、[ʅ]）</td><td>附表 2</td><td>完整</td></tr>
<tr><td colspan="10">语音讲解</td></tr>
<tr><td rowspan="2">基本概念</td><td rowspan="2">声韵母讲解顺序</td><td colspan="2">发音要领</td><td rowspan="2">拼写规则</td><td colspan="5">音变现象及讲解顺序</td></tr>
<tr><td>发音部位</td><td>发音方法</td><td>三声变调</td><td>“一”的变调</td><td>“不”的变调</td><td>轻声</td><td>儿化</td></tr>
<tr><td>+</td><td>基本按声韵母表顺序由易到难搭配讲解。</td><td>+</td><td>+</td><td>+</td><td>①</td><td>②</td><td>③</td><td>④</td><td>⑤</td></tr>
<tr><td>备注</td><td colspan="9">声韵配合表有零声母，韵母 37 个（无 ê，[ʅ]、[ʅ] 都写做 -i）。</td></tr>
</table>

<table>
<tr><th>教材名称</th><th colspan="2">语音课呈现方式</th><th colspan="6">汉语拼音表</th><th colspan="2" rowspan="2">发音示意图呈现方式</th></tr>
<tr><td rowspan="8">《阶梯汉语》
初级读写
Ⅰ、Ⅱ册</td><td rowspan="2">集中讲解</td><td rowspan="2">分散讲解</td><td colspan="2">声母表（完整）</td><td colspan="2">韵母表（完整）</td><td colspan="2">声韵配合表</td></tr>
<tr><td>有无及位置</td><td>声母数量</td><td>有无及位置</td><td>韵母数量</td><td>出现位置</td><td>呈现方式</td><td colspan="2" rowspan="2">—</td></tr>
<tr><td></td><td>第Ⅰ册第 1–9 课</td><td>目录后的语音知识</td><td>21 个</td><td>目录后的语音知识</td><td>37个（无ê，[ɿ]、[ʅ]都写做 -i）</td><td>目录后第一课前的语音知识部分</td><td>完整</td></tr>
<tr><td colspan="10">语音讲解</td></tr>
<tr><td rowspan="2">基本概念</td><td rowspan="2">声韵母讲解顺序</td><td colspan="2">发音要领</td><td rowspan="2">拼写规则</td><td colspan="5">音变现象及讲解顺序</td></tr>
<tr><td>发音部位</td><td>发音方法</td><td>三声变调</td><td>“一”的变调</td><td>“不”的变调</td><td>轻声</td><td>儿化</td></tr>
<tr><td>+</td><td>基本按声韵母表顺序由易到难搭配讲解。</td><td>—</td><td>—</td><td>+</td><td>②</td><td>③</td><td>④</td><td>①</td><td>⑤</td></tr>
<tr><td>备注</td><td colspan="9">声韵配合表有零声母，韵母 38 个（[ɿ]、[ʅ] 都写做 -i）。</td></tr>
<tr><td rowspan="10">《成功之路》
入门篇一册
起步篇一、二册</td><td colspan="2">语音课呈现方式</td><td colspan="6">汉语拼音表</td><td colspan="2" rowspan="2">发音示意图呈现方式</td></tr>
<tr><td rowspan="2">集中讲解</td><td rowspan="2">分散讲解</td><td colspan="2">声母表（完整）</td><td colspan="2">韵母表（完整）</td><td colspan="2">声韵配合表</td></tr>
<tr><td>有无及位置</td><td>声母数量</td><td>有无及位置</td><td>韵母数量</td><td>出现位置</td><td>呈现方式</td><td colspan="2" rowspan="2">—</td></tr>
<tr><td></td><td>入门篇整册及起步篇 1–2 课</td><td>—</td><td>21 个</td><td>—</td><td>38 个（无 ê）</td><td>入门篇 1–2 课</td><td>两部分声韵配合表</td></tr>
<tr><td colspan="10">语音讲解</td></tr>
<tr><td rowspan="2">基本概念</td><td rowspan="2">声韵母讲解顺序</td><td colspan="2">发音要领</td><td rowspan="2">拼写规则</td><td colspan="5">音变现象及讲解顺序</td></tr>
<tr><td>发音部位</td><td>发音方法</td><td>三声变调</td><td>“一”的变调</td><td>“不”的变调</td><td>轻声</td><td>儿化</td></tr>
<tr><td>+</td><td>基本按声韵母表顺序由易到难搭配讲解。</td><td>+</td><td>+</td><td>+</td><td>②</td><td>⑤</td><td>④</td><td>①</td><td>③</td></tr>
<tr><td>备注</td><td colspan="9">1. 声韵配合表有零声母，韵母 35 个（无 ê、er、[ɿ]、[ʅ]）；
2. 有 a、e、i 的发音总结。</td></tr>
</table>

表 4-4　初级综合课教材词汇项点表

说明：

1. 全套教材词语总数中的“生词总数”为该教材每课生词（不包括专有名词和补充词汇）数相加，得出总数“X”；
2. 全套教材词语总数中的“专有名词总数”为该教材每课专有名词（不包括补充词汇中出现的专有名词）数相加的和；
3. “每课平均数”中的“生词数”为生词总数“X”除以含有生词的课数的商，结果保留两位小数；
4. 词汇“超纲数”统计所依据的大纲均为该教材在编写过程中所依据的大纲。未提及参考大纲的教材，未作有关词汇超纲数的统计。

<table>
<tr><th rowspan="2">教材名称</th><th rowspan="2">词汇种类</th><th colspan="4">词汇数据统计</th><th colspan="3">呈现情况</th><th colspan="3">标注方式</th></tr>
<tr><th>总数</th><th>每课平均数</th><th>超纲数</th><th>超纲率</th><th>形式</th><th>位置</th><th>繁简字形</th><th>拼音</th><th>词性</th><th>英文释义</th></tr>
<tr><td rowspan="6">《汉语教科书》上、下册</td><td>生词</td><td>952</td><td>952/55 ≈ 17.31</td><td></td><td></td><td>“生词”表</td><td>每课的第一项</td><td rowspan="2">1958 年之前推行的三批简化汉字</td><td>+</td><td>从 13 课起</td><td>+</td></tr>
<tr><td>专有名词</td><td>12</td><td></td><td></td><td></td><td>无专有名词表</td><td>每课生词表中</td><td>+</td><td>—</td><td>+</td></tr>
<tr><td>补充词汇</td><td colspan="10">——</td></tr>
<tr><td colspan="5">词类简称表</td><td colspan="4">词汇索引表</td><td colspan="2">课堂用语介绍</td></tr>
<tr><td colspan="5">“‘生词’中的简号”，位于第一册第 13 课前。</td><td colspan="4">“生词对照表”，位于第二册最后的附录一中。</td><td colspan="2">—</td></tr>
<tr><td>备注</td><td colspan="10">1. 该教材使用的汉字为当时国内推行的简化汉字；
2. 第二册附录四为词的连写规则；
3. 第 13 课以后生词表中可数名词后均标出与之搭配使用的量词。</td></tr>
</table>

<table>
<tr><th rowspan="2">教材名称</th><th rowspan="2">词汇种类</th><th colspan="4">词汇数据统计</th><th colspan="3">呈现情况</th><th colspan="3">标注方式</th></tr>
<tr><th>总数</th><th>每课平均数</th><th>超纲数</th><th>超纲率</th><th>形式</th><th>位置</th><th>繁简字形</th><th>拼音</th><th>词性</th><th>英文释义</th></tr>
<tr><td rowspan="6">《基础汉语》上、下册</td><td>生词</td><td>1071</td><td>1071/(66−3)=17</td><td></td><td></td><td>“生词和汉字”表或“生词”表</td><td>每课课文后</td><td>简体</td><td>+</td><td>从 13 课起</td><td>+</td></tr>
<tr><td>专有名词</td><td>21</td><td></td><td></td><td></td><td>无专有名词表</td><td>生词表中</td><td>简体</td><td>+</td><td>从 13 课起</td><td>+</td></tr>
<tr><td>补充词汇</td><td colspan="10">——</td></tr>
<tr><td colspan="5">词类简称表</td><td colspan="4">词汇索引表</td><td colspan="2">课堂用语介绍</td></tr>
<tr><td colspan="5">“词类简称表”，位于教材第二册的最后部分。</td><td colspan="4">“词汇表”，位于教材第二册的最后部分。</td><td colspan="2">—</td></tr>
<tr><td>备注</td><td colspan="10">部分课中设有“词组和范句”，归纳并列出常用词组和句子。</td></tr>
<tr><td rowspan="8">《汉语课本》一、二册</td><td rowspan="2">词汇种类</td><td colspan="4">词汇数据统计</td><td colspan="3">呈现情况</td><td colspan="3">标注方式</td></tr>
<tr><td>总数</td><td>每课平均数</td><td>超纲数</td><td>超纲率</td><td>形式</td><td>位置</td><td>繁简字形</td><td>拼音</td><td>词性</td><td>英文释义</td></tr>
<tr><td>生词</td><td>904</td><td>904/44 ≈ 20.55</td><td></td><td></td><td>“生词和汉字”表或“生词”表</td><td>每课课文后</td><td>简体</td><td>+</td><td>从 11 课起</td><td>+</td></tr>
<tr><td>专有名词</td><td>63</td><td></td><td></td><td></td><td>“专名”表</td><td>每课生词表后</td><td>简体</td><td>+</td><td>—</td><td>+</td></tr>
<tr><td>补充词汇</td><td colspan="10">——</td></tr>
<tr><td colspan="5">词类简称表</td><td colspan="4">词汇索引表</td><td colspan="2">课堂用语介绍</td></tr>
<tr><td colspan="5">“词类简称表”，位于教材第二册的最后部分。</td><td colspan="4">“词汇表”（含专名），位于第二册的最后部分。</td><td colspan="2">—</td></tr>
<tr><td>备注</td><td colspan="10">课后注释包括对课文中出现的重点词语的用法的解释。</td></tr>
</table>

<table>
<tr><th rowspan="2">教材名称</th><th rowspan="2">词汇种类</th><th colspan="4">词汇数据统计</th><th colspan="3">呈现情况</th><th colspan="3">标注方式</th></tr>
<tr><th>总数</th><th>每课平均数</th><th>超纲数</th><th>超纲率</th><th>形式</th><th>位置</th><th>繁简字形</th><th>拼音</th><th>词性</th><th>英文释义</th></tr>
<tr><td rowspan="6">《基础汉语课本》——四册、续篇</td><td>生词</td><td>2400</td><td>2400/84 ≈ 28.57</td><td></td><td></td><td>“生词和汉字”表或“生词”表</td><td>每课课文后</td><td>简体</td><td>+</td><td>+</td><td>+</td></tr>
<tr><td>专有名词</td><td>155</td><td></td><td></td><td></td><td>“专名”表</td><td>生词表和补充生词表之间</td><td>简体</td><td>+</td><td>—</td><td>+</td></tr>
<tr><td>补充词汇</td><td>249</td><td></td><td></td><td></td><td>“补充生词”表</td><td>一一三册及续篇每课生词表和专名表后</td><td>简体</td><td>+</td><td>+</td><td>+</td></tr>
<tr><td colspan="5">词类简称表</td><td colspan="4">词汇索引表</td><td colspan="2">课堂用语介绍</td></tr>
<tr><td colspan="5">“词类简称表”，位于第一册第一课之前。</td><td colspan="4">“词汇表”（含专名），位于每册的最后部分。</td><td colspan="2">—</td></tr>
<tr><td>备注</td><td colspan="10">1. 每单元复习课文后均列出本单元的重点词汇并予以分类；
2. 第三、四册及续篇每课生词表后均有“词语例解”“近义词例解”，解释课文中出现的重点词语，对比注释近义词。</td></tr>
</table>

<table>
<tr><th rowspan="2">教材名称</th><th rowspan="2">词汇种类</th><th colspan="4">词汇数据统计</th><th colspan="3">呈现情况</th><th colspan="3">标注方式</th></tr>
<tr><th>总数</th><th>每课平均数</th><th>超纲数</th><th>超纲率</th><th>形式</th><th>位置</th><th>繁简字形</th><th>拼音</th><th>词性</th><th>英文释义</th></tr>
<tr><td rowspan="6">《实用汉语课本》一、二册</td><td>生词</td><td>929</td><td>929/50=18.58</td><td></td><td></td><td>“生词”表</td><td>每课课文后</td><td>简体</td><td>+</td><td>+</td><td>+</td></tr>
<tr><td>专有名词</td><td>82</td><td></td><td></td><td></td><td>“专名”表</td><td>每课生词表和补充词表之间</td><td>简体</td><td>+</td><td>—</td><td>+</td></tr>
<tr><td>补充词汇</td><td>262</td><td></td><td></td><td></td><td>“补充词”表</td><td>从第一册第 5 课起每课专名表后</td><td>简体</td><td>+</td><td>+</td><td>+</td></tr>
<tr><th colspan="5">词类简称表</th><th colspan="4">词汇索引表</th><th colspan="2">课堂用语介绍</th></tr>
<tr><td colspan="5">“词类简称表”，位于第一册第 13 课之前。</td><td colspan="4">“词汇总表”，位于第一册最后附录中。</td><td colspan="2">—</td></tr>
<tr><td>备注</td><td colspan="10">课后注释包括对课文中出现的难句和某些词语的用法等的解释。</td></tr>
<tr><td rowspan="8">《简明汉语课本》上、下册</td><th rowspan="2">词汇种类</th><th colspan="4">词汇数据统计</th><th colspan="3">呈现情况</th><th colspan="3">标注方式</th></tr>
<tr><th>总数</th><th>每课平均数</th><th>超纲数</th><th>超纲率</th><th>形式</th><th>位置</th><th>繁简字形</th><th>拼音</th><th>词性</th><th>英文释义</th></tr>
<tr><td>生词</td><td>1879</td><td>1879/(50−8) ≈ 44.74</td><td></td><td></td><td>“生词”表</td><td>每课课文后</td><td>简体</td><td>+</td><td>+</td><td>+</td></tr>
<tr><td>专有名词</td><td>156</td><td></td><td></td><td></td><td>“专名”表</td><td>每课生词表后</td><td>简体</td><td>+</td><td>—</td><td>+</td></tr>
<tr><td>补充词汇</td><td colspan="10">——</td></tr>
<tr><th colspan="3">词类简称表</th><th colspan="4">词汇索引表</th><th colspan="4">课堂用语介绍</th></tr>
<tr><td colspan="3">“汉语词类简称表”，位于上册第 1 课前。</td><td colspan="4">“词汇表”（含专名），位于每册教材最后部分。</td><td colspan="4">“课堂常用语”，位于上册第 4 课最后附录中。</td></tr>
<tr><td>备注</td><td colspan="10">课后注释包括对课文中出现的重点词和句型的用法等的注释。</td></tr>
</table>

<table>
<tr><th rowspan="2">教材名称</th><th rowspan="2">词汇种类</th><th colspan="4">词汇数据统计</th><th colspan="3">呈现情况</th><th colspan="3">标注方式</th></tr>
<tr><th>总数</th><th>每课平均数</th><th>超纲数</th><th>超纲率</th><th>形式</th><th>位置</th><th>繁简字形</th><th>拼音</th><th>词性</th><th>英文释义</th></tr>
<tr><td rowspan="6">《初级汉语课本》
一—三册</td><td>生词</td><td>1911</td><td>1911/75=25.48</td><td></td><td></td><td>“生词”表</td><td>第一、二册每课课文前；第三册每课课文后</td><td>简体</td><td>+</td><td>+</td><td>+</td></tr>
<tr><td>专有名词</td><td>139</td><td></td><td></td><td></td><td>“专名”表</td><td>每课生词表后</td><td>简体</td><td>+</td><td>—</td><td>+</td></tr>
<tr><td>补充词汇</td><td colspan="10">——</td></tr>
<tr><td colspan="5">词类简称表</td><td colspan="4">词汇索引表</td><td colspan="2">课堂用语介绍</td></tr>
<tr><td colspan="5">“词类简称表”，位于第一册第 1 课前。</td><td colspan="4">“词汇索引表”，位于第二、三册最后部分。</td><td colspan="2">—</td></tr>
<tr><td>备注</td><td colspan="10">第三册每课后有“词语例解”一项，注释课文中出现的重点词语，并带有例句。</td></tr>
<tr><td rowspan="8">《汉语初级教程》
一—四册</td><td rowspan="2">词汇种类</td><td colspan="4">词汇数据统计</td><td colspan="3">呈现情况</td><td colspan="3">标注方式</td></tr>
<tr><td>总数</td><td>每课平均数</td><td>超纲数</td><td>超纲率</td><td>形式</td><td>位置</td><td>繁简字形</td><td>拼音</td><td>词性</td><td>英文释义</td></tr>
<tr><td>生词</td><td>1326</td><td>1326/(80−15)=20.4</td><td></td><td></td><td>“生词语”表</td><td>每课课文后</td><td>简体</td><td>+</td><td>+</td><td>+</td></tr>
<tr><td>专有名词</td><td>53</td><td></td><td></td><td></td><td>“专名词”表</td><td>每课生词语表后</td><td>简体</td><td>+</td><td>—</td><td>+</td></tr>
<tr><td>补充词汇</td><td colspan="10">——</td></tr>
<tr><td colspan="5">词类简称表</td><td colspan="4">词汇索引表</td><td colspan="2">课堂用语介绍</td></tr>
<tr><td colspan="5">“略语”，位于第一册最后“生词语总表”中。</td><td colspan="4">“生词语表”（含专名），位于一—三册最后部分。</td><td colspan="2">—</td></tr>
<tr><td>备注</td><td colspan="10"></td></tr>
</table>

教材名称	词汇种类	词汇词汇数据统计				呈现情况			标注方式		
		总数	每课平均数	超纲数	超纲率	形式	位置	繁简字形	拼音	词性	英文释义
《新汉语课本》一—四册	生词	1913	1913/80 ≈ 23.91			“生词和短语”表	第一册1-10课在语音和会话之后，其余在课文之前。	简体	+	+	+
	专有名词	132				“专名”表	部分“生词和短语”之后	简体	+	—	+
	补充词汇	600				“补充词语”表、阅读“词语”表	一—三册在“专名”表后；第四册在阅读练习后。	简体	+	+	+
	词类简称表					词汇索引表			课堂用语介绍		
	“汉语的语法术语表”，位于第一册目录之前。					“词语表”，位于每册教材的最后部分。			—		
	备注	课文后的注释包括对日常礼貌用语以及课文中出现的难点词语、句子等的解释，并有对应英文释义。									

<table>
<tr><th rowspan="2">教材名称</th><th rowspan="2">词汇种类</th><th colspan="4">词汇数据统计</th><th colspan="3">呈现情况</th><th colspan="3">标注方式</th></tr>
<tr><th>总数</th><th>每课平均数</th><th>超纲数</th><th>超纲率</th><th>形式</th><th>位置</th><th>繁简字形</th><th>拼音</th><th>词性</th><th>英文释义</th></tr>
<tr><td rowspan="7">《汉语教程》
一—三册
（每册含上、下册）</td><td>生词</td><td>3245</td><td>3245/100=32.45</td><td>422</td><td>422/3245
≈13.00%</td><td>“生词”表</td><td>每课课文后</td><td>简体</td><td>+</td><td>+</td><td>+</td></tr>
<tr><td>专有名词</td><td>116</td><td></td><td></td><td></td><td>“专名”表</td><td>部分生词表和补充生词表之间</td><td>简体</td><td>+</td><td>—</td><td>+</td></tr>
<tr><td>补充词汇</td><td>268</td><td></td><td></td><td></td><td>“补充生词”表</td><td>一、二册生词表和专名表之后</td><td>简体</td><td>+</td><td>+</td><td>+</td></tr>
<tr><th colspan="4">词类简称表</th><th colspan="3">词汇索引表</th><th colspan="4">课堂用语介绍</th></tr>
<tr><td colspan="4">“汉语词类简称表”，位于第一册上册目录之前。</td><td colspan="3">“词汇表”（含补充生词和专名），位于每册教材的最后部分。</td><td colspan="4">“教师课堂用语”与“学生课堂用语”，位于第一册上册目录之前。</td></tr>
<tr><td>备注</td><td colspan="10">1. 课文后的注释包括对课文中出现的日常用语和重点词语的解释；
2. 第三册课文后有“词语语法”一项，对重点词语的具体用法进行讲解，并有例句；
3. 依据大纲：《初级对外汉语教学等级大纲》。</td></tr>
</table>

<table>
<tr><th rowspan="2">教材名称</th><th rowspan="2">词汇种类</th><th colspan="4">词汇数据统计</th><th colspan="3">呈现情况</th><th colspan="3">标注方式</th></tr>
<tr><th>总数</th><th>每课平均数</th><th>超纲数</th><th>超纲率</th><th>形式</th><th>位置</th><th>繁简字形</th><th>拼音</th><th>词性</th><th>英文释义</th></tr>
<tr><td rowspan="6">《新实用汉语课本》一—四册</td><td>生词</td><td>1742</td><td>1742/50=34.84</td><td></td><td></td><td>“生词”表</td><td>每课课文后</td><td>简体</td><td>+</td><td>+</td><td>+</td></tr>
<tr><td>专有名词</td><td>65</td><td></td><td></td><td></td><td>无专名表</td><td>生词表和补充生词表中</td><td>简体</td><td>+</td><td>—</td><td>+</td></tr>
<tr><td>补充词汇</td><td>620</td><td></td><td></td><td></td><td>“补充生词”表</td><td>第一册第 7 课至第三册每课课文二的生词表后；第四册每课练习“阅读和复述”短文后</td><td>简体</td><td>+</td><td>+</td><td>+</td></tr>
<tr><th colspan="5">词类简称表</th><th colspan="4">词汇索引表</th><th colspan="2">课堂用语介绍</th></tr>
<tr><td colspan="5">“语法术语缩略形式一览表”，位于一—四册的附录中。</td><td colspan="4">“生词索引（简繁对照）”表、“补充词汇”索引表，位于一—四册附录中。</td><td colspan="2">—</td></tr>
<tr><td>备注</td><td colspan="10">1. 生词表中生词有扩展用法示例，如：第一册第 12 课生词“每”，有“每天，每年，每个学生，每瓶酒”的扩展用法示例；
2. 课后有“词语例解”，解释课文中出现的重点词语的用法。</td></tr>
</table>

<table>
<tr><th rowspan="2">教材名称</th><th rowspan="2">词汇种类</th><th colspan="4">词汇数据统计</th><th colspan="3">呈现情况</th><th colspan="3">标注方式</th></tr>
<tr><th>总数</th><th>每课平均数</th><th>超纲数</th><th>超纲率</th><th>形式</th><th>位置</th><th>繁简字形</th><th>拼音</th><th>词性</th><th>英文释义</th></tr>
<tr><td rowspan="6">《基础汉语精读》零起点上、下册</td><td>生词</td><td>939</td><td>939/40 ≈ 23.48</td><td></td><td></td><td>“新词语”表</td><td>每课课文前</td><td>简体</td><td>+</td><td>+</td><td>+</td></tr>
<tr><td>专有名词</td><td>19</td><td></td><td></td><td></td><td>“专有名词”表</td><td>每课新词语表后</td><td>简体</td><td>+</td><td>—</td><td>+</td></tr>
<tr><td>补充词汇</td><td>75</td><td></td><td></td><td></td><td>阅读练习“新词语表”</td><td>下册 31 课至初级第一册的阅读练习后</td><td>简体</td><td>+</td><td>+</td><td>+</td></tr>
<tr><th colspan="4">词类简称表</th><th colspan="2">词汇索引表</th><th colspan="5">课堂用语介绍</th></tr>
<tr><td colspan="4">—</td><td colspan="2">“新生词表”（含专名），位于每册教材最后。</td><td colspan="5">“课堂用语”，位于上册第 1–10 课课文后。</td></tr>
<tr><th>备注</th><td colspan="10">课文后的注释包括对课文中出现的难点词语、句子、日常用语等的解释。</td></tr>
<tr><td rowspan="8">《初级汉语精读》第一册</td><th rowspan="2">词汇种类</th><th colspan="4">词汇数据统计</th><th colspan="3">呈现情况</th><th colspan="3">标注方式</th></tr>
<tr><th>总数</th><th>每课平均数</th><th>超纲数</th><th>超纲率</th><th>形式</th><th>位置</th><th>繁简字形</th><th>拼音</th><th>词性</th><th>英文释义</th></tr>
<tr><td>生词</td><td>355</td><td>355/9 ≈ 39.44</td><td></td><td></td><td>“新词语”表</td><td>每课课文前</td><td>简体</td><td>+</td><td>+</td><td>+</td></tr>
<tr><td>专有名词</td><td>6</td><td></td><td></td><td></td><td>“专有名词”表</td><td>每课新词语表后</td><td>简体</td><td>+</td><td>—</td><td>+</td></tr>
<tr><td>补充词汇</td><td>157</td><td></td><td></td><td></td><td>副课文“新词语”表</td><td>每课练习中的副课文后</td><td>简体</td><td>+</td><td>+</td><td>+</td></tr>
<tr><th colspan="5">词类简称表</th><th colspan="5">词汇索引表</th><th>课堂用语介绍</th></tr>
<tr><td colspan="5">—</td><td colspan="5">“新生词表”（含专名），位于每册教材最后。</td><td>—</td></tr>
<tr><th>备注</th><td colspan="10">课文后的注释包括对课文中出现的难点词语、句子、日常用语等的解释。</td></tr>
</table>

<table>
<tr><th rowspan="2">教材名称</th><th rowspan="2">词汇种类</th><th colspan="4">词汇数据统计</th><th colspan="3">呈现情况</th><th colspan="3">标注方式</th></tr>
<tr><th>总数</th><th>每课平均数</th><th>超纲数</th><th>超纲率</th><th>形式</th><th>位置</th><th>繁简字形</th><th>拼音</th><th>词性</th><th>英文释义</th></tr>
<tr><td rowspan="6">《发展汉语》初级汉语上、下册</td><td>生词</td><td>1792</td><td>1792/62 ≈ 28.90</td><td>122</td><td>122/1792 ≈ 6.81%</td><td>“生词”表</td><td>每课课文后</td><td>简体</td><td>+</td><td>+</td><td>+</td></tr>
<tr><td>专有名词</td><td>96</td><td></td><td></td><td></td><td>“专名”表</td><td>每课生词表后</td><td>简体</td><td>+</td><td>—</td><td>+</td></tr>
<tr><td>补充词汇</td><td>399</td><td></td><td></td><td></td><td>“补充词语”表</td><td>上册每课专名表后</td><td>简体</td><td>+</td><td>+</td><td>+</td></tr>
<tr><td colspan="4">词类简称表</td><td colspan="3">词汇索引表</td><td colspan="3">课堂用语介绍</td></tr>
<tr><td colspan="4">“词类”，位于上册最开始的“预备部分”。</td><td colspan="3">“生词总表”（含专名），位于每册教材最后。</td><td colspan="3">“课堂用语”，位于上册“预备部分”。</td></tr>
<tr><td>备注</td><td colspan="10">1. 下册每课设有“词语例释”，解释课文中出现的重点词语；
2. 依据大纲：《汉语水平词汇与汉字等级大纲》（修订本）。</td></tr>
<tr><td rowspan="8">《体验汉语》基础教程上、下册</td><td rowspan="2">词汇种类</td><td colspan="4">词汇数据统计</td><td colspan="3">呈现情况</td><td colspan="3">标注方式</td></tr>
<tr><td>总数</td><td>每课平均数</td><td>超纲数</td><td>超纲率</td><td>形式</td><td>位置</td><td>繁简字形</td><td>拼音</td><td>词性</td><td>英文释义</td></tr>
<tr><td>生词</td><td>1041</td><td>1041/48 ≈ 21.69</td><td></td><td></td><td>“词语”表</td><td>每课课文前</td><td>简体</td><td>+</td><td>—</td><td>+</td></tr>
<tr><td>专有名词</td><td>43</td><td></td><td></td><td></td><td>“专有名词”表</td><td>每课词语表后</td><td>简体</td><td>+</td><td>—</td><td>+</td></tr>
<tr><td>补充词汇</td><td>235</td><td></td><td></td><td></td><td>“词语扩展”</td><td>每课练习中</td><td>简体</td><td>+</td><td>—</td><td>+</td></tr>
<tr><td colspan="5">词类简称表</td><td colspan="4">词汇索引表</td><td colspan="2">课堂用语介绍</td></tr>
<tr><td colspan="5">—</td><td colspan="4">“词语表”，位于每册教材最后的附录中。</td><td colspan="2">—</td></tr>
<tr><td>备注</td><td colspan="10">课后有“词语扩展”项，以图片等形式展示扩展的生词。</td></tr>
</table>

<table>
<tr><th rowspan="2">教材名称</th><th rowspan="2">词汇种类</th><th colspan="4">词汇数据统计</th><th colspan="3">呈现情况</th><th colspan="3">标注方式</th></tr>
<tr><th>总数</th><th>每课平均数</th><th>超纲数</th><th>超纲率</th><th>形式</th><th>位置</th><th>繁简字形</th><th>拼音</th><th>词性</th><th>英文释义</th></tr>
<tr><td rowspan="6">《汉语精读课本》
预科一册
一年级上、下册</td><td>生词</td><td>2571</td><td>2571/60=42.85</td><td>666</td><td>666/2571
≈25.90%</td><td>“词语表”</td><td>每课课文后</td><td>简体</td><td>+</td><td>+</td><td>+</td></tr>
<tr><td>专有名词</td><td>123</td><td></td><td></td><td></td><td>“专有名词”表</td><td>每课词语表后</td><td>简体</td><td>+</td><td>—</td><td>+</td></tr>
<tr><td>补充词汇</td><td>498</td><td></td><td></td><td></td><td>阅读练习
“词语”表</td><td>每课练习“阅读短文”后</td><td>简体</td><td>+</td><td>—</td><td>一上</td></tr>
<tr><td colspan="4">词类简称表</td><td colspan="3">词汇索引表</td><td colspan="4">课堂用语介绍</td></tr>
<tr><td colspan="4">“汉语词类表”，位于预科册最后附录中。</td><td colspan="3">“词汇总表”，位于每册教材最后附录中。</td><td colspan="4">“课堂用语”，位于预科册每课课文后。</td></tr>
<tr><td>备注</td><td colspan="10">1. 课后注释包括对课文中出现的重点词语和短语的解释；
2. 依据大纲：《高等学校外国留学生汉语言专业教学大纲》。</td></tr>
<tr><td rowspan="8">《阶梯汉语》
初级读写
Ⅰ、Ⅱ册</td><th rowspan="2">词汇种类</th><th colspan="4">词汇数据统计</th><th colspan="3">呈现情况</th><th colspan="3">标注方式</th></tr>
<tr><th>总数</th><th>每课平均数</th><th>超纲数</th><th>超纲率</th><th>形式</th><th>位置</th><th>繁简字形</th><th>拼音</th><th>词性</th><th>英文释义</th></tr>
<tr><td>生词</td><td>1601</td><td>1601/80≈20.01</td><td>239</td><td>239/1601
≈14.93%</td><td>“生词”表</td><td>每课课文后</td><td>简体</td><td>+</td><td>+</td><td>+</td></tr>
<tr><td>专有名词</td><td>73</td><td></td><td></td><td></td><td>“专名”表</td><td>每课生词表后</td><td>简体</td><td>+</td><td>—</td><td>+</td></tr>
<tr><td>补充词汇</td><td>230</td><td></td><td></td><td></td><td>“补充生词”表</td><td>每课练习后</td><td>简体</td><td>+</td><td>+</td><td>+</td></tr>
<tr><td colspan="4">词类简称表</td><td colspan="3">词汇索引表</td><td colspan="4">课堂用语介绍</td></tr>
<tr><td colspan="4">—</td><td colspan="3">“生词表”（含专名），位于教材最后附录中。</td><td colspan="4">—</td></tr>
<tr><td>备注</td><td colspan="10">1. 课后注释包括对课文中出现的重点词语用法的解释；
2. 依据大纲：《汉语水平词汇与汉字等级大纲》（修订本）；《高等学校外国留学生汉语教学大纲》（长期进修）。</td></tr>
</table>

<table>
<tr><th rowspan="2">教材名称</th><th rowspan="2">词汇种类</th><th colspan="4">词汇数据统计</th><th colspan="3">呈现情况</th><th colspan="3">标注方式</th></tr>
<tr><th>总数</th><th>每课平均数</th><th>超纲数</th><th>超纲率</th><th>形式</th><th>位置</th><th>繁简字形</th><th>拼音</th><th>词性</th><th>英文释义</th></tr>
<tr><td rowspan="7">《成功之路》
入门篇一册</td><td>生词</td><td>59</td><td>59/8≈7.38</td><td>1</td><td>1/59≈1.69%</td><td>“关键词”表</td><td>每课课文后</td><td>无汉字</td><td>+</td><td>—</td><td>+</td></tr>
<tr><td>专有名词</td><td>5</td><td></td><td></td><td></td><td>无专有名词表</td><td>每课关键词表中</td><td>无汉字</td><td>+</td><td>—</td><td>+</td></tr>
<tr><td>补充词汇</td><td colspan="10">——</td></tr>
<tr><td colspan="4">词类简称表</td><td colspan="3">词汇索引表</td><td colspan="4">课堂用语介绍</td></tr>
<tr><td colspan="4">—</td><td colspan="3">“生词索引”表，位于教材最后部分。</td><td colspan="4">“课堂用语”，位于每课练习后。</td></tr>
<tr><td rowspan="2">备注</td><td colspan="10" rowspan="2">1. 第一册课文后有“词语扩展”项，讲解课文中出现的词语的扩展用法；
2. 依据大纲:《高等学校外国留学生汉语教学大纲》(长期进修)。</td></tr>
<tr></tr>
<tr><td rowspan="8">《成功之路》
起步篇一、二册</td><td rowspan="2">词汇种类</td><td colspan="4">词汇数据统计</td><td colspan="3">呈现情况</td><td colspan="3">标注方式</td></tr>
<tr><td>总数</td><td>每课平均数</td><td>超纲数</td><td>超纲率</td><td>形式</td><td>位置</td><td>繁简字形</td><td>拼音</td><td>词性</td><td>英文释义</td></tr>
<tr><td>生词</td><td>623</td><td>623/28=22.25</td><td rowspan="2">16</td><td>16/623
≈2.57%</td><td>“生词”表</td><td>每课每段课文后</td><td>简体</td><td>+</td><td>+</td><td>+</td></tr>
<tr><td>专有名词</td><td>2</td><td></td><td></td><td>无专有名词表</td><td>生词表中</td><td>简体</td><td>+</td><td>—</td><td>+</td></tr>
<tr><td>补充词汇</td><td colspan="10">——</td></tr>
<tr><td colspan="5">词类简称表</td><td colspan="3">词汇索引表</td><td colspan="3">课堂用语介绍</td></tr>
<tr><td colspan="5">“缩略形式一览表”，位于起步篇第一册第1课前。</td><td colspan="3">“生词索引”表，位于教材第二册最后部分。</td><td colspan="3">—</td></tr>
<tr><td>备注</td><td colspan="10">同“入门篇”。</td></tr>
</table>

<table>
<tr><th rowspan="2">教材名称</th><th rowspan="2">词汇种类</th><th colspan="4">词汇数据统计</th><th colspan="3">呈现情况</th><th colspan="3">标注方式</th></tr>
<tr><th>总数</th><th>每课平均数</th><th>超纲数</th><th>超纲率</th><th>形式</th><th>位置</th><th>繁简字形</th><th>拼音</th><th>词性</th><th>英文释义</th></tr>
<tr><td rowspan="6">《成功之路》
顺利篇一、二册</td><td>生词</td><td>708</td><td>708/24=29.5</td><td>115</td><td>115/708
≈16.24%</td><td>“生词”表</td><td>每课每段课文后</td><td>简体</td><td>+</td><td>+</td><td>+</td></tr>
<tr><td>专有名词</td><td>3</td><td></td><td></td><td></td><td>“专有名词”表</td><td>部分课生词表后</td><td>简体</td><td>+</td><td>—</td><td>+</td></tr>
<tr><td>补充词汇</td><td>270</td><td></td><td></td><td></td><td>听力 / 阅读
“生词”</td><td>每课后“综合练习”的听力、阅读练习中</td><td>简体</td><td>+</td><td>+</td><td>+</td></tr>
<tr><th colspan="5">词类简称表</th><th colspan="4">词汇索引表</th><th colspan="2">课堂用语介绍</th></tr>
<tr><td colspan="5">—</td><td colspan="4">“生词索引”表（含专名），位于每册教材最后。</td><td colspan="2">—</td></tr>
<tr><th>备注</th><td colspan="10">同“入门篇”。</td></tr>
<tr><td rowspan="8">《成功之路》
进步篇综合课本
一—三册</td><th rowspan="2">词汇种类</th><th colspan="4">词汇数据统计</th><th colspan="3">呈现情况</th><th colspan="3">标注方式</th></tr>
<tr><th>总数</th><th>每课平均数</th><th>超纲数</th><th>超纲率</th><th>形式</th><th>位置</th><th>繁简字形</th><th>拼音</th><th>词性</th><th>英文释义</th></tr>
<tr><td>生词</td><td>1704</td><td>1704/36≈47.33</td><td>548</td><td>548/1704
≈32.16%</td><td>“生词”表</td><td>每课课文旁边</td><td>简体</td><td>+</td><td>+</td><td>+</td></tr>
<tr><td>专有名词</td><td>50</td><td></td><td></td><td></td><td>“专名”表</td><td>每课生词表后</td><td>简体</td><td>+</td><td>—</td><td>+</td></tr>
<tr><td>补充词汇</td><td>96</td><td></td><td></td><td></td><td>听力“生词”</td><td>第二、三册每课“听力练习”中</td><td>简体</td><td>+</td><td>—</td><td>+</td></tr>
<tr><th colspan="5">词类简称表</th><th colspan="4">词汇索引表</th><th colspan="2">课堂用语介绍</th></tr>
<tr><td colspan="5">—</td><td colspan="4">“生词索引”表（含专名），位于每册教材最后。</td><td colspan="2">—</td></tr>
<tr><th>备注</th><td colspan="10">同“入门篇”。</td></tr>
</table>

表 4-5 初级综合课教材语法项点表

<table>
<tr><th>教材名称</th><th>语法索引</th><th colspan="4">所参照语法大纲</th><th colspan="5">语法项目数据</th><th>语法提示位置</th></tr>
<tr><td rowspan="6">《汉语教科书》上、下册</td><td rowspan="2">—</td><td colspan="4" rowspan="2">《汉语教科书》语法体系</td><td>语法项目总数</td><td colspan="3">以注释和其他形式表现的语法项目数</td><td>课平均语法点数目</td><td rowspan="2">课前</td></tr>
<tr><td>195</td><td colspan="3"></td><td>2.71</td></tr>
<tr><td colspan="6">语法项目表述方式</td><td colspan="4">结构主线</td><td>备注</td></tr>
<tr><td>中外文译释</td><td>例句</td><td>图示</td><td>表格</td><td>公式</td><td>注释讲解</td><td>语法为纲</td><td>语法为纲兼顾功能</td><td>功能为纲兼顾语法</td><td>与功能、文化结合</td><td rowspan="2">有语法复习提纲</td></tr>
<tr><td>+</td><td>+</td><td></td><td>+</td><td>+</td><td></td><td>+</td><td></td><td></td><td></td></tr>
<tr><td rowspan="6">《基础汉语》上、下册</td><td>语法索引</td><td colspan="4">所参照语法大纲</td><td colspan="5">语法项目数据</td><td>语法提示位置</td></tr>
<tr><td rowspan="2">—</td><td colspan="4" rowspan="2">《汉语教科书》语法体系</td><td>语法项目总数</td><td colspan="3">以注释和其他形式表现的语法项目数</td><td>课平均语法点数目</td><td rowspan="2">课前</td></tr>
<tr><td>116</td><td colspan="3"></td><td>1.76</td></tr>
<tr><td colspan="6">语法项目表述方式</td><td colspan="4">结构主线</td><td>备注</td></tr>
<tr><td>中外文译释</td><td>例句</td><td>图示</td><td>表格</td><td>公式</td><td>注释讲解</td><td>语法为纲</td><td>语法为纲兼顾功能</td><td>功能为纲兼顾语法</td><td>与功能、文化结合</td><td rowspan="2">有语法复习提纲</td></tr>
<tr><td>+</td><td>+</td><td></td><td>+</td><td>+</td><td></td><td>+</td><td></td><td></td><td></td></tr>
</table>

<table>
<tr><th>教材名称</th><th>语法索引</th><th colspan="4">所参照语法大纲</th><th colspan="5">语法项目数据</th><th>语法提示位置</th></tr>
<tr><td rowspan="6">《汉语课本》
一、二册</td><td rowspan="2">—</td><td colspan="4" rowspan="2">《汉语教科书》语法体系</td><td>语法项目
总数</td><td colspan="3">以注释和其他形式表现的
语法项目数</td><td>课平均
语法点数目</td><td rowspan="2">课前</td></tr>
<tr><td></td><td colspan="3">107</td><td>2.43</td></tr>
<tr><td colspan="6">语法项目表述方式</td><td colspan="4">结构主线</td><td>备注</td></tr>
<tr><td>中外文
译释</td><td>例句</td><td>图示</td><td>表格</td><td>公式</td><td>注释
讲解</td><td>语法
为纲</td><td>语法为纲
兼顾功能</td><td>功能为纲
兼顾语法</td><td>与功能、
文化结合</td><td rowspan="2">有基本语法
复习提纲</td></tr>
<tr><td>+</td><td>+</td><td></td><td>+</td><td></td><td>+</td><td>+</td><td></td><td></td><td></td></tr>
<tr><td>语法索引</td><td colspan="4">所参照语法大纲</td><td colspan="5">语法项目数据</td><td>语法提示位置</td></tr>
<tr><td rowspan="6">《基础汉语课本》
一——四册、续篇</td><td rowspan="2">—</td><td colspan="4" rowspan="2">—</td><td>语法项目
总数</td><td colspan="3">以注释和其他形式表现的
语法项目数</td><td>课平均
语法点数目</td><td rowspan="2">课前</td></tr>
<tr><td>112</td><td colspan="3">169</td><td>3.85</td></tr>
<tr><td colspan="6">语法项目表述方式</td><td colspan="4">结构主线</td><td>备注</td></tr>
<tr><td>中外文
译释</td><td>例句</td><td>图示</td><td>表格</td><td>公式</td><td>注释
讲解</td><td>语法
为纲</td><td>语法为纲
兼顾功能</td><td>功能为纲
兼顾语法</td><td>与功能、
文化结合</td><td rowspan="2">有注释及语法复习提纲；第四册语法表示为：词语例解 + 近义词例解。</td></tr>
<tr><td>+</td><td>+</td><td></td><td></td><td>+</td><td>+</td><td>+</td><td></td><td></td><td></td></tr>
</table>

<table>
<tr><th>教材名称</th><th>语法索引</th><th colspan="4">所参照语法大纲</th><th colspan="5">语法项目数据</th><th>语法提示位置</th></tr>
<tr><td rowspan="6">《实用汉语课本》一、二册</td><td rowspan="2">—</td><td colspan="4" rowspan="2">—</td><td>语法项目总数</td><td colspan="3">以注释和其他形式表现的语法项目数</td><td>课平均语法点数目</td><td rowspan="2">—</td></tr>
<tr><td>101</td><td colspan="3">89</td><td>3.8</td></tr>
<tr><td colspan="6">语法项目表述方式</td><td colspan="4">结构主线</td><td>备注</td></tr>
<tr><td>中外文译释</td><td>例句</td><td>图示</td><td>表格</td><td>公式</td><td>注释讲解</td><td>语法为纲</td><td>语法为纲兼顾功能</td><td>功能为纲兼顾语法</td><td>与功能、文化结合</td><td rowspan="2">有注释</td></tr>
<tr><td>+</td><td>+</td><td></td><td>+</td><td></td><td>+</td><td></td><td></td><td></td><td>+</td></tr>
<tr><td>语法索引</td><td colspan="4">所参照语法大纲</td><td colspan="5">语法项目数据</td><td>语法提示位置</td></tr>
<tr><td rowspan="6">《简明汉语课本》上、下册</td><td rowspan="2">—</td><td colspan="4" rowspan="2">—</td><td>语法项目总数</td><td colspan="3">以注释和其他形式表现的语法项目数</td><td>课平均语法点数目</td><td rowspan="2">课前</td></tr>
<tr><td>55</td><td colspan="3">212</td><td>5.34</td></tr>
<tr><td colspan="6">语法项目表述方式</td><td colspan="4">结构主线</td><td>备注</td></tr>
<tr><td>中外文译释</td><td>例句</td><td>图示</td><td>表格</td><td>公式</td><td>注释讲解</td><td>语法为纲</td><td>语法为纲兼顾功能</td><td>功能为纲兼顾语法</td><td>与功能、文化结合</td><td rowspan="2">有注释，语法大多以注释形式讲解；下册无语法。</td></tr>
<tr><td>+</td><td>+</td><td></td><td>+</td><td></td><td>+</td><td></td><td>+</td><td></td><td></td></tr>
</table>

<table>
<tr><th>教材名称</th><th>语法索引</th><th colspan="4">所参照语法大纲</th><th colspan="5">语法项目数据</th><th>语法提示位置</th></tr>
<tr><td rowspan="6">《初级汉语课本》
——三册</td><td rowspan="2">+</td><td colspan="4" rowspan="2">—</td><td>语法项目
总数</td><td colspan="3">以注释和其他形式表现的
语法项目数</td><td>课平均
语法点数目</td><td rowspan="2">—</td></tr>
<tr><td>120</td><td colspan="3">113</td><td>3.11</td></tr>
<tr><td colspan="6">语法项目表述方式</td><td colspan="4">结构主线</td><td>备注</td></tr>
<tr><td>中外文
译释</td><td>例句</td><td>图示</td><td>表格</td><td>公式</td><td>注释
讲解</td><td>语法
为纲</td><td>语法为纲
兼顾功能</td><td>功能为纲
兼顾语法</td><td>与功能、
文化结合</td><td rowspan="2">有注释</td></tr>
<tr><td>+</td><td>+</td><td></td><td>+</td><td>+</td><td>+</td><td></td><td>+</td><td></td><td></td></tr>
<tr><td>语法索引</td><td colspan="4">所参照语法大纲</td><td colspan="5">语法项目数据</td><td>语法提示位置</td></tr>
<tr><td rowspan="6">《汉语初级教程》
——四册</td><td rowspan="2">—</td><td colspan="4" rowspan="2">—</td><td>语法项目
总数</td><td colspan="3">以注释和其他形式表现的
语法项目数</td><td>课平均
语法点数目</td><td rowspan="2">课前</td></tr>
<tr><td>131</td><td colspan="3"></td><td>1.64</td></tr>
<tr><td colspan="6">语法项目表述方式</td><td colspan="4">结构主线</td><td>备注</td></tr>
<tr><td>中外文
译释</td><td>例句</td><td>图示</td><td>表格</td><td>公式</td><td>注释
讲解</td><td>语法
为纲</td><td>语法为纲
兼顾功能</td><td>功能为纲
兼顾语法</td><td>与功能、
文化结合</td><td rowspan="2">每个语法点讲解后都配有相应练习。</td></tr>
<tr><td>+</td><td>+</td><td></td><td></td><td></td><td></td><td></td><td></td><td>+</td><td></td></tr>
</table>

<table>
<tr><th>教材名称</th><th>语法索引</th><th colspan="4">所参照语法大纲</th><th colspan="5">语法项目数据</th><th>语法提示位置</th></tr>
<tr><td rowspan="5">《新汉语课本》
——四册</td><td rowspan="2">—</td><td colspan="4" rowspan="2">—</td><td>语法项目总数</td><td colspan="3">以注释和其他形式表现的语法项目数</td><td>课平均语法点数目</td><td rowspan="2">—</td></tr>
<tr><td>116</td><td colspan="3">35</td><td>2.04</td></tr>
<tr><td colspan="6">语法项目表述方式</td><td colspan="4">结构主线</td><td>备注</td></tr>
<tr><td>中外文译释</td><td>例句</td><td>图示</td><td>表格</td><td>公式</td><td>注释讲解</td><td>语法为纲</td><td>语法为纲兼顾功能</td><td>功能为纲兼顾语法</td><td>与功能、文化结合</td><td rowspan="2">有注释</td></tr>
<tr><td>+</td><td>+</td><td>+</td><td>+</td><td>+</td><td>+</td><td></td><td>+</td><td></td><td></td></tr>
<tr><td rowspan="6">《汉语教程》
——三册
（每册含上、下册）</td><td>语法索引</td><td colspan="4">所参照语法大纲</td><td colspan="5">语法项目数据</td><td>语法提示位置</td></tr>
<tr><td rowspan="2">—</td><td colspan="4" rowspan="2">《初级对外汉语教学等级大纲》</td><td>语法项目总数</td><td colspan="3">以注释和其他形式表现的语法项目数</td><td>课平均语法点数目</td><td rowspan="2">课前</td></tr>
<tr><td>42</td><td colspan="3">431</td><td>4.73</td></tr>
<tr><td colspan="6">语法项目表述方式</td><td colspan="4">结构主线</td><td>备注</td></tr>
<tr><td>中外文译释</td><td>例句</td><td>图示</td><td>表格</td><td>公式</td><td>注释讲解</td><td>语法为纲</td><td>语法为纲兼顾功能</td><td>功能为纲兼顾语法</td><td>与功能、文化结合</td><td rowspan="2">有注释</td></tr>
<tr><td>+</td><td>+</td><td>+</td><td>+</td><td>+</td><td>+</td><td></td><td>+</td><td></td><td></td></tr>
</table>

<table>
<tr><td>教材名称</td><td>语法索引</td><td colspan="4">所参照语法大纲</td><td colspan="5">语法项目数据</td><td>语法提示位置</td></tr>
<tr><td rowspan="6">《新实用汉语课本》
一—四册</td><td rowspan="2">—</td><td colspan="4" rowspan="2">—</td><td>语法项目
总数</td><td colspan="3">以注释和其他形式表现的
语法项目数</td><td>课平均
语法点数目</td><td rowspan="2">课中</td></tr>
<tr><td>202</td><td colspan="3">127</td><td>6.58</td></tr>
<tr><td colspan="6">语法项目表述方式</td><td colspan="4">结构主线</td><td>备注</td></tr>
<tr><td>中外文
译释</td><td>例句</td><td>图示</td><td>表格</td><td>公式</td><td>注释
讲解</td><td>语法
为纲</td><td>语法为纲
兼顾功能</td><td>功能为纲
兼顾语法</td><td>与功能、
文化结合</td><td rowspan="2">有注释</td></tr>
<tr><td>+</td><td>+</td><td></td><td>+</td><td>+</td><td>+</td><td></td><td></td><td></td><td>+</td></tr>
<tr><td>语法索引</td><td colspan="4">所参照语法大纲</td><td colspan="5">语法项目数据</td><td>语法提示位置</td></tr>
<tr><td rowspan="6">《基础汉语精读》
零起点上、下册</td><td rowspan="2">—</td><td colspan="4" rowspan="2">—</td><td>语法项目
总数</td><td colspan="3">以注释和其他形式表现的
语法项目数</td><td>课平均
语法点数目</td><td rowspan="2">—</td></tr>
<tr><td>98</td><td colspan="3">49</td><td>3.65</td></tr>
<tr><td colspan="6">语法项目表述方式</td><td colspan="4">结构主线</td><td>备注</td></tr>
<tr><td>中外文
译释</td><td>例句</td><td>图示</td><td>表格</td><td>公式</td><td>注释
讲解</td><td>语法
为纲</td><td>语法为纲
兼顾功能</td><td>功能为纲
兼顾语法</td><td>与功能、
文化结合</td><td rowspan="2">有注释</td></tr>
<tr><td>中文</td><td>+</td><td>+</td><td>+</td><td>+</td><td>+</td><td>+</td><td></td><td></td><td></td></tr>
</table>

教材名称	语法索引	所参照语法大纲				语法项目数据					语法提示位置
《初级汉语精读》第一册	—	—				语法项目总数	以注释和其他形式表现的语法项目数			课平均语法点数目	—
						62				6.89	
	语法项目表述方式						结构主线				备注
	中外文译释	例句	图示	表格	公式	注释讲解	语法为纲	语法为纲兼顾功能	功能为纲兼顾语法	与功能、文化结合	
	中文	+		+	+		+				
《发展汉语》初级汉语上、下册	语法索引	所参照语法大纲				语法项目数据					语法提示位置
	仅上册有	《汉语水平等级标准与语法等级大纲》《汉语水平词汇与汉字等级大纲》（修订本）				语法项目总数	以注释和其他形式表现的语法项目数			课平均语法点数目	课前
						180	137			5.11	
	语法项目表述方式						结构主线				备注
	中外文译释	例句	图示	表格	公式	注释讲解	语法为纲	语法为纲兼顾功能	功能为纲兼顾语法	与功能、文化结合	有注释。上册语法表示为：语法＋注释；下册语法表示为：语法＋注释＋词语例释。
	+	+		+	+	+				+	

<table>
<tr><th>教材名称</th><th>语法索引</th><th colspan="4">所参照语法大纲</th><th colspan="5">语法项目数据</th><th>语法提示位置</th></tr>
<tr><td rowspan="11">《体验汉语》
基础教程上、下册</td><td rowspan="2">—</td><td colspan="4" rowspan="2">—</td><td>语法项目
总数</td><td colspan="3">以注释和其他形式表现的
语法项目数</td><td>课平均
语法点数目</td><td rowspan="2">课前</td></tr>
<tr><td></td><td colspan="3">185</td><td>3.85</td></tr>
<tr><td colspan="6">语法项目表述方式</td><td colspan="4">结构主线</td><td>备注</td></tr>
<tr><td>中外文
译释</td><td>例句</td><td>图示</td><td>表格</td><td>公式</td><td>注释
讲解</td><td>语法
为纲</td><td>语法为纲
兼顾功能</td><td>功能为纲
兼顾语法</td><td>与功能、
文化结合</td><td rowspan="2">只有注释</td></tr>
<tr><td>+</td><td>+</td><td></td><td>+</td><td>+</td><td>+</td><td></td><td></td><td>+</td><td></td></tr>
<tr><td rowspan="6">《汉语精读课本》
预科一册</td><td>语法索引</td><td colspan="4">所参照语法大纲</td><td colspan="5">语法项目数据</td><td>语法提示位置</td></tr>
<tr><td rowspan="2">+</td><td colspan="4" rowspan="2">《高等学校外国留学生汉语言专业教学大纲》</td><td>语法项目
总数</td><td colspan="3">以注释和其他形式表现的
语法项目数</td><td>课平均
语法点数目</td><td rowspan="2">课前</td></tr>
<tr><td></td><td colspan="3">152</td><td>5.07</td></tr>
<tr><td colspan="6">语法项目表述方式</td><td colspan="4">结构主线</td><td>备注</td></tr>
<tr><td>中外文
译释</td><td>例句</td><td>图示</td><td>表格</td><td>公式</td><td>注释
讲解</td><td>语法
为纲</td><td>语法为纲
兼顾功能</td><td>功能为纲
兼顾语法</td><td>与功能、
文化结合</td><td rowspan="2">只有注释</td></tr>
<tr><td>中文</td><td>+</td><td></td><td></td><td></td><td>+</td><td></td><td></td><td>+</td><td></td></tr>
</table>

<table>
<tr><th>教材名称</th><th>语法索引</th><th colspan="4">所参照语法大纲</th><th colspan="5">语法项目数据</th><th>语法提示位置</th></tr>
<tr><td rowspan="7">《汉语精读课本》
一年级上、下册</td><td rowspan="2">+</td><td colspan="4" rowspan="2">《高等学校外国留学生汉语言专业教学大纲》</td><td>语法项目总数</td><td colspan="3">以注释和其他形式表现的语法项目数</td><td>课平均语法点数目</td><td rowspan="2">上册位于课前，下册无。</td></tr>
<tr><td></td><td colspan="3">130</td><td>4.33</td></tr>
<tr><td colspan="6">语法项目表述方式</td><td colspan="4">结构主线</td><td>备注</td></tr>
<tr><td>中外文译释</td><td>例句</td><td>图示</td><td>表格</td><td>公式</td><td>注释讲解</td><td>语法为纲</td><td>语法为纲兼顾功能</td><td>功能为纲兼顾语法</td><td>与功能、文化结合</td><td rowspan="2">有语法复习提纲</td></tr>
<tr><td>中文</td><td>+</td><td></td><td>+</td><td></td><td>+</td><td></td><td></td><td>+</td><td></td></tr>
</table>

<table>
<tr><td rowspan="7">《阶梯汉语》
初级读写Ⅰ、Ⅱ册</td><td>语法索引</td><td colspan="4">所参照语法大纲</td><td colspan="5">语法项目数据</td><td>语法提示位置</td></tr>
<tr><td rowspan="2">—</td><td colspan="4" rowspan="2">《高等学校外国留学生汉语教学大纲》</td><td>语法项目总数</td><td colspan="3">以注释和其他形式表现的语法项目数</td><td>课平均语法点数目</td><td rowspan="2">课前</td></tr>
<tr><td>87</td><td colspan="3">69</td><td>1.95</td></tr>
<tr><td colspan="6">语法项目表述方式</td><td colspan="4">结构主线</td><td>备注</td></tr>
<tr><td>中外文译释</td><td>例句</td><td>图示</td><td>表格</td><td>公式</td><td>注释讲解</td><td>语法为纲</td><td>语法为纲兼顾功能</td><td>功能为纲兼顾语法</td><td>与功能、文化结合</td><td rowspan="2">有注释，课前既有语法点提示，也有功能提示。</td></tr>
<tr><td>+</td><td>+</td><td></td><td></td><td>+</td><td>+</td><td></td><td></td><td></td><td>+</td></tr>
</table>

<table>
<tr><th>教材名称</th><th>语法索引</th><th colspan="4">所参照语法大纲</th><th colspan="5">语法项目数据</th><th>语法提示位置</th></tr>
<tr><td rowspan="6">《成功之路》
入门篇一册</td><td rowspan="2">—</td><td rowspan="2" colspan="4">《高等学校外国留学生汉语教学大纲》
（长期进修）</td><td>语法项目总数</td><td colspan="3">以注释和其他形式表现的语法项目数</td><td>课平均语法点数目</td><td rowspan="2">—</td></tr>
<tr><td></td><td colspan="3"></td><td></td></tr>
<tr><td colspan="6">语法项目表述方式</td><td colspan="4">结构主线</td><td>备注</td></tr>
<tr><td>中外文译释</td><td>例句</td><td>图示</td><td>表格</td><td>公式</td><td>注释讲解</td><td>语法为纲</td><td>语法为纲兼顾功能</td><td>功能为纲兼顾语法</td><td>与功能、文化结合</td><td rowspan="2">本册主要是语音训练，不涉及语法。</td></tr>
<tr><td></td><td></td><td></td><td></td><td></td><td></td><td></td><td></td><td></td><td>+</td></tr>
<tr><td rowspan="7">《成功之路》
起步篇一、二册</td><td>语法索引</td><td colspan="4">所参照语法大纲</td><td colspan="5">语法项目数据</td><td>语法提示位置</td></tr>
<tr><td rowspan="2">—</td><td rowspan="2" colspan="4">《高等学校外国留学生汉语教学大纲》
（长期进修）</td><td>语法项目总数</td><td colspan="3">以注释和其他形式表现的语法项目数</td><td>课平均语法点数目</td><td rowspan="2">每单元前</td></tr>
<tr><td>51</td><td colspan="3"></td><td>1.82</td></tr>
<tr><td colspan="6">语法项目表述方式</td><td colspan="4">结构主线</td><td>备注</td></tr>
<tr><td>中外文译释</td><td>例句</td><td>图示</td><td>表格</td><td>公式</td><td>注释讲解</td><td>语法为纲</td><td>语法为纲兼顾功能</td><td>功能为纲兼顾语法</td><td>与功能、文化结合</td><td rowspan="2">第一册书后附录含“汉语语法参考”，第二册无。</td></tr>
<tr><td>+</td><td>+</td><td>+</td><td>+</td><td>+</td><td></td><td></td><td></td><td></td><td>+</td></tr>
</table>

<table>
<tr><td>教材名称</td><td>语法索引</td><td colspan="4">所参照语法大纲</td><td colspan="5">语法项目数据</td><td>语法提示位置</td></tr>
<tr><td rowspan="5">《成功之路》
顺利篇一、二册</td><td rowspan="2">—</td><td colspan="4" rowspan="2">《高等学校外国留学生汉语教学大纲》
（长期进修）</td><td>语法项目总数</td><td colspan="3">以注释和其他形式表现的语法项目数</td><td>课平均语法点数目</td><td rowspan="2">每单元前</td></tr>
<tr><td>60</td><td colspan="3"></td><td>2.5</td></tr>
<tr><td colspan="6">语法项目表述方式</td><td colspan="4">结构主线</td><td>备注</td></tr>
<tr><td>中外文译释</td><td>例句</td><td>图示</td><td>表格</td><td>公式</td><td>注释讲解</td><td>语法为纲</td><td>语法为纲兼顾功能</td><td>功能为纲兼顾语法</td><td>与功能、文化结合</td><td rowspan="2">有语法复习提纲</td></tr>
<tr><td>+</td><td>+</td><td>+</td><td>+</td><td>+</td><td></td><td></td><td></td><td></td><td>+</td></tr>
<tr><td rowspan="6">《成功之路》
进步篇综合课本
一—三册</td><td>语法索引</td><td colspan="4">所参照语法大纲</td><td colspan="5">语法项目数据</td><td>语法提示位置</td></tr>
<tr><td rowspan="2">—</td><td colspan="4" rowspan="2">《高等学校外国留学生汉语教学大纲》
（长期进修）</td><td>语法项目总数</td><td colspan="3">以注释和其他形式表现的语法项目数</td><td>课平均语法点数目</td><td rowspan="2">每单元前</td></tr>
<tr><td>147</td><td colspan="3"></td><td>4.08</td></tr>
<tr><td colspan="6">语法项目表述方式</td><td colspan="4">结构主线</td><td>备注</td></tr>
<tr><td>中外文译释</td><td>例句</td><td>图示</td><td>表格</td><td>公式</td><td>注释讲解</td><td>语法为纲</td><td>语法为纲兼顾功能</td><td>功能为纲兼顾语法</td><td>与功能、文化结合</td><td rowspan="2">有语法复习提纲</td></tr>
<tr><td>+</td><td>+</td><td>+</td><td></td><td>+</td><td></td><td></td><td></td><td></td><td>+</td></tr>
</table>

注："课平均语法点数目"是以全书语法项目总数除以总课数所得的商，结果保留两位小数。

表 4-6　初级综合课教材汉字项点表

<table>
<tr><td rowspan="2">教材名称</td><td rowspan="2">呈现位置</td><td colspan="3">笔画笔顺</td><td colspan="5">全书所教汉字数据</td></tr>
<tr><td>基本笔画</td><td>复合笔画</td><td>笔顺规则</td><td>全书汉字总数</td><td>前十课平均数量</td><td colspan="3">十课后平均课数量</td></tr>
<tr><td rowspan="5">《汉语教科书》
上、下册</td><td>每课最后</td><td>绪论里汉字部分</td><td>绪论里汉字部分</td><td>绪论里汉字部分</td><td>825</td><td>5</td><td colspan="3">14.6</td></tr>
<tr><td colspan="9">汉字讲解</td></tr>
<tr><td>笔顺示意</td><td>总笔画数</td><td>部首讲解或归纳</td><td>拼音标注</td><td>图画示意</td><td colspan="2">繁简对照</td><td colspan="2">外文翻译</td></tr>
<tr><td>先拆分，再写个别部分笔顺。</td><td>—</td><td>只在附录里有形声字的介绍。</td><td>+</td><td>绪论里汉字部分象形字的介绍。</td><td colspan="2">全书汉字均为繁体，附录里有繁简字对照表。</td><td colspan="2">—</td></tr>
<tr><td>备注</td><td colspan="8"></td></tr>
<tr><td rowspan="7">《基础汉语》
上、下册</td><td rowspan="2">呈现位置</td><td colspan="3">笔画笔顺</td><td colspan="5">全书所教汉字数据</td></tr>
<tr><td>基本笔画</td><td>复合笔画</td><td>笔顺规则</td><td>全书汉字总数</td><td>前十课平均数量</td><td colspan="3">十课后平均每课数量</td></tr>
<tr><td>每课最后</td><td>第 3 课 7 个</td><td>—</td><td>第 3 课 7 个</td><td>782</td><td>8.4（汉字字素，包括一些偏旁部首）</td><td colspan="3">17</td></tr>
<tr><td colspan="9">汉字讲解</td></tr>
<tr><td colspan="2">笔顺示意</td><td>总笔画数</td><td>部首讲解或归纳</td><td>拼音标注</td><td>图画示意</td><td colspan="2">繁简对照</td><td>外文翻译</td></tr>
<tr><td colspan="2">先拆分，再写个别部分笔顺。</td><td>—</td><td>—</td><td>—</td><td>—</td><td colspan="2">—</td><td>—</td></tr>
<tr><td>备注</td><td colspan="8">前 12 课为 84 个汉字字素表，以后为汉字表。涉及 4 种汉字结构。</td></tr>
</table>

<table>
<tr><th rowspan="2">教材名称</th><th rowspan="2">呈现位置</th><th colspan="3">笔画笔顺</th><th colspan="4">全书所教汉字数据</th></tr>
<tr><th>基本笔画</th><th>复合笔画</th><th>笔顺规则</th><th>全书汉字总数</th><th>前十课平均数量</th><th colspan="2">十课后平均每课数量</th></tr>
<tr><td rowspan="5">《汉语课本》一、二册</td><td>每课最后</td><td>第 1 课</td><td>第 1 课</td><td>第 10 课后
复习课里 7 个</td><td>700</td><td>5.8</td><td colspan="2">20</td></tr>
<tr><td colspan="8">汉字讲解</td></tr>
<tr><td colspan="2">笔顺示意</td><td>总笔画数</td><td>部首讲解或归纳</td><td>拼音标注</td><td>图画示意</td><td>繁简对照</td><td>外文翻译</td></tr>
<tr><td colspan="2">前十课直接写笔顺，以后先拆分再写个别部分笔顺。</td><td>—</td><td>—</td><td>—</td><td>—</td><td>—</td><td>—</td></tr>
<tr><td>备注</td><td colspan="7">附录含繁简字对照表。</td></tr>
<tr><td rowspan="7">《基础汉语课本》一—四册、续篇</td><td rowspan="2">呈现位置</td><td colspan="3">笔画笔顺</td><td colspan="4">全书所教汉字数据</td></tr>
<tr><td>基本笔画</td><td>复合笔画</td><td>笔顺规则</td><td>全书汉字总数</td><td>前十课平均数量</td><td colspan="2">十课后平均每课数量</td></tr>
<tr><td>第一、二册每课最后</td><td>第一册第 1 课</td><td>第一册第 1 课</td><td>第一册第 1 课</td><td>489</td><td>6.8</td><td colspan="2">13</td></tr>
<tr><td colspan="8">汉字讲解</td></tr>
<tr><td colspan="2">笔顺示意</td><td>总笔画数</td><td>部首讲解或归纳</td><td>拼音标注</td><td>图画示意</td><td>繁简对照</td><td>外文翻译</td></tr>
<tr><td colspan="2">先拆分，再写个别部分笔顺。</td><td>—</td><td>—</td><td>—</td><td>—</td><td>+</td><td>—</td></tr>
<tr><td>备注</td><td colspan="7"></td></tr>
</table>

<table>
<tr><th rowspan="2">教材名称</th><th rowspan="2">呈现位置</th><th colspan="3">笔画笔顺</th><th colspan="4">全书所教汉字数据</th></tr>
<tr><th>基本笔画</th><th>复合笔画</th><th>笔顺规则</th><th>全书汉字总数</th><th>前十课平均数量</th><th colspan="2">十课后平均每课数量</th></tr>
<tr><td rowspan="6">《实用汉语课本》一、二册</td><td>每课最后文化部分之前</td><td>—</td><td>—</td><td>—</td><td>447</td><td>7.8</td><td colspan="2">18.45</td></tr>
<tr><td colspan="8">汉字讲解</td></tr>
<tr><td colspan="2">笔顺示意</td><td>总笔画数</td><td>部首讲解或归纳</td><td>拼音标注</td><td>图画示意</td><td>繁简对照</td><td>外文翻译</td></tr>
<tr><td colspan="2">先拆分汉字，再写各部分笔顺。</td><td>—</td><td>+</td><td>—</td><td>第 1 课</td><td>147 字</td><td>—</td></tr>
<tr><td>备注</td><td colspan="7">含汉字练习本，对汉字的偏旁部首及字源、结构进行了分析。</td></tr>
<tr style="display:none"><td></td></tr>
<tr><td rowspan="7">《简明汉语课本》上、下册</td><td rowspan="2">呈现位置</td><td colspan="3">笔画笔顺</td><td colspan="4">全书所教汉字数据</td></tr>
<tr><td>基本笔画</td><td>复合笔画</td><td>笔顺规则</td><td>全书汉字总数</td><td>前十课平均数量</td><td colspan="2">十课后平均每课数量</td></tr>
<tr><td></td><td></td><td></td><td></td><td></td><td></td><td colspan="2"></td></tr>
<tr><td colspan="8">汉字讲解</td></tr>
<tr><td colspan="2">笔顺示意</td><td>总笔画数</td><td>部首讲解或归纳</td><td>拼音标注</td><td>图画示意</td><td>繁简对照</td><td>外文翻译</td></tr>
<tr><td colspan="2"></td><td></td><td></td><td></td><td></td><td></td><td></td></tr>
<tr><td>备注</td><td colspan="7">本教材不涉及汉字讲解。</td></tr>
</table>

<table>
<tr><th rowspan="2">教材名称</th><th rowspan="2">呈现位置</th><th colspan="3">笔画笔顺</th><th colspan="4">全书所教汉字数据</th></tr>
<tr><th>基本笔画</th><th>复合笔画</th><th>笔顺规则</th><th>全书汉字总数</th><th>前十课平均数量</th><th colspan="2">十课后平均每课数量</th></tr>
<tr><td rowspan="5">《初级汉语课本》
——三册</td><td>汉字读写练习课本</td><td>第 1–3 课</td><td>第 3 课</td><td>第 4–8 课</td><td>788</td><td>10.3</td><td colspan="2">15</td></tr>
<tr><th colspan="8">汉字讲解</th></tr>
<tr><th colspan="2">笔顺示意</th><th>总笔画数</th><th>部首讲解或归纳</th><th>拼音标注</th><th>图画示意</th><th>繁简对照</th><th>外文翻译</th></tr>
<tr><td colspan="2">先拆分汉字，再写各部分笔顺。</td><td>—</td><td>每课 2–4 个偏旁</td><td>个别</td><td>—</td><td>—</td><td>个别</td></tr>
<tr><th>备注</th><td colspan="7">有汉字书写、汉字结构示意图；含偏旁位置归纳和查字典方法。</td></tr>
<tr><td rowspan="7">《汉语初级教程》
——四册</td><th rowspan="2">呈现位置</th><th colspan="3">笔画笔顺</th><th colspan="4">全书所教汉字数据</th></tr>
<tr><th>基本笔画</th><th>复合笔画</th><th>笔顺规则</th><th>全书汉字总数</th><th>前十课平均数量</th><th colspan="2">十课后平均每课数量</th></tr>
<tr><td>第四册 6–70 讲与前三册 16–80 课对应。</td><td>第 1 讲 8 个</td><td>第 2 讲 15 个</td><td>第 1 讲 7 个</td><td>1219</td><td>20.7</td><td colspan="2">17</td></tr>
<tr><th colspan="8">汉字讲解</th></tr>
<tr><th>笔顺示意</th><th>总笔画数</th><th>部首讲解或归纳</th><th>拼音标注</th><th>图画示意</th><th>繁简对照</th><th colspan="2">外文翻译</th></tr>
<tr><td>独体字直接写笔顺，合体字拆分。</td><td>—</td><td>介绍 298 个部件（分成字和非成字部件）</td><td>部件有拼音</td><td>—</td><td>附录含 1800 字的繁简字对照表。</td><td colspan="2">—</td></tr>
<tr><th>备注</th><td colspan="7">有汉字结构、同音字、形似字、一字多音、构字法等的讲解。</td></tr>
</table>

教材名称	呈现位置	笔画笔顺			全书所教汉字数据		
		基本笔画	复合笔画	笔顺规则	全书汉字总数	前十课平均数量	十课后平均每课数量
《新汉语课本》——四册	每课无确切出处	目录前	—	目录前	0	0	0
	汉字讲解						
	笔顺示意	总笔画数	部首讲解或归纳	拼音标注	图画示意	繁简对照	外文翻译
	—	—	含依偏旁写字或用独体字组成合体字的练习。	—	—	—	—
	备注						
《汉语教程》——三册（每册含上、下册）	呈现位置	笔画笔顺			全书所教汉字数据		
		基本笔画	复合笔画	笔顺规则	全书汉字总数	前十课平均数量	十课后平均每课数量
	每课最后	—	—	—	815（一、二册）	11	14
	汉字讲解						
	笔顺示意	总笔画数	部首讲解或归纳	拼音标注	图画示意	繁简对照	外文翻译
	一笔一笔写笔顺	—	—	—	—	—	—
	备注	以《高等学校外国留学生汉语言专业教学大纲》为准，含超纲字 8 个：曲、财、证、简、尘、叔、吉、申。					

<table>
<tr><th rowspan="2">教材名称</th><th rowspan="2">呈现位置</th><th colspan="3">笔画笔顺</th><th colspan="4">全书所教汉字数据</th></tr>
<tr><th>基本笔画</th><th>复合笔画</th><th>笔顺规则</th><th>全书汉字总数</th><th>前十课平均数量</th><th colspan="2">十课后平均每课数量</th></tr>
<tr><td rowspan="6">《新实用汉语课本》一—四册</td><td>一、二册每课文化知识前</td><td>第一册第 1 课 6 个</td><td>第一册第 5–6 课 12 个</td><td>第一册第 4 课 7 个</td><td>550（一、二册）</td><td>24.5</td><td colspan="2">19</td></tr>
<tr><th colspan="8">汉字讲解</th></tr>
<tr><th colspan="2">笔顺示意</th><th>总笔画数</th><th>部首讲解或归纳</th><th>拼音标注</th><th>图画示意</th><th>繁简对照</th><th>外文翻译</th></tr>
<tr><td colspan="2">独体字直接写笔顺，合体字拆分后写个别部首笔顺。</td><td>+</td><td>+</td><td>+</td><td>部分汉字有图画和小篆的写法。</td><td>+</td><td>+</td></tr>
<tr><th>备注</th><td colspan="7">讲解笔画组合规则：相离、相交、相接；讲解汉字结构并附示意图；讲解六大构字法，部首、音序查字法，区分同音字、形近字。书后含汉字索引。</td></tr>
<tr><td colspan="8"></td></tr>
<tr><td rowspan="8">《基础汉语精读》零起点上、下册</td><th rowspan="2">呈现位置</th><th colspan="3">笔画笔顺</th><th colspan="4">全书所教汉字数据</th></tr>
<tr><th>基本笔画</th><th>复合笔画</th><th>笔顺规则</th><th>全书汉字总数</th><th>前十课平均数量</th><th colspan="2">十课后平均每课数量</th></tr>
<tr><td>前 10 课每课练习中</td><td>—</td><td>—</td><td>—</td><td>47</td><td>4.7</td><td colspan="2">0</td></tr>
<tr><th colspan="8">汉字讲解</th></tr>
<tr><th>笔顺示意</th><th>总笔画数</th><th colspan="2">部首讲解或归纳</th><th>拼音标注</th><th>图画示意</th><th>繁简对照</th><th>外文翻译</th></tr>
<tr><td>一笔一笔写笔顺</td><td>—</td><td colspan="2">—</td><td>—</td><td>—</td><td>—</td><td>—</td></tr>
<tr><th>备注</th><td colspan="7"></td></tr>
</table>

<table>
<tr><th rowspan="2">教材名称</th><th rowspan="2">呈现位置</th><th colspan="3">笔画笔顺</th><th colspan="4">全书所教汉字数据</th></tr>
<tr><th>基本笔画</th><th>复合笔画</th><th>笔顺规则</th><th colspan="2">全书汉字总数</th><th>前十课平均数量</th><th>十课后平均每课数量</th></tr>
<tr><td rowspan="6">《发展汉语》
初级汉语
上、下册</td><td>上册每课练习的最后一部分或几部分</td><td>第 1 课前预备部分</td><td>第 1 课前预备部分</td><td>第 1 课前预备部分</td><td colspan="2">180</td><td>5.5</td><td>5.5</td></tr>
<tr><th colspan="8">汉字讲解</th></tr>
<tr><th>笔顺示意</th><th>总笔画数</th><th colspan="2">部首讲解或归纳</th><th>拼音标注</th><th>图画示意</th><th>繁简对照</th><th>外文翻译</th></tr>
<tr><td>一笔一笔写笔顺</td><td>—</td><td colspan="2">每课 2–3 个部件，练习中出现“多个汉字中找相同部件、根据部件写字”51 个。</td><td>—</td><td>—</td><td>—</td><td>—</td></tr>
<tr><th>备注</th><td colspan="7">预备部分讲解汉字的 5 种结构：独体字、左右结构、上下结构、内外结构、对称结构。</td></tr>
<tr><td colspan="8"></td></tr>
<tr><td rowspan="7">《体验汉语》
基础教程
上、下册</td><th rowspan="2">呈现位置</th><th colspan="3">笔画笔顺</th><th colspan="4">全书所教汉字数据</th></tr>
<tr><th>基本笔画</th><th>复合笔画</th><th>笔顺规则</th><th colspan="2">全书汉字总数</th><th>前十课平均数量</th><th>十课后平均每课数量</th></tr>
<tr><td>每课练习前及最后一练习题中</td><td>第 1 课</td><td>—</td><td>第 2 课</td><td colspan="2">115</td><td>4.2</td><td>3.8</td></tr>
<tr><th colspan="8">汉字讲解</th></tr>
<tr><th>笔顺示意</th><th>总笔画数</th><th colspan="2">部首讲解或归纳</th><th>拼音标注</th><th>图画示意</th><th>繁简对照</th><th>外文翻译</th></tr>
<tr><td>一笔一笔写笔顺</td><td>—</td><td colspan="2">每课 2–3 个</td><td>—</td><td>—</td><td>—</td><td>—</td></tr>
<tr><th>备注</th><td colspan="7">前 29 课有汉字讲解。</td></tr>
</table>

<table>
<tr><th rowspan="2">教材名称</th><th rowspan="2">呈现位置</th><th colspan="3">笔画笔顺</th><th colspan="3">全书所教汉字数据</th></tr>
<tr><th>基本笔画</th><th>复合笔画</th><th>笔顺规则</th><th>全书汉字总数</th><th>前十课平均数量</th><th>十课后平均每课数量</th></tr>
<tr><td rowspan="5">《汉语精读课本》预科一册</td><td>每课练习之前</td><td>第 2 课 8 个及书后附表</td><td>第 3 课 9 个</td><td>第 5–6 课 8 个及书后附表</td><td>600</td><td>20</td><td>20</td></tr>
<tr><td colspan="7">汉字讲解</td></tr>
<tr><td>笔顺示意</td><td>总笔画数</td><td>部首讲解或归纳</td><td>拼音标注</td><td>图画示意</td><td>繁简对照</td><td>外文翻译</td></tr>
<tr><td>一笔一笔写笔顺</td><td>—</td><td>21 个部首；书后附部首名称表。</td><td>—</td><td>—</td><td>—</td><td>—</td></tr>
<tr><td>备注</td><td colspan="6">书后附形近字对照表、同音字表、多音字表。以《高等学校外国留学生汉语言专业教学大纲》为准，含超纲字 35 个：炒、兑、华、憾、椒、麦、申、丝、鼠、卧、亚、鸭、液、椰、奏、证、博、橙、拌、辈、奔、惭、葱、栋、裹、浑、寂、频、寞、嗽、寿、巷、馅、宅、遣。</td></tr>
<tr><td rowspan="8">《阶梯汉语》初级读写 Ⅰ、Ⅱ册</td><td rowspan="2">呈现位置</td><td colspan="3">笔画笔顺</td><td colspan="3">全书所教汉字数据</td></tr>
<tr><td>基本笔画</td><td>复合笔画</td><td>笔顺规则</td><td>全书汉字总数</td><td>前十课平均数量</td><td>十课后平均每课数量</td></tr>
<tr><td>—</td><td></td><td></td><td></td><td></td><td></td><td></td></tr>
<tr><td colspan="7">汉字讲解</td></tr>
<tr><td>笔顺示意</td><td>总笔画数</td><td>部首讲解或归纳</td><td>拼音标注</td><td>图画示意</td><td>繁简对照</td><td>外文翻译</td></tr>
<tr><td></td><td></td><td></td><td></td><td></td><td></td><td></td></tr>
<tr><td>备注</td><td colspan="6">本教材不涉及汉字讲解。</td></tr>
</table>

<table>
<tr><th rowspan="2">教材名称</th><th rowspan="2">呈现位置</th><th colspan="3">笔画笔顺</th><th colspan="3">全书所教汉字数据</th></tr>
<tr><th>基本笔画</th><th>复合笔画</th><th>笔顺规则</th><th>全书汉字总数</th><th>前十课平均数量</th><th>十课后平均每课数量</th></tr>
<tr><td rowspan="6">《成功之路》
入门篇一册</td><td>综合练习之前</td><td>第 3 课 6 个</td><td>第 4–5 课 12 个</td><td>第 6 课 7 个</td><td>57</td><td>7</td><td>7</td></tr>
<tr><td colspan="7">汉字讲解</td></tr>
<tr><td>笔顺示意</td><td>总笔画数</td><td>部首讲解或归纳</td><td>拼音标注</td><td>图画示意</td><td>繁简对照</td><td>外文翻译</td></tr>
<tr><td>一笔一笔写笔顺</td><td>+</td><td>—</td><td>+</td><td>+</td><td>—</td><td>+</td></tr>
<tr><td>备注</td><td colspan="6">书后含汉字索引。</td></tr>
<tr><td rowspan="2">呈现位置</td><td colspan="3">笔画笔顺</td><td colspan="3">全书所教汉字数据</td></tr>
<tr><td rowspan="7">《成功之路》
起步篇一、二册</td><td>基本笔画</td><td>复合笔画</td><td>笔顺规则</td><td>全书汉字总数</td><td>前十课平均数量</td><td>十课后平均每课数量</td></tr>
<tr><td>综合练习前及
汉字读写练习中</td><td>—</td><td>—</td><td>—</td><td>477</td><td>17</td><td>17</td></tr>
<tr><td colspan="7">汉字讲解</td></tr>
<tr><td>笔顺示意</td><td>总笔画数</td><td>部首讲解或归纳</td><td>拼音标注</td><td>图画示意</td><td>繁简对照</td><td>外文翻译</td></tr>
<tr><td>—</td><td>—</td><td>20 个偏旁</td><td>—</td><td>—</td><td>—</td><td>—</td></tr>
<tr><td>备注</td><td colspan="6">书后含汉字索引。以《高等学校外国留学生汉语教学大纲》（长期进修）为准，含超纲字 13 个：般、柜、辣、篮、棋、拳、润、属、堂、田、涕、咸、浴。</td></tr>
</table>

表 4-7 初级综合课教材文化项点表

教材名称	交际文化	国情文化			知识文化			
		社会生活	历史知识和人物	地理概况和名胜古迹	风俗习惯和传统观念	建筑、饮食和服饰	神话、谚语和民间故事	科技、艺术和文学
《汉语教科书》上、下册								
《基础汉语》上、下册								
《汉语课本》一、二册								
《基础汉语课本》一—四册、续篇								
《实用汉语课本》一、二册	亲戚称呼、中国人名	方言分布、少数民族、汉语外来词、中国教育、汉语及汉字、汉语拼音方案、属相	中国朝代	中国行政区、中国气候、黄河、长江、天安门、长城	阴历节日	茶、茅台酒、北京烤鸭		景泰蓝瓷器、荣宝斋、京剧、鲁迅、老舍、古代名著
	备注	除出现在每课“Do you know”部分以外，课文中也涉及一些文化知识点。						

<table>
<tr><th rowspan="2">教材名称</th><th rowspan="2">交际文化</th><th colspan="3">国情文化</th><th colspan="4">知识文化</th></tr>
<tr><th>社会生活</th><th>历史知识和人物</th><th>地理概况和名胜古迹</th><th>风俗习惯和传统观念</th><th>建筑、饮食和服饰</th><th>神话、谚语和民间故事</th><th>科技、艺术和文学</th></tr>
<tr><td>《简明汉语课本》上、下册</td><td>称呼</td><td></td><td>屈原的故事</td><td>桂林山水</td><td>春节</td><td></td><td>铁杵磨成针、盘古开天辟地、武松打虎、愚公移山、牛郎织女</td><td>四大发明、华佗、鲁迅</td></tr>
<tr><td rowspan="2">《初级汉语课本》一—三册</td><td>称呼、“请”的表达、打招呼、问年龄、推让、中国的姓和名、嘱咐关心、用“哎”开始谈话、中国请客拜访带礼物的习惯、饭桌文化</td><td>鞋的尺码、中国的学制、学校考试百分制、火车硬软卧及上下铺、方言</td><td>孔子</td><td>上海与北京的特点、中国地理情况</td><td>中国传统节日、菊花的文化内涵</td><td>饺子</td><td>愚公移山</td><td>天干、相声、算数乘法口诀、《骆驼祥子》</td></tr>
<tr><td>备注</td><td colspan="7">课后注释对课文对话中出现的一些文化点（以交际文化为主）进行解释，解释中国人特有的一些生活习惯、交际文化，以及一些社会习惯，其目的都是帮助学习者更得体地表达。虽然并没达到文化教学的自省，但可见端倪。</td></tr>
<tr><td rowspan="2">《汉语初级教程》第一册</td><td></td><td></td><td></td><td>天安门、故宫、颐和园、香山</td><td></td><td></td><td></td><td></td></tr>
<tr><td>备注</td><td colspan="7">比较简略，主要出现在课文对话中。</td></tr>
</table>

教材名称	交际文化	国情文化			知识文化			
		社会生活	历史知识和人物	地理概况和名胜古迹	风俗习惯和传统观念	建筑、饮食和服饰	神话、谚语和民间故事	科技、艺术和文学
《汉语初级教程》第二册			中国历史	喜马拉雅山、黄河、长江、黄山		北京烤鸭、涮羊肉、天津包子、上海小吃		京剧
《汉语初级教程》第三册		经济、国庆、医疗、少数民族			过年、婚礼			书法、歌剧《白毛女》
《汉语初级教程》第四册			孙中山、徐霞客	日月峰		茶		李白写瀑布
《新汉语课本》第一册								
《新汉语课本》第二册	饭桌文化	人口面积、中国信封的写法		古都、河流、上海的旅游景点等			人往高处走，水往低处流；上有天堂，下有苏杭。	京剧
	备注	文化点相对较少，有些文化点书中没有注释，如请客吃饭。						
《新汉语课本》第三册	中国人的姓氏	中国的学制、大学学科、熊猫、杭州丝绸、杂技、太极拳		中国各地气候、故宫、颐和园、长城、长江三峡	中秋节	中国名茶、东坡肉	世上无难事，只怕有心人；说曹操曹操到。	中国瓷器、四大发明、毛笔、王献之
	备注	项点主要分布在课文中，以知识文化为主，交际文化偏少。						

教材名称	交际文化	国情文化			知识文化			
		社会生活	历史知识和人物	地理概况和名胜古迹	风俗习惯和传统观念	建筑、饮食和服饰	神话、谚语和民间故事	科技、艺术和文学
《新汉语课本》第四册								
《汉语教程》第一册上、下册	称呼、中国人的姓名	城市标牌、属相、太极拳			属相			京剧
	备注	第一册文化项点少，主要出现在课文及注释中。						
《汉语教程》第二册上、下册	文化宴会规则	拥挤、中国城市、北京的四季、数字、筷子、岁寒三友	孔子、孟子、老子		中国婚礼、对联和“福”字	四合院	三天打鱼，两天晒网；田忌赛马；好借好还，再借不难；塞翁失马；画蛇添足；愚公移山；阿凡提的故事；世上无难事，只怕有心人。	中医、钢琴协奏曲《黄河》《梁祝》、京剧
	备注	与第一册相比，第二册文化项点较为多元化，主要分布在课文及练习中，覆盖到了交际文化和知识文化的诸多方面。课文和阅读中有一些文化点，难度适中。						

教材名称	交际文化	国情文化			知识文化			
		社会生活	历史知识和人物	地理概况和名胜古迹	风俗习惯和传统观念	建筑、饮食和服饰	神话、谚语和民间故事	科技、艺术和文学
《汉语教程》第三册上、下册	"回头再说"、邀请、推辞、请求、假设、建议、埋怨、感谢、劝说、安慰	环保、希望工程、四川话、中国人的快与慢	徐霞客、雷锋、聂耳、秦始皇和兵马俑、孔子思想	桂林还珠洞、长江三峡	清明节、中秋节、抓阄儿、中国的颜色观	四合院、胡同	滥竽充数；自相矛盾；世外桃源；君子报仇，十年不晚；滴水之恩；有理走遍天下，无理寸步难行；真金不怕火炼；有一利必有一弊；机不可失；己所不欲，勿施于人；路遥知马力，日久见人心；在家千日好，出门一时难；青出于蓝胜于蓝；逆水行舟；读万卷书，行万里路；家家有本难念的经；情义无价；舍生取义；马大哈……	《早发白帝城》
	备注	第三册出现了很多易懂的常用哲理性谚语，但位置出现在朗读练习中，并没有阐释词义。高级阶段，课文基本是与文化知识相融合的，各方面的文化知识都有体现的同时注意趣味性。						

教材名称	交际文化	国情文化			知识文化			
		社会生活	历史知识和人物	地理概况和名胜古迹	风俗习惯和传统观念	建筑、饮食和服饰	神话、谚语和民间故事	科技、艺术和文学
《新实用汉语课本》第一册	中国语言和日常会话、地址和亲属称谓、人名	中国汉字和简化字、拼音表、货币、外来词		黄河、长江、长城				京剧、中药
《新实用汉语课本》第二册		教育系统、交通、节日	中国的朝代	中国的东西部、中国的行政区、长城	新年			国画、古诗、散文、小说、越剧
《新实用汉语课本》第三册		南水北调、鼻烟壶、太极		黄河、神女峰		美食、内蒙烤全羊	礼轻情意重	唐诗、李白、杜甫、贾岛
《新实用汉语课本》第四册					春节			中医、孔乙己、巴金
《基础汉语精读》零起点上、下册	问候语、年龄的说法、祝福语、父母称呼、招呼语	省和市、坐火车旅行		桂林山水甲天下			一分钱一分货；便宜没好货，好货不便宜。	
	备注	上册文化点主要集中在课文注释中，量极少；下册主要在注释中，后期课文内容有所涉及。						

教材名称	交际文化	国情文化			知识文化			
		社会生活	历史知识和人物	地理概况和名胜古迹	风俗习惯和传统观念	建筑、饮食和服饰	神话、谚语和民间故事	科技、艺术和文学
《初级汉语精读》第一册	问候语“吃了吗？”	有意思的汉字、独生子女、高考、新农村、自行车大国		万里长城	中秋节、年画和窗花	中国菜、服装与色彩	嫦娥奔月、孔融让梨	
	备注	文化项点主要出现在课文和副课文里。						
《发展汉语》初级汉语上、下册	打招呼的方式			内蒙古大草原、香山公园		胡同	入乡随俗、张良捡鞋、愚公移山	书法、国画
《体验汉语》基础教程上、下册		火车票、北京老字号、武术、太极		故宫、北海、长城、天坛、苏州、杭州	中国传统节日、过春节	包子、京酱肉丝、宫保鸡丁、北京烤鸭	上有天堂，下有苏杭。	书法
《汉语精读课本》预科一册	中国姓氏、中国人送礼的习惯	人口、一日三餐、鞋的尺码、中国人习惯睡午觉、人民币、中国民居、电视频道及节目、预订火车票	中国朝代、汉代、唐代	梅雨、天安门广场、正阳门、人民大会堂、国家博物馆、人民英雄纪念碑、毛主席纪念堂、故宫、秦代兵马俑、拉萨	包饺子	四川饭馆、中国菜的菜名、重庆火锅、旗袍、胡同		二胡
	备注	文化项点与课文内容结合在一起，涉及生活的方方面面。						

教材名称	交际文化	国情文化			知识文化			
		社会生活	历史知识和人物	地理概况和名胜古迹	风俗习惯和传统观念	建筑、饮食和服饰	神话、谚语和民间故事	科技、艺术和文学
《汉语精读课本》一年级上、下册	请客吃饭	教育、出租车司机、讲价、租房子、周末生活、自己吃菜自己种、代沟、传统食品、大学专业、求职面试、晚年生活、交通居住环境、武术		周庄、故宫、紫禁城建筑	招待客人、过年、鞭炮、属相、年糕的来历、男女有别、傣族泼水节、白族的三道茶、景颇族目脑节、泼水节来历	饮食、“狗不理”的由来	嫦娥奔月、牛郎织女、东郭先生和狼、古代笑话两则、飞来峰的传说、晏子使楚、三国历史故事	华佗、文物保护、技术保护
	备注	上册文化内容与课文及练习相结合，不涉及历史地理；下册课文涉及很多文化点，难度过大，如科技类。						
《阶梯汉语》初级读写Ⅰ、Ⅱ册	“吃了吗？”	计划生育政策、大熊猫、太极拳	孔子	中国地理概说、故宫、颐和园、九寨沟、敦煌莫高窟	春节、农历、中国龙、少数民族	臭豆腐、茶		四大发明、京剧

教材名称	交际文化	国情文化			知识文化			
		社会生活	历史知识和人物	地理概况和名胜古迹	风俗习惯和传统观念	建筑、饮食和服饰	神话、谚语和民间故事	科技、艺术和文学
《成功之路》入门篇一册					剪纸、中国结、十二生肖			围棋、笔墨纸砚、京剧脸谱
	备注	汉字演变知识以有趣的汉字部分和图画呈现；文化词课后附带插图并配拼音，可供教师扩展。						
《成功之路》起步篇一、二册		城市特点（北京、上海、西安等）、太极拳		中国地图，北京、上海、西安等，北京的气候	节日、饮食习惯、菜系及特点、十二生肖			象棋、书法、中国画、太极拳
	备注	第一册课后练习中加入一些文化内容，简单实用。 第二册课文中加入一些文化内容，以文化词为主；练习中再增加一些相关内容，实用性强，难度适中。						
《成功之路》顺利篇一、二册		AA制，菜单，语伴，唱KTV，火车时刻表，订机票、电子机票等，拍照，旅行团，自由行		九寨沟、桂林、新疆、胡同	做客的礼仪			京剧
	备注	多以交际性、与留学生活相关的文化点为主，练习中对文化点进行拓展，使学习者在实用的交际性练习中掌握文化点。						

教材名称	交际文化	国情文化			知识文化			
		社会生活	历史知识和人物	地理概况和名胜古迹	风俗习惯和传统观念	建筑、饮食和服饰	神话、谚语和民间故事	科技、艺术和文学
《成功之路》进步篇综合课本——三册	“假客气”；中国人的姓名；面对赞扬，中国人的谦虚。	筷子及使用方法、夫妻关系、“左手握右手”、养老问题、太极拳、武术、中国的中小学教育、老年大学、的哥生活、大学生就业问题、中国概况、“四二一”家庭、春运、中国交通工具的变迁	孔子的教育方法、陶行知的教育方法	苏州、杭州、桂林、阳朔、牡丹、三山五岳	春节、凤凰、中国结、春节习俗、中国的红色和白色	饺子、全聚德	入乡随俗；曹冲称象；知人者智，自知者明；读书破万卷，下笔如有神；知过之谓智，改过之谓勇；世上无难事，只要肯攀登；熟能生巧；马马虎虎；画蛇添足；大禹治水；孔子和渔夫；三人行，必有我师……	中医、同仁堂、歌曲《茉莉花》、二胡
	备注	除了与课文内容相结合外，每一单元后还专门列出一个“单元知识小典”，用以介绍中国文化；第二册文化项点集中于中国国情及社会方面；第三册文化内容与时俱进，介绍了一些新的社会现象，传统习俗方面也涉及颇广。						

表 4-8　初级综合课教材练习项点表

教材名称	语音语调	汉字				词语				语句														综合						情景交际	标点符号	新题型			总项点数
		笔画笔顺	偏旁意义	拆分组合	改错别字	组词	反义词	一词多义	同类词	填空	选择	词语搭配	替换练习	选位置填词	扩展练习	句子停顿	语序	完成句子	完成会话	改错	造句	改写	判断正误	问答练习	翻译练习	课堂讨论	短文阅读	语段表达	作文			汉字	词语	语法	
《汉语教科书》上、下册	+	+								+				+				+			+	+		+	+						+	+	+	+	13
《基础汉语》上、下册				+		+				+								+	+		+	+			+			+	+						10
《汉语课本》一、二册						+				+			+					+			+	+		+	+			+							9
《基础汉语课本》一—四册、续篇	+	+	+			+	+		+	+		+		+	+		+	+	+	+	+	+		+			+	+			+	+		+	22
《实用汉语课本》一、二册	+					+	+			+			+	+	+		+	+	+	+	+	+	+	+	+			+	+			+		+	20
《简明汉语课本》上、下册	+	+				+				+		+			+			+			+	+		+	+			+							12
《初级汉语课本》一—三册	+									+	+		+		+			+	+	+	+	+		+			+	+	+	+				+	16
《汉语初级教程》一—四册	+	+	+	+						+		+	+	+	+			+	+	+	+	+	+	+	+		+	+		+	+	+	+	+	24
《新汉语课本》一—四册	+			+	+	+	+		+	+	+		+	+	+			+	+	+	+	+	+	+			+	+	+	+	+	+	+	+	26

教材名称	语音语调	汉字				词语				语句														综合						情景交际	标点符号	新题型			总项点数
		笔画笔顺	偏旁意义	拆分组合	改错别字	组词	反义词	一词多义	同类词	填空	选择	词语搭配	替换练习	选位置填词	扩展练习	句子停顿	语序	完成句子	完成会话	改错	造句	改写	判断正误	问答练习	翻译练习	课堂讨论	短文阅读	语段表达	作文			汉字	词语	语法	
《汉语教程》 ——三册	+	+		+		+			+	+	+	+	+	+			+	+	+	+	+	+	+	+			+	+	+	+				+	23
《新实用汉语课本》 ——四册	+	+											+						+		+			+		+		+		+					9
《基础汉语精读》 零起点上、下册	+	+				+				+	+		+	+	+	+	+	+	+	+	+	+	+	+		+		+	+	+			+	+	23
《初级汉语精读》 第一册						+				+	+	+		+	+		+	+	+	+	+	+	+	+		+		+					+	+	18
《发展汉语》 初级汉语上、下册	+	+		+	+	+	+	+	+	+	+	+	+	+	+	+	+	+	+	+	+	+	+	+		+		+		+	+	+	+	+	30
《体验汉语》 基础教程上、下册	+	+	+	+						+									+					+						+					8
《汉语精读课本》 预科、一年级	+	+		+		+	+			+		+	+					+	+	+	+	+	+	+			+	+	+	+			+		20
《阶梯汉语》 初级读写Ⅰ、Ⅱ册	+					+				+		+	+	+		+	+	+	+	+	+	+	+	+					+				+		17
《成功之路》 入门篇、起步篇 顺利篇、进步篇	+	+	+	+		+				+			+		+		+	+	+	+	+	+	+	+	+	+	+	+	+	+		+	+	+	25

第五章　中级综合课教材概述

表 5-1　中级综合课教材编排项点表

教材名称	教材体例及呈现顺序	所依据大纲	总课数	总单元数	复习课数	测试题
《实用汉语课本》 三、四册	课文、会话、生词（含专名）、词语释例、练习	—	三：15 四：15	三：3 四：3	三：3 四：3	复习课
《中级汉语教程》 上、下册	课文、生词、组词与词语扩展、词语释例、语法注释、副课文、练习	—	上：11 下：11	—	—	—
《汉语中级教程》 一、二册	课文、生词（含专名）、词语释例、练习、阅读	—	一：15 二：15	—	—	—
《新汉语课本》 五—八册	课文、词语（含专名）、注释、练习	—	五：10 六：10 七：10 八：10	—	—	—
《中级汉语课本》 全一册	课文、生词、注释、练习	—	25	—	—	—
《桥梁——实用汉语中级教程》 上、下册	正课文、生词、词语搭配与扩展、语法例释、副课文（阅读课文—会话课文—听力课文）、练习	《汉语水平词汇与汉字等级大纲》 《汉语水平等级标准和等级大纲》 《中高级对外汉语教学等级大纲》	上：15 下：15	—	—	—

教材名称	教材体例及呈现顺序	所依据大纲	总课数	总单元数	复习课数	测试题
《大众汉语》 中高级一、二册	（文学篇—文化篇—社会热点篇） 课文、生词（含专名）、副课文、词语例释、练习	《汉语水平词汇与汉字等级大纲》 《中高级对外汉语教学等级大纲》 《汉语水平等级标准和等级大纲》	一：15 二：15	—	—	—
《阶梯汉语》 中级精读 一—四册	生词、课文、重点词语学习、语法注释、练习、副课文	《高等学校外国留学生汉语教学大纲》（长期进修） 《汉语水平词汇与汉字等级大纲》	一：12 二：12 三：12 四：12	—	—	—
《新实用汉语课本》 五、六册	课文、生词、注释、练习与运用、会话练习、阅读和复述、语音、语音练习、语法、汉字、文化知识	—	五：10 六：10	—	—	—
《发展汉语》 中级汉语上、下册	课文、生词（含专名）、重点词语、语言点、对话、练习	《汉语水平等级标准和等级大纲》 《汉语水平词汇与汉字等级大纲》 （修订本）	上：15 下：15	—	—	—
《汉语精读课本》 二年级上、下册	课文、词语表、注释、练习	《高等学校外国留学生汉语言专业教学大纲》	上：15 下：15	上：3 下：3	—	上：3 下：3
《成功之路》 提高篇一、二册 跨越篇一、二册	课文导入、课文（旁页附生词表）、练习、扩展阅读（页边附生词表）	《高等学校外国留学生汉语教学大纲》（长期进修）	提高篇一：7 提高篇二：7 跨越篇一：7 跨越篇二：7	—	—	—

表 5-2 中级综合课教材课文选篇项点表

教材名称	语言特点	课文长度（字）		体裁		题材	情境	备注
		正课文	副课文	正课文	副课文			
《实用汉语课本》三、四册	实用、有趣	三：600–1200 四：1000–2000	三：250–350 四：150–350	记叙文、说明文、小说、议论文、实用公文、新闻、寓言等	对话	人物事迹、地理旅游、历史故事、教育、神话、科技、日常生活、文化习俗、经济活动等	会话情景根据正课文内容而定。	
《中级汉语教程》上、下册	实用、有趣	2000 上下	（150–500）× 5	小说、记叙文、戏剧、童话等	对话、记叙文、寓言、历史故事等	日常生活、人物事迹、教育、家庭、地理旅游、人生哲理等		
《汉语中级教程》一、二册	选文多来自原著改编或报刊文章	一：500–1000 二：600–1500	一：350–550 二：300–750	记叙文、说明文、散文、议论文等	记叙文、对话、说明文等	书信、地理、成语故事、传说、民俗、历史故事、历史人物、社会生活、科技等		
《新汉语课本》五一八册	真实、规范	五：550–900，六：700–1500 七：750–2000，八：950–2500		记叙文、说明文、议论文、小说节选、散文、书信、童话等		日常生活、地理旅游、习俗文化、人物事迹、社会热点、名著节选等		
《中级汉语课本》全一册	生动有趣、简明易懂	400–4000		记叙文、诗歌、说明文、小说节选、戏剧、寓言等		神话、民俗、社会生活、家庭、地理、历史人物等		

教材名称	语言特点	课文长度（字）		体裁		题材	情境	备注
		正课文	副课文	正课文	副课文			
《桥梁——实用汉语中级教程》上、下册	注重时代感与稳定性的统一，科学性与趣味性的结合。	上：1000–1700 下：1300–2300	上:（700–1000）×3 下:（700–1000）×3	记叙文、小说、议论文、说明文、电视对话、戏剧等	对话、记叙文、说明文、议论文等	人物事迹、日常生活、家庭、社会、科技、经济活动、文化习俗、地理旅游、法律、中外对比等	副课文情景根据正课文内容而定。	副课文分为阅读、会话、听力三部分。
《大众汉语》中高级一、二册	注重现实性、多样性、趣味性，可读、耐读。	一：800–1500 二：1300–1500	（150–300）×4	记叙文、小说节选、说明文、新闻、散文等	名家作品节选、报刊文章等	社会生活、时事政治、经济贸易、文学文化、历史风俗、旅游地理等		
《阶梯汉语》中级精读一—四册	与现实生活密切相关，语料实用、新鲜。	一：800–1400 二：1000–1500 三：1200–1700 四：1400–2000	700–1000	记叙文、名篇改写、说明文、报刊杂志文章、散文、议论文、诗歌等	记叙文、说明文、报刊杂志文章、散文、诗歌、议论文等	哲理故事、社会生活、文化习俗、校园、地理、人物、神话传说等	副课文情景与正课文相关。	
《新实用汉语课本》五、六册	实用、有趣	五：800–1500 六：1500–1800	（750–1000）×3	记叙文、议论文、散文、小说节选等	对话、记叙文、说明文、议论文、话剧节选等	日常生活、文化习俗、地理旅游、科技、人物事迹、家庭、社会热点等	副课文情景与正课文相关。	副课文分阅读、会话、听力三部分，每册后附课文繁体字版。

教材名称	语言特点	课文长度（字）		体裁		题材	情境	备注
		正课文	副课文	正课文	副课文			
《发展汉语》 中级汉语 上、下册	语料真实、自然，课文与自编对话相结合。	上：800–1500 下：1500–2500	上：200–400 下：800–1000	记叙文、说明文、议论文、散文等	对话、采访	文化遗产、民俗风情、社会生活、科技知识、环境保护、旅游地理、家庭、教育等	对话情景根据正课文内容而定。	
《汉语精读课本》 二年级 上、下册	规范、真实	上：1000上下 下：1200–2000	下：600–900	记叙文、说明文、报刊杂志文章、小说节选等	报刊杂志文章、记叙文、议论文、散文等	民俗、社会生活、环保、科技、家庭、教育、科幻、中西文化对比等		
《成功之路》 提高篇一、二册 跨越篇一、二册	注重课文材料的文化含量。	提高篇一： 800–1100 提高篇二： 1000–1300 跨越篇一： 1500–1800 跨越篇二： 1700–2100	提高篇： （800–1200）×2 跨越篇： （600–2100）×2	记叙文、说明文、采访对话、议论文、诗歌、自传等	记叙文、散文、议论文等	经济、体育、旅行、环境、求职、能源、中外文化差异、家庭情感、青年生活、邻里关系、传统文化、人际关系、爱情婚姻等		含有课文导入部分（听短文、讨论等）。

表 5-3 中级综合课教材词汇项点表

说明：

1. 全套教材词语总数中的“生词总数”为该教材每课生词（不包括专有名词、补充词汇）数相加，得出总数“X”；

2. 全套教材词语总数中的“专有名词数”为该教材每课专有名词（不包括补充词汇中出现的专有名词）数相加的和；

3. “每课平均数”中的“生词数”为生词总数“X”除以含有生词的课数所得的商，结果保留两位小数；

4. 词汇“超纲数”统计所依据的大纲均为该教材在编写过程中所依据的大纲；“超纲数”为超出中级词汇的丁级词数与大纲以外的词数之和或者直接统计超出中级词的总数；未提及大纲的教材，未作有关词汇超纲数的统计；“超纲率”为“超纲数”除以“生词总数”所得的商，结果保留两位小数；

5. 和《初级综合课教材词汇项点表》比较，本表删除了“词类简称表”、“字形”两个项点，因其只在初级教材中涉及。中级教材中词汇的重要性不仅体现在词汇数量上，而且体现在近义词、反义词等方面，与初级教材相比均有较大改变，因此本表增加了“单元小结”和“词汇搭配与扩展”两个项点。

<table>
<tr><th rowspan="2">教材名称</th><th rowspan="2">词汇种类</th><th colspan="4">词汇数据统计</th><th colspan="2">呈现情况</th><th colspan="4">标注方式</th></tr>
<tr><th>总数</th><th>每课平均数</th><th>超纲数</th><th>超纲率</th><th>形式</th><th>位置</th><th>拼音</th><th>词性</th><th>中文释义</th><th>英文释义</th></tr>
<tr><td rowspan="6">《实用汉语课本》三、四册</td><td>生词</td><td>1950</td><td>1950/30=65</td><td></td><td></td><td>“生词”表</td><td>每课课文后</td><td>+</td><td>+</td><td>—</td><td>+</td></tr>
<tr><td>专有名词</td><td>228</td><td></td><td></td><td></td><td>“专名”表</td><td>生词表后</td><td>+</td><td>—</td><td>—</td><td>+</td></tr>
<tr><td>补充词汇</td><td colspan="10">——</td></tr>
<tr><td>词类简称表</td><td>词汇索引表</td><td colspan="4">单元小结</td><td colspan="5">词语搭配与扩展</td></tr>
<tr><td>+</td><td>+</td><td colspan="4">每 5 课设“复习”，含本单元词汇总结及近义词对比分析。</td><td colspan="5">每课“词语理解”中含有词语的扩展用法。</td></tr>
<tr><td>备注</td><td colspan="10">1. “注释”（脚注）包括对课文中出现的词语及文化知识点的讲解；
2. 第四册每课有“词汇例解”，讲解课文中的重点词语用法，并附有“词汇例解索引”。</td></tr>
</table>

<table>
<tr><th rowspan="2">教材名称</th><th rowspan="2">词汇种类</th><th colspan="4">词汇数据统计</th><th colspan="2">呈现情况</th><th colspan="4">标注方式</th></tr>
<tr><th>总数</th><th>每课平均数</th><th>超纲数</th><th>超纲率</th><th>形式</th><th>位置</th><th>拼音</th><th>词性</th><th>中文释义</th><th>英文释义</th></tr>
<tr><td rowspan="7">《中级汉语教程》上、下册</td><td>生词</td><td>2164</td><td>2164/22 ≈ 98.36</td><td></td><td></td><td>“生词”表</td><td>每课课文后</td><td>+</td><td>+</td><td>—</td><td>+</td></tr>
<tr><td>专有名词</td><td>85</td><td></td><td></td><td></td><td>—</td><td>生词表中</td><td>+</td><td>+</td><td>—</td><td>+</td></tr>
<tr><td>补充词汇</td><td colspan="10">——</td></tr>
<tr><td>词类简称表</td><td>词汇索引表</td><td>单元小结</td><td colspan="8">词语搭配与扩展</td></tr>
<tr><td>—</td><td>+</td><td>—</td><td colspan="8">“组词与词语扩展”，位于每课生词表后，补充课文中有重点词语的扩展用法，并有例句。</td></tr>
<tr><td>备注</td><td colspan="10">1.“词语例解”，位于每课“组词与词语扩展”之后，解释课文中出现的重点词语，并有例句；
2. 副课文中一般不出现新词语，而是重现主课文中的重点生词，并用下画线标出。</td></tr>
<tr><td rowspan="2">词汇种类</td><td colspan="4">词汇数据统计</td><td colspan="2">呈现情况</td><td colspan="4">标注方式</td></tr>
<tr><td rowspan="7">《汉语中级教程》一、二册</td><td>总数</td><td>每课平均数</td><td>超纲数</td><td>超纲率</td><td>形式</td><td>位置</td><td>拼音</td><td>词性</td><td>中文释义</td><td>英文释义</td></tr>
<tr><td>生词</td><td>1598</td><td>1598/30 ≈ 53.27</td><td></td><td></td><td>“生词”表</td><td>每课课文后</td><td>+</td><td>+</td><td>—</td><td>+</td></tr>
<tr><td>专有名词</td><td>102</td><td></td><td></td><td></td><td>“专名”表</td><td>生词表后</td><td>+</td><td>—</td><td>—</td><td>+</td></tr>
<tr><td>补充词汇</td><td>282</td><td></td><td></td><td></td><td>补充词汇表</td><td>课后阅读练习后</td><td>+</td><td>—</td><td>—</td><td>+</td></tr>
<tr><td colspan="2">词类简称表</td><td colspan="3">词汇索引表</td><td colspan="2">单元小结</td><td colspan="4">词语搭配与扩展</td></tr>
<tr><td colspan="2">—</td><td colspan="3">+</td><td colspan="2">—</td><td colspan="4">—</td></tr>
<tr><td>备注</td><td colspan="10">1. 每册每课后有“词语例解”，解释重点词语的用法；
2. 每册均附有“词语例解索引”。</td></tr>
</table>

<table>
<tr><th rowspan="2">教材名称</th><th rowspan="2">词汇种类</th><th colspan="4">词汇数据统计</th><th colspan="2">呈现情况</th><th colspan="4">标注方式</th></tr>
<tr><th>总数</th><th>每课平均数</th><th>超纲数</th><th>超纲率</th><th>形式</th><th>位置</th><th>拼音</th><th>词性</th><th>中文释义</th><th>英文释义</th></tr>
<tr><td rowspan="6">《新汉语课本》
五—八册</td><td>生词</td><td>2341</td><td>2341/40≈58.53</td><td></td><td></td><td>“词汇”表</td><td>每课课文后</td><td>+</td><td>+</td><td>—</td><td>+</td></tr>
<tr><td>专有名词</td><td>163</td><td></td><td></td><td></td><td>“专名”表</td><td>词汇表后</td><td>+</td><td>—</td><td>—</td><td>+</td></tr>
<tr><td>补充词汇</td><td colspan="10">——</td></tr>
<tr><td colspan="2">词类简称表</td><td colspan="3">词汇索引表</td><td colspan="2">单元小结</td><td colspan="4">词语搭配与扩展</td></tr>
<tr><td colspan="2">—</td><td colspan="3">+</td><td colspan="2">—</td><td colspan="4">—</td></tr>
<tr><td>备注</td><td colspan="10">每课“注释”包括对课文中出现的重点词语的用法解释、近义词对比分析，并给出例句。</td></tr>
<tr><td rowspan="8">《中级汉语课本》
全一册</td><td rowspan="2">词汇种类</td><td colspan="4">词汇数据统计</td><td colspan="2">呈现情况</td><td colspan="4">标注方式</td></tr>
<tr><td>总数</td><td>每课平均数</td><td>超纲数</td><td>超纲率</td><td>形式</td><td>位置</td><td>拼音</td><td>词性</td><td>中文释义</td><td>英文释义</td></tr>
<tr><td>生词</td><td>1590</td><td>1590/25=63.6</td><td></td><td></td><td>“生词”表</td><td>每课课文后</td><td>+</td><td>+</td><td>—</td><td>+</td></tr>
<tr><td>专有名词</td><td>101</td><td></td><td></td><td></td><td>“专名”表</td><td>生词表后</td><td>+</td><td>—</td><td>—</td><td>+</td></tr>
<tr><td>补充词汇</td><td colspan="10">——</td></tr>
<tr><td colspan="2">词类简称表</td><td colspan="3">词汇索引表</td><td colspan="2">单元小结</td><td colspan="4">词语搭配与扩展</td></tr>
<tr><td colspan="2">—</td><td colspan="3">+</td><td colspan="2">—</td><td colspan="4">—</td></tr>
<tr><td>备注</td><td colspan="10">每课“注释”解释课文中出现的重点词语用法，并给出例句。</td></tr>
</table>

教材名称	词汇种类	词汇数据统计				呈现情况		标注方式			
		总数	每课平均数	超纲数	超纲率	形式	位置	拼音	词性	中文释义	英文释义
《桥梁——实用汉语中级教程》上、下册	生词	2078	2078/30 ≈ 69.27	丁级 550，大纲以外 683	(550+683)/2078 ≈ 59.34%	“生词”表	每课课文后	+	+	—	+
	专有名词	126				“专名”表	生词表后	+	—	—	+
	补充词汇	180				补充生词表	每课副课文后	+	+	—	+
	词类简称表	词汇索引表		单元小结	词语搭配与扩展						
	—	+		—	每课“生词表”后设有“词语搭配与扩展”，列出重点词语的扩展用法。						
	备注	1.“生词”表中标出每词在大纲中的所属等级；2. 依据大纲:《汉语水平词汇与汉字等级大纲》。									
《大众汉语》中高级一、二册	词汇种类	词汇数据统计				呈现情况		标注方式			
		总数	每课平均数	超纲数	超纲率	形式	位置	拼音	词性	中文释义	英文释义
	生词	2155	2155/30 ≈ 71.83	161	161/2155 ≈ 7.47%	“生词”表	每课课文后	+	+	—	+
	专有名词	58				“专名”表	生词表后	+	—	—	+
	补充词汇	——（副课文中涉及一些新生词，但并未列出或作注释，只标注拼音）									
	词类简称表		词汇索引表			单元小结		词语搭配与扩展			
	—		+			—		—			
	备注	1. 每课课文后有“词语例释”，解释课文中出现的重点词语、近义词等，并给出例句； 2. 依据大纲:《汉语水平等级标准和等级大纲》（试行）《汉语水平词汇与汉字等级大纲》《中高级对外汉语教学等级大纲》。									

<table>
<tr><th rowspan="2">教材名称</th><th rowspan="2">词汇种类</th><th colspan="4">词汇数据统计</th><th colspan="2">呈现情况</th><th colspan="4">标注方式</th></tr>
<tr><th>总数</th><th>每课平均数</th><th>超纲数</th><th>超纲率</th><th>形式</th><th>位置</th><th>拼音</th><th>词性</th><th>中文释义</th><th>英文释义</th></tr>
<tr><td rowspan="7">《阶梯汉语》
中级精读
——四册</td><td>生词</td><td>2267</td><td>2267/48 ≈ 47.23</td><td>174</td><td>174/2267
≈ 7.68%</td><td>“生词”表</td><td>每课课文前</td><td>+</td><td>+</td><td>+</td><td>+</td></tr>
<tr><td>专有名词</td><td>1</td><td></td><td></td><td></td><td>—</td><td>第一册第 10 课
生词表中</td><td>+</td><td>+</td><td>+</td><td>—</td></tr>
<tr><td>补充词汇</td><td colspan="10">——</td></tr>
<tr><td>词类简称表</td><td colspan="2">词汇索引表</td><td colspan="2">单元小结</td><td colspan="6">词语搭配与扩展</td></tr>
<tr><td>—</td><td colspan="2">+</td><td colspan="2">—</td><td colspan="6">每课“生词”表中生词的后面有该生词的扩展用法或同类词。</td></tr>
<tr><td rowspan="2">备注</td><td colspan="10">1. 每课课文后有“重点词语学习”，含有重点词语解释、近义词对比分析，并给出例句；</td></tr>
<tr><td colspan="10">2. 依据大纲:《汉语水平词汇与汉字等级大纲》《高等学校外国留学生汉语教学大纲》(长期进修)。</td></tr>
<tr><td rowspan="8">《新实用汉语课本》
五、六册</td><td rowspan="2">词汇种类</td><td colspan="4">词汇数据统计</td><td colspan="2">呈现情况</td><td colspan="4">标注方式</td></tr>
<tr><td>总数</td><td>每课平均数</td><td>超纲数</td><td>超纲率</td><td>形式</td><td>位置</td><td>拼音</td><td>词性</td><td>中文释义</td><td>英文释义</td></tr>
<tr><td>生词</td><td>1727</td><td>1727/20=86.35</td><td></td><td></td><td>“生词”表</td><td>第五册每课课文后；第六册部分课文中和课文后</td><td>+</td><td>+</td><td>—</td><td>+</td></tr>
<tr><td>专有名词</td><td>44</td><td></td><td></td><td></td><td>—</td><td>生词表中</td><td>+</td><td>+</td><td>—</td><td>+</td></tr>
<tr><td>补充词汇</td><td>624</td><td></td><td></td><td></td><td>“补充生词”表</td><td>课后阅读、会话、听力练习中</td><td>+</td><td>+</td><td>—</td><td>+</td></tr>
<tr><td>词类简称表</td><td colspan="2">词汇索引表</td><td colspan="2">单元小结</td><td colspan="6">词语搭配与扩展</td></tr>
<tr><td>+</td><td colspan="2">+</td><td colspan="2">—</td><td colspan="6">每课“语法”项设有“短语组合”，举例展示文中重点词语的扩展用法。</td></tr>
<tr><td>备注</td><td colspan="10">1. 每课设有“词语例解”，解释课文中出现的重点词语，并给出例句；
2. 生词表中的专有名词和补充词汇用星号标出。</td></tr>
</table>

<table>
<tr><th rowspan="2">教材名称</th><th rowspan="2">词汇种类</th><th colspan="4">词汇数据统计</th><th colspan="2">呈现情况</th><th colspan="4">标注方式</th></tr>
<tr><th>总数</th><th>每课平均数</th><th>超纲数</th><th>超纲率</th><th>形式</th><th>位置</th><th>拼音</th><th>词性</th><th>中文释义</th><th>英文释义</th></tr>
<tr><td rowspan="6">《发展汉语》中级汉语上、下册</td><td>生词</td><td>1917</td><td>1917/30=63.90</td><td>丁级 346，大纲以外 401</td><td>(346+401)/1917≈38.97%</td><td>“生词”表</td><td>每课课文后</td><td>+</td><td>+</td><td>—</td><td>+</td></tr>
<tr><td>专有名词</td><td>127</td><td></td><td></td><td></td><td>“专名”表</td><td>生词表后</td><td>+</td><td>—</td><td>—</td><td>+</td></tr>
<tr><td>补充词汇</td><td></td><td></td><td></td><td></td><td>对话“生词”表</td><td>每课对话后</td><td>+</td><td>—</td><td>—</td><td>+</td></tr>
<tr><td>词类简称表</td><td colspan="2">词汇索引表</td><td colspan="2">单元小结</td><td colspan="6">词语搭配与扩展</td></tr>
<tr><td>—</td><td colspan="2">+</td><td colspan="2">—</td><td colspan="6">—</td></tr>
<tr><td>备注</td><td colspan="10">1. 每课“生词”表中标注每词在大纲中所属的等级；2. 依据大纲:《汉语水平词汇与汉字等级大纲》(修订本)。</td></tr>
<tr><td rowspan="8">《汉语精读课本》二年级上、下册</td><td rowspan="2">词汇种类</td><td colspan="4">词汇数据统计</td><td colspan="2">呈现情况</td><td colspan="4">标注方式</td></tr>
<tr><td>总数</td><td>每课平均数</td><td>超纲数</td><td>超纲率</td><td>形式</td><td>位置</td><td>拼音</td><td>词性</td><td>中文释义</td><td>英文释义</td></tr>
<tr><td>生词</td><td>1780</td><td>1780/30≈59.33</td><td>丁级 43，大纲以外 213</td><td>(43+213)/1780≈14.38%</td><td>“词语”表</td><td>每课课文后</td><td>+</td><td>+</td><td>仅下册</td><td>+</td></tr>
<tr><td>专有名词</td><td>31</td><td></td><td></td><td></td><td>“专有名词”表</td><td>词语表后</td><td>+</td><td>—</td><td>+</td><td>+</td></tr>
<tr><td>补充词汇</td><td>233</td><td></td><td></td><td></td><td>补充“词语表”</td><td>上册课后阅读练习后</td><td>+</td><td>+</td><td>—</td><td>—</td></tr>
<tr><td>词类简称表</td><td colspan="2">词汇索引表</td><td colspan="4">单元小结</td><td colspan="4">词语搭配与扩展</td></tr>
<tr><td>—</td><td colspan="2">+</td><td colspan="4">每 5 课设“单元语言点小结”，按词性分类总结本单元重点词语、语法点，并给出例句。</td><td colspan="4">—</td></tr>
<tr><td>备注</td><td colspan="10">1.“注释”包括对课文中出现的重点词语的解释，并给出例句；2.“生词总表”标出每个生词在大纲中所属的等级或是否超纲；3. 依据大纲:《高等学校外国留学生汉语言专业教学大纲》。</td></tr>
</table>

<table>
<tr><td rowspan="2">教材名称</td><td rowspan="2">词汇种类</td><td colspan="4">词汇数据统计</td><td colspan="2">呈现情况</td><td colspan="4">标注方式</td></tr>
<tr><td>总数</td><td>每课平均数</td><td>超纲数</td><td>超纲率</td><td>形式</td><td>位置</td><td>拼音</td><td>词性</td><td>中文释义</td><td>英文释义</td></tr>
<tr><td rowspan="6">《成功之路》提高篇一、二册</td><td>生词</td><td>884</td><td>884/14≈63.14</td><td>76</td><td>76/884≈8.60%</td><td>“生词”表</td><td>与课文同现，一页课文，一页生词。</td><td>+</td><td>+</td><td>+</td><td>+</td></tr>
<tr><td>专有名词</td><td>46</td><td></td><td></td><td></td><td>—</td><td>生词表中</td><td>+</td><td>+</td><td>+</td><td>+</td></tr>
<tr><td>补充词汇</td><td>475</td><td></td><td></td><td></td><td>扩展阅读“生词”表</td><td>随每课最后扩展阅读同现，在文章左/右侧。</td><td>+</td><td>—</td><td>—</td><td>仅第二册</td></tr>
<tr><td>词类简称表</td><td colspan="2">词汇索引表</td><td colspan="2">单元小结</td><td colspan="6">词语搭配与扩展</td></tr>
<tr><td>—</td><td colspan="2">+</td><td colspan="2">—</td><td colspan="6">生词表中部分词语或语法点有词语的扩展语法或例句。</td></tr>
<tr><td>备注</td><td colspan="10">1. 生词在课文中均用专色标出；2. 依据大纲:《高等学校外国留学生汉语教学大纲》(长期进修)。</td></tr>
<tr><td rowspan="8">《成功之路》跨越篇一、二册</td><td rowspan="2">词汇种类</td><td colspan="4">词汇数据统计</td><td colspan="2">呈现情况</td><td colspan="4">标注方式</td></tr>
<tr><td>总数</td><td>每课平均数</td><td>超纲数</td><td>超纲率</td><td>形式</td><td>位置</td><td>拼音</td><td>词性</td><td>中文释义</td><td>英文释义</td></tr>
<tr><td>生词</td><td>860</td><td>860/14≈61.43</td><td>92</td><td>92/860≈10.70%</td><td>同“提高篇”</td><td>同“提高篇”</td><td>+</td><td>+</td><td>+</td><td>较少</td></tr>
<tr><td>专有名词</td><td>27</td><td></td><td></td><td></td><td>—</td><td>同“提高篇”</td><td>+</td><td>+</td><td>+</td><td>较少</td></tr>
<tr><td>补充词汇</td><td>295</td><td></td><td></td><td></td><td>同“提高篇”</td><td>同“提高篇”</td><td>+</td><td>—</td><td>—</td><td>仅第二册</td></tr>
<tr><td>词类简称表</td><td colspan="2">词汇索引表</td><td colspan="2">单元小结</td><td colspan="6">词语搭配与扩展</td></tr>
<tr><td>—</td><td colspan="2">+</td><td colspan="2">—</td><td colspan="6">生词表中部分词语或语法点有词语的扩展语法或例句。</td></tr>
<tr><td>备注</td><td colspan="10">同“提高篇”。</td></tr>
</table>

表 5-4　中级综合课教材语法项点表

<table>
<tr><th>教材名称</th><th rowspan="2">语法索引</th><th colspan="4">语法项目数据</th><th colspan="5">语法项目表述方式</th><th>备注</th></tr>
<tr><td rowspan="4">《实用汉语课本》三、四册</td><th>出现在语法解释中的语法数</th><th>以注释表现的语法数</th><th>以词汇解释表现的语法数</th><th>课平均语法点数目</th><th>中文译释</th><th>外文译释</th><th>例句</th><th>公式</th><th>表格</th><td rowspan="4"></td></tr>
<tr><td>+</td><td></td><td></td><td>356</td><td>11.87</td><td>+</td><td>+</td><td>+</td><td>+</td><td>+</td></tr>
<tr><td colspan="2">所参照大纲</td><td colspan="8">——</td></tr>
<tr><td colspan="2">结构主线</td><td colspan="8">——</td></tr>
<tr><td rowspan="5">《中级汉语教程》上、下册</td><th rowspan="2">语法索引</th><th colspan="4">语法项目数据</th><th colspan="5">语法项目表述方式</th><th>备注</th></tr>
<tr><th>出现在语法解释中的语法数</th><th>以注释表现的语法数</th><th>以词汇解释表现的语法数</th><th>课平均语法点数目</th><th>中文译释</th><th>外文译释</th><th>例句</th><th>公式</th><th>表格</th><td rowspan="4">语法表示为：组词和词语扩展（中英）+词语例释+语法注释</td></tr>
<tr><td>—</td><td>17</td><td></td><td>448</td><td>21.14</td><td>+</td><td></td><td>+</td><td></td><td></td></tr>
<tr><td colspan="2">所参照大纲</td><td colspan="8">——</td></tr>
<tr><td colspan="2">结构主线</td><td colspan="8">——</td></tr>
<tr><td rowspan="5">《汉语中级教程》一、二册</td><th rowspan="2">语法索引</th><th colspan="4">语法项目数据</th><th colspan="5">语法项目表述方式</th><th>备注</th></tr>
<tr><th>出现在语法解释中的语法数</th><th>以注释表现的语法数</th><th>以词汇解释表现的语法数</th><th>课平均语法点数目</th><th>中文译释</th><th>外文译释</th><th>例句</th><th>公式</th><th>表格</th><td rowspan="4"></td></tr>
<tr><td>+</td><td></td><td></td><td>244</td><td>8.13</td><td>+</td><td></td><td>+</td><td></td><td></td></tr>
<tr><td colspan="2">所参照大纲</td><td colspan="8">——</td></tr>
<tr><td colspan="2">结构主线</td><td colspan="8">——</td></tr>
</table>

<table>
<tr><td rowspan="2">教材名称</td><td rowspan="2">语法索引</td><td colspan="4">语法项目数据</td><td colspan="5">语法项目表述方式</td><td>备注</td></tr>
<tr><td>出现在语法解释中的语法数</td><td>以注释表现的语法数</td><td>以词汇解释表现的语法数</td><td>课平均语法点数目</td><td>中文译释</td><td>外文译释</td><td>例句</td><td>公式</td><td>表格</td><td rowspan="4"></td></tr>
<tr><td rowspan="3">《新汉语课本》五—八册</td><td>+</td><td></td><td>362</td><td></td><td>9.05</td><td>+</td><td></td><td>+</td><td>+</td><td></td></tr>
<tr><td colspan="2">所参照大纲</td><td colspan="8">——</td></tr>
<tr><td colspan="2">结构主线</td><td colspan="8">结构与功能相结合</td></tr>
<tr><td rowspan="5">《中级汉语课本》全一册</td><td rowspan="2">语法索引</td><td colspan="4">语法项目数据</td><td colspan="5">语法项目表述方式</td><td>备注</td></tr>
<tr><td>出现在语法解释中的语法数</td><td>以注释表现的语法数</td><td>以词汇解释表现的语法数</td><td>课平均语法点数目</td><td>中文译释</td><td>外文译释</td><td>例句</td><td>公式</td><td>表格</td><td rowspan="4"></td></tr>
<tr><td>—</td><td></td><td>143</td><td></td><td>5.72</td><td>+</td><td>+</td><td>+</td><td>+</td><td></td></tr>
<tr><td colspan="2">所参照大纲</td><td colspan="8">——</td></tr>
<tr><td colspan="2">结构主线</td><td colspan="8">——</td></tr>
<tr><td rowspan="5">《桥梁——实用汉语中级教程》上、下册</td><td rowspan="2">语法索引</td><td colspan="4">语法项目数据</td><td colspan="5">语法项目表述方式</td><td>备注</td></tr>
<tr><td>出现在语法解释中的语法数</td><td>以注释表现的语法数</td><td>以词汇解释表现的语法数</td><td>课平均语法点数目</td><td>中文译释</td><td>外文译释</td><td>例句</td><td>公式</td><td>表格</td><td rowspan="4">语法表现为：词语搭配与扩展＋语法例释</td></tr>
<tr><td>—</td><td>248</td><td></td><td>276</td><td>17.47</td><td>+</td><td></td><td>+</td><td>+</td><td></td></tr>
<tr><td colspan="2">所参照大纲</td><td colspan="8">——</td></tr>
<tr><td colspan="2">结构主线</td><td colspan="8">结构、功能、文化相结合</td></tr>
</table>

<table>
<tr><th>教材名称</th><th rowspan="2">语法索引</th><th colspan="4">语法项目数据</th><th colspan="5">语法项目表述方式</th><th>备注</th></tr>
<tr><td rowspan="4">《大众汉语》
中高级
一、二册</td><td>出现在语法解释中的语法数</td><td>以注释表现的语法数</td><td>以词汇解释表现的语法数</td><td>课平均语法点数目</td><td>中文译释</td><td>外文译释</td><td>例句</td><td>公式</td><td>表格</td><td rowspan="4">语法例析中很多语法点采用层级分析形式讲述。</td></tr>
<tr><td>—</td><td>18</td><td></td><td>273</td><td>9.7</td><td>+</td><td></td><td>+</td><td>+</td><td></td></tr>
<tr><td colspan="2">所参照大纲</td><td colspan="8">——</td></tr>
<tr><td colspan="2">结构主线</td><td colspan="8">结构、功能、文化相结合</td></tr>
<tr><td rowspan="6">《阶梯汉语》
中级精读
一——四册</td><td rowspan="2">语法索引</td><td colspan="4">语法项目数据</td><td colspan="5">语法项目表述方式</td><td>备注</td></tr>
<tr><td>出现在语法解释中的语法数</td><td>以注释表现的语法数</td><td>以词汇解释表现的语法数</td><td>课平均语法点数目</td><td>中文译释</td><td>外文译释</td><td>例句</td><td>公式</td><td>表格</td><td rowspan="4">语法表示为：重点词语学习+语法注释</td></tr>
<tr><td>+</td><td>335</td><td></td><td>547</td><td>18.38</td><td>+</td><td></td><td>+</td><td>+</td><td></td></tr>
<tr><td colspan="2">所参照大纲</td><td colspan="8">《汉语水平词汇与汉字等级大纲》《高等学校外国留学生汉语教学大纲》（长期进修）</td></tr>
<tr><td colspan="2">结构主线</td><td colspan="8">结构、功能、文化相结合</td></tr>
<tr><td rowspan="6">《新实用汉语课本》
五、六册</td><td rowspan="2">语法索引</td><td colspan="4">语法项目数据</td><td colspan="5">语法项目表述方式</td><td>备注</td></tr>
<tr><td>出现在语法解释中的语法数</td><td>以注释表现的语法数</td><td>以词汇解释表现的语法数</td><td>课平均语法点数目</td><td>中文译释</td><td>外文译释</td><td>例句</td><td>公式</td><td>表格</td><td rowspan="4">语法表示为：短语组合+词语例解+句子结构+复句与句群</td></tr>
<tr><td>—</td><td>387</td><td></td><td></td><td>19.35</td><td>+</td><td></td><td>+</td><td>+</td><td>+</td></tr>
<tr><td colspan="2">所参照大纲</td><td colspan="8">——</td></tr>
<tr><td colspan="2">结构主线</td><td colspan="8">结构、功能、文化相结合</td></tr>
</table>

<table>
<tr><td>教材名称</td><td rowspan="2">语法索引</td><td colspan="4">语法项目数据</td><td colspan="5">语法项目表述方式</td><td>备注</td></tr>
<tr><td rowspan="4">《发展汉语》
中级汉语
上、下册</td><td>出现在语法解释中的语法数</td><td>以注释表现的语法数</td><td>以词汇解释表现的语法数</td><td>课平均语法点数目</td><td>中文译释</td><td>外文译释</td><td>例句</td><td>公式</td><td>表格</td><td rowspan="4">语法例析中很多语法点采用层级分析形式讲述。</td></tr>
<tr><td>+</td><td>269</td><td></td><td>272</td><td>18.03</td><td>+</td><td></td><td>+</td><td>+</td><td></td></tr>
<tr><td colspan="2">所参照大纲</td><td colspan="8">《汉语水平等级标准和等级大纲》《汉语水平词汇与汉字等级大纲》（修订本）</td></tr>
<tr><td colspan="2">结构主线</td><td colspan="8">结构、功能、文化相结合</td></tr>
<tr><td rowspan="5">《汉语精读课本》
二年级
上、下册</td><td rowspan="2">语法索引</td><td colspan="4">语法项目数据</td><td colspan="5">语法项目表述方式</td><td>备注</td></tr>
<tr><td>出现在语法解释中的语法数</td><td>以注释表现的语法数</td><td>以词汇解释表现的语法数</td><td>课平均语法点数目</td><td>中文译释</td><td>外文译释</td><td>例句</td><td>公式</td><td>表格</td><td rowspan="4">每单元含有语言点小结。</td></tr>
<tr><td>+</td><td></td><td>331</td><td></td><td>11.03</td><td>+</td><td></td><td>+</td><td>+</td><td></td></tr>
<tr><td colspan="2">所参照大纲</td><td colspan="8">《高等学校外国留学生汉语言专业教学大纲》</td></tr>
<tr><td colspan="2">结构主线</td><td colspan="8">——</td></tr>
<tr><td rowspan="5">《成功之路》
提高篇
一、二册
跨越篇
一、二册</td><td rowspan="2">语法索引</td><td colspan="4">语法项目数据</td><td colspan="5">语法项目表述方式</td><td>备注</td></tr>
<tr><td>出现在语法解释中的语法数</td><td>以注释表现的语法数</td><td>以词汇解释表现的语法数</td><td>课平均语法点数目</td><td>中文译释</td><td>外文译释</td><td>例句</td><td>公式</td><td>表格</td><td rowspan="4">一部分语法点蕴涵在练习中。</td></tr>
<tr><td>—</td><td></td><td></td><td>382</td><td>13.64</td><td>+</td><td>+</td><td>+</td><td>+</td><td></td></tr>
<tr><td colspan="2">所参照大纲</td><td colspan="8">《高等学校外国留学生汉语教学大纲》（长期进修）</td></tr>
<tr><td colspan="2">结构主线</td><td colspan="8">结构、功能、文化相结合</td></tr>
</table>

注：“课平均语法点数目”是以全书语法项目总数除以总课数所得的商，结果保留两位小数。

表 5-5　中级综合课教材文化项点表

<table>
<tr><th rowspan="2">教材名称</th><th rowspan="2">交际文化</th><th colspan="6">国情文化</th></tr>
<tr><th colspan="2">社会生活</th><th>历史知识和人物</th><th colspan="2">地理概况和名胜古迹</th><th>民族及其他</th></tr>
<tr><td rowspan="4">《实用汉语课本》第三册</td><td></td><td colspan="2">街道办事处、炕、亲家、太极拳、太极剑、武术</td><td></td><td colspan="2">苏州、杭州、桂林山水、长江三峡、江南、吐鲁番、火焰山、葛洲坝、黄浦江</td><td>维吾尔族、藏族</td></tr>
<tr><th colspan="7">知识文化</th></tr>
<tr><th>风俗习惯</th><th colspan="2">建筑、饮食和服饰</th><th>神话、谚语和民间故事</th><th colspan="3">科学、艺术和文学</th></tr>
<tr><td>中秋节、端午节</td><td colspan="2">哈密瓜、葡萄干、饺子</td><td>西王母、大禹；上有天堂，下有苏杭；养儿防老</td><td colspan="3">华佗、针灸、李时珍《本草纲目》；山水画、水墨画、碑林、京剧《贵妃醉酒》《三岔口》、梅派、《二泉映月》《白蛇传》、梅兰芳、徐悲鸿、齐白石、颜真卿、王羲之；“十三经”《水浒传》《红楼梦》</td></tr>
<tr><td rowspan="6">《实用汉语课本》第四册</td><th rowspan="2">交际文化</th><th colspan="6">国情文化</th></tr>
<tr><th>社会生活</th><th colspan="3">历史知识和人物</th><th>地理概况和名胜古迹</th><th>民族及其他</th></tr>
<tr><td></td><td></td><td colspan="3">“一二·九”运动、开国典礼、五四运动、八路军、国民党、中国同盟会、辛亥革命、中华民国、明清、戊戌变法、八国联军、战国、丝绸之路、红军、长征；汉武帝、周总理、毛主席、秋瑾、鲁迅、孙中山、光绪帝、袁世凯、慈禧、秦始皇、玄奘、唐太宗、白居易、李白</td><td>天安门、人民英雄纪念碑、金水桥、长安街、故宫、三大殿、万里长城、山海关、兵马俑、八达岭、居庸关、杜甫草堂</td><td></td></tr>
<tr><th colspan="7">知识文化</th></tr>
<tr><th>风俗习惯</th><th colspan="2">建筑、饮食和服饰</th><th>神话、谚语和民间故事</th><th colspan="3">科学、艺术和文学</th></tr>
<tr><td>端午节</td><td colspan="2"></td><td>十年树木，百年树人；花木兰的故事、孟姜女的故事</td><td colspan="3">《诗经》、汉乐府、屈原《离骚》、楚辞、宋词、《西游记》、元曲《西厢记》《牡丹亭》《大唐西域记》、司马迁《史记》、关汉卿《窦娥冤》、巴金《家》、茅盾《子夜》、蒲松龄《聊斋志异》</td></tr>
</table>

<table>
<tr><th rowspan="2">教材名称</th><th rowspan="2">交际文化</th><th colspan="10">国情文化</th></tr>
<tr><th colspan="2">社会生活</th><th colspan="3">历史知识和人物</th><th colspan="4">地理概况和名胜古迹</th><th>民族及其他</th></tr>
<tr><td rowspan="4">《中级汉语教程》
上册</td><td></td><td colspan="2"></td><td colspan="3">鲁肃、曹操、周瑜、诸葛亮</td><td colspan="4">香山、梦感泉、万寿山、佛香阁、鄂伦春、呼和浩特、西双版纳</td><td>基诺族、阿瓦族、藏族、傣族</td></tr>
<tr><th colspan="11">知识文化</th></tr>
<tr><th colspan="3">风俗习惯</th><th colspan="3">建筑、饮食和服饰</th><th colspan="3">神话、谚语和民间故事</th><th colspan="2">科学、艺术和文学</th></tr>
<tr><td colspan="3">三伏、重阳节、中秋节、春节、天葬、泼水节、洞房</td><td colspan="3">涮羊肉</td><td colspan="3">对牛弹琴；铁杵成针；只许州官放火，不许百姓点灯；草船借箭、《三国演义》的故事</td><td colspan="2">郑板桥、鲁迅、巴金《家》；《百鸟朝凤》《林冲发配》、舞狮</td></tr>
<tr><td rowspan="6">《中级汉语教程》
下册</td><th rowspan="2">交际文化</th><th colspan="10">国情文化</th></tr>
<tr><th colspan="2">社会生活</th><th colspan="5">历史知识和人物</th><th colspan="2">地理概况和名胜古迹</th><th>民族及其他</th></tr>
<tr><td></td><td colspan="2">北京话、气功、太极拳、武术</td><td colspan="5">科举制度、太监、奴才、清、伪满、戊戌变法、八国联军；西太后、光绪、珍妃、溥仪、卓文君、司马相如、扁鹊、孙中山、鲁班、贺龙、邓颖超、周总理、向警予</td><td colspan="2"></td><td>维族</td></tr>
<tr><th colspan="11">知识文化</th></tr>
<tr><th>风俗习惯</th><th colspan="2">建筑、饮食和服饰</th><th colspan="3">神话、谚语和民间故事</th><th colspan="5">科学、艺术和文学</th></tr>
<tr><td></td><td colspan="2">茅台、胡同</td><td colspan="3">伸手不打笑脸人</td><td colspan="5">《儒林外史》、曹禺《雷雨》、曹雪芹《红楼梦》、鲁迅《孔乙己》；木偶戏、相声、徐悲鸿、王羲之、郑板桥、吴昌硕、齐白石、《沙家浜》《威虎山》</td></tr>
<tr><td rowspan="6">《汉语中级教程》
第一册</td><th rowspan="2">交际文化</th><th colspan="10">国情文化</th></tr>
<tr><th colspan="4">社会生活</th><th colspan="2">历史知识和人物</th><th colspan="3">地理概况和名胜古迹</th><th>民族及其他</th></tr>
<tr><td></td><td colspan="4">筷子的使用、梅和竹的意义</td><td colspan="2">鲁班、曹操</td><td colspan="3">长城、泰山</td><td></td></tr>
<tr><th colspan="11">知识文化</th></tr>
<tr><th colspan="2">风俗习惯</th><th colspan="2">建筑、饮食和服饰</th><th colspan="5">神话、谚语和民间故事</th><th colspan="2">科学、艺术和文学</th></tr>
<tr><td colspan="2">婚事随礼、家人操办、春节拜年、彩礼</td><td colspan="2">涮羊肉</td><td colspan="5">画蛇添足、郑人买履、画龙点睛；孟姜女的故事、鲁班的故事、梁山伯和祝英台的故事、木兰从军的故事</td><td colspan="2">李时珍和《本草纲目》、神医华佗、鲁迅、巴金、齐白石、郑虔、陶宗仪</td></tr>
</table>

<table>
<tr><td rowspan="2">教材名称</td><td rowspan="2">交际文化</td><td colspan="4">国情文化</td></tr>
<tr><td>社会生活</td><td>历史知识和人物</td><td>地理概况和名胜古迹</td><td>民族及其他</td></tr>
<tr><td rowspan="5">《汉语中级教程》
第二册</td><td></td><td>秋收、农贸市场</td><td>抗日战争、红军爬雪山过草地；文成公主、郑成功、徐霞客</td><td>日月山、倒淌河、秦始皇兵马俑，海南岛、台湾</td><td></td></tr>
<tr><td colspan="5">知识文化</td></tr>
<tr><td>风俗习惯</td><td>建筑、饮食和服饰</td><td colspan="2">神话、谚语和民间故事</td><td>科学、艺术和文学</td></tr>
<tr><td></td><td>名茶碧螺春</td><td colspan="2">后羿射日、草船借箭；“头悬梁，锥刺股”“满招损，谦受益”；火烧战船的故事、孙悟空三打白骨精和收八戒的故事</td><td>中医针灸、华罗庚、老舍</td></tr>
<tr><td colspan="5"></td></tr>
<tr><td rowspan="6">《新汉语课本》
第五册</td><td rowspan="2">交际文化</td><td colspan="4">国情文化</td></tr>
<tr><td>社会生活</td><td>历史知识和人物</td><td>地理概况和名胜古迹</td><td>民族及其他</td></tr>
<tr><td></td><td></td><td>唐代；秦始皇、屈原</td><td>大雁塔、北海公园、秦始皇陵</td><td>汉族、藏族</td></tr>
<tr><td colspan="5">知识文化</td></tr>
<tr><td colspan="2">风俗习惯</td><td>建筑、饮食和服饰</td><td>神话、谚语和民间故事</td><td>科学、艺术和文学</td></tr>
<tr><td colspan="2">婚姻习俗、春节、除夕、元宵节、端午节、中秋节</td><td>月饼、粽子、元宵</td><td>嫦娥奔月</td><td>竺可桢</td></tr>
<tr><td rowspan="6">《新汉语课本》
第六册</td><td rowspan="2">交际文化</td><td colspan="4">国情文化</td></tr>
<tr><td>社会生活</td><td>历史知识和人物</td><td>地理概况和名胜古迹</td><td>民族及其他</td></tr>
<tr><td></td><td></td><td>唐代、文化大革命、蜀、魏；司马懿、诸葛亮</td><td>日月潭</td><td></td></tr>
<tr><td colspan="5">知识文化</td></tr>
<tr><td colspan="2">风俗习惯</td><td>建筑、饮食和服饰</td><td>神话、谚语和民间故事</td><td>科学、艺术和文学</td></tr>
<tr><td colspan="2"></td><td>饺子、馄饨</td><td></td><td></td></tr>
</table>

<table>
<tr><th rowspan="2">教材名称</th><th rowspan="2">交际文化</th><th colspan="4">国情文化</th></tr>
<tr><th>社会生活</th><th>历史知识和人物</th><th>地理概况和名胜古迹</th><th>民族及其他</th></tr>
<tr><td rowspan="5">《新汉语课本》
第七册</td><td></td><td>方言</td><td>文化大革命、民国；邓小平</td><td>几省简称（湘、赣、粤、闽）</td><td></td></tr>
<tr><td colspan="5">知识文化</td></tr>
<tr><td>风俗习惯</td><td>建筑、饮食和服饰</td><td>神话、谚语和民间故事</td><td colspan="2">科学、艺术和文学</td></tr>
<tr><td></td><td></td><td></td><td colspan="2">老舍《茶馆》《唐诗三百首》白居易《长恨歌》《出师表》、鲁迅《孔乙己》；越剧、潮剧、王羲之《兰亭序》</td></tr>
<tr><td rowspan="8">《新汉语课本》
第八册</td><td rowspan="2">交际文化</td><td colspan="4">国情文化</td></tr>
<tr><td>社会生活</td><td>历史知识和人物</td><td>地理概况和名胜古迹</td><td>民族及其他</td></tr>
<tr><td></td><td></td><td>明代</td><td></td><td></td></tr>
<tr><td colspan="5">知识文化</td></tr>
<tr><td colspan="2">风俗习惯</td><td>建筑、饮食和服饰</td><td>神话、谚语和民间故事</td><td>科学、艺术和文学</td></tr>
<tr><td colspan="2">节气（立秋、处暑、白露、秋分、寒露、霜降）</td><td></td><td>读书百遍，其义自见；不孝有三，无后为大；“华封三祝”的故事</td><td>中国科学院、徐光启</td></tr>
<tr><td rowspan="6">《中级汉语课本》
全一册</td><td rowspan="2">交际文化</td><td colspan="4">国情文化</td></tr>
<tr><td>社会生活</td><td>历史知识和人物</td><td>地理概况和名胜古迹</td><td>民族及其他</td></tr>
<tr><td></td><td></td><td>春秋、齐国、吴国、文化大革命；司马相如、卓文君、孙武、光绪</td><td>西湖、桂林山水</td><td>藏族、蒙古族</td></tr>
<tr><td colspan="5">知识文化</td></tr>
<tr><td>风俗习惯</td><td>建筑、饮食和服饰</td><td colspan="2">神话、谚语和民间故事</td><td>科学、艺术和文学</td></tr>
<tr><td>喜糖、交杯酒、团圆饭、除夕、重阳、清明、孟春、中秋</td><td></td><td colspan="2">愚公移山、画蛇添足、“桂林山水甲天下”“父母之命，媒妁之言”；梁山伯和祝英台的故事、牛郎织女的故事、白娘子的故事</td><td>《红楼梦》、李白、杜牧、苏轼、鲁迅《孔乙己》、巴金《家》、曹禺《雷雨》</td></tr>
</table>

<table>
<tr><th rowspan="2">教材名称</th><th colspan="2">交际文化</th><th colspan="4">国情文化</th></tr>
<tr><th>语言部分</th><th>非语言部分</th><th>社会生活</th><th>历史知识和人物</th><th>地理概况和名胜古迹</th><th>民族及其他</th></tr>
<tr><td rowspan="5">《桥梁——实用汉语中级教程》上册</td><td>禁忌、中国式谦虚、中国人的姓、吃文化（吃官司、吃亏等）</td><td></td><td>希望工程、春晚、面的、红娘</td><td></td><td>黄河</td><td>维吾尔族、藏族、伊斯兰、回族、古兰经、藏族、蒙古族</td></tr>
<tr><th colspan="6">知识文化</th></tr>
<tr><th>风俗习惯</th><th>建筑、饮食和服饰</th><th colspan="3">神话、谚语和民间故事</th><th>科学、艺术和文学</th></tr>
<tr><td>拜年</td><td></td><td colspan="3">差之毫厘，谬以千里；有缘千里来相会，无缘对面不相逢；千里姻缘一线牵；喝口凉水都长肉；丈母娘疼女婿；娇子如害子；妻管严；崔莺莺与张生的故事</td><td></td></tr>
<tr><td colspan="6"></td></tr>
<tr><td rowspan="7">《桥梁——实用汉语中级教程》下册</td><th colspan="2">交际文化</th><th colspan="4">国情文化</th></tr>
<tr><th>语言部分</th><th>非语言部分</th><th>社会生活</th><th>历史知识和人物</th><th>地理概况和名胜古迹</th><th>民族及其他</th></tr>
<tr><td>客套话、中国人的姓和名</td><td>拜访朋友的讲究</td><td></td><td>科举制度、文化大革命</td><td>西藏</td><td></td></tr>
<tr><th colspan="6">知识文化</th></tr>
<tr><th>风俗习惯</th><th>建筑、饮食和服饰</th><th colspan="3">神话、谚语和民间故事</th><th>科学、艺术和文学</th></tr>
<tr><td></td><td></td><td colspan="3">车到山前必有路；看人下菜碟；三百六十行，行行出状元；情人眼里出西施；嫁鸡随鸡，嫁狗随狗；到什么山上唱什么歌；不看僧面看佛面；人往高处走，水往低处流；公说公有理，婆说婆有理；种瓜得瓜，种豆得豆；武松打虎</td><td></td></tr>
</table>

<table>
<tr><th rowspan="2">教材名称</th><th colspan="2">交际文化</th><th colspan="4">国情文化</th></tr>
<tr><th>语言部分</th><th>非语言部分</th><th>社会生活</th><th>历史知识和人物</th><th>地理概况和名胜古迹</th><th>民族及其他</th></tr>
<tr><td rowspan="4">《大众汉语》中高级一、二册</td><td>与家族观念有关的称呼、中国人的姓名、打招呼、委婉、“龙”的象征意义</td><td>送礼、接待、拜访</td><td>中国人的隐私观念（婚姻、经济、爱面子）</td><td>屈原、老子、庄子、道家学派、孔子</td><td>长城、丝绸之路</td><td></td></tr>
<tr><th colspan="6">知识文化</th></tr>
<tr><th colspan="2">风俗习惯</th><th>建筑、饮食和服饰</th><th>神话、谚语和民间故事</th><th colspan="2">科学、艺术和文学</th></tr>
<tr><td colspan="2">落叶归根、家族观念、除夕守岁、春节贴春联、拜年、元宵节、端午节、清明节、中秋节、重阳节</td><td>四合院；茶、元宵、中国的饮食文化</td><td>画蛇添足、凿壁偷光等民间故事，“年”的传说</td><td colspan="2">四大发明、瓷器；②老舍、林语堂、汪曾祺</td></tr>
<tr><td rowspan="6">《阶梯汉语》中级精读——四册</td><th colspan="2">交际文化</th><th colspan="4">国情文化</th></tr>
<tr><th>语言部分</th><th>非语言部分</th><th>社会生活</th><th>历史知识和人物</th><th>地理概况和名胜古迹</th><th>民族及其他</th></tr>
<tr><td>①颜色的象征意义</td><td></td><td>②四代同堂；③十二生肖、中国人口；④中国婚姻家庭观念</td><td></td><td>②长城</td><td></td></tr>
<tr><th colspan="6">知识文化</th></tr>
<tr><th>风俗习惯</th><th>建筑、饮食和服饰</th><th colspan="2">神话、谚语和民间故事</th><th colspan="2">科学、艺术和文学</th></tr>
<tr><td>①二十四节气、农历</td><td></td><td colspan="2">②牛郎织女、孟姜女哭长城、梁山泊与祝英台的故事；③农谚、气象谚、风俗谚、讥讽谚、生活知识谚；④歇后语、花木兰的故事</td><td colspan="2">③古诗六首；④中医中药、词八首</td></tr>
<tr><td rowspan="6">《新实用汉语课本》第五册</td><th colspan="2">交际文化</th><th colspan="4">国情文化</th></tr>
<tr><th>语言部分</th><th>非语言部分</th><th>社会生活</th><th>历史知识和人物</th><th>地理概况和名胜古迹</th><th>民族及其他</th></tr>
<tr><td></td><td></td><td>劝酒</td><td></td><td>大理、故宫</td><td></td></tr>
<tr><th colspan="6">知识文化</th></tr>
<tr><th colspan="2">风俗习惯</th><th>建筑、饮食和服饰</th><th>神话、谚语和民间故事</th><th colspan="2">科学、艺术和文学</th></tr>
<tr><td colspan="2">春节</td><td>老陈醋、酸菜白肉火锅、湖南臭豆腐、四川麻婆豆腐、豆汁</td><td>牛郎织女的故事</td><td colspan="2">朱自清、《西游记》；戏曲《梁山伯与祝英台》</td></tr>
</table>

教材名称	交际文化		国情文化			
	语言部分	非语言部分	社会生活	历史知识和人物	地理概况和名胜古迹	民族及其他
《新实用汉语课本》第六册				秀才、七七抗战		

教材名称	知识文化			
	风俗习惯	建筑、饮食和服饰	神话、谚语和民间故事	科学、艺术和文学
《新实用汉语课本》第六册	端午节、腊八	四合院、胡同；茅台酒	张飞吃豆芽——小菜一碟	中医、针灸；施耐庵《水浒传》、李商隐、全唐诗；相声

教材名称	交际文化		国情文化			
	语言部分	非语言部分	社会生活	历史知识和人物	地理概况和名胜古迹	民族及其他
《发展汉语》中级汉语上册	黄色代表富贵			汉代、丝绸之路、八旗、清、科举、五行、国民党	天坛、社稷坛、黄土高原、泰山、长城、西湖、黄河、北海、西山、颐和园、楼兰古城、罗布泊	满族、藏族

教材名称	知识文化			
	风俗习惯	建筑、饮食和服饰	神话、谚语和民间故事	科学、艺术和文学
《发展汉语》中级汉语上册	春节、结婚礼金	唐装、旗袍	女娲补天	四大发明

教材名称	交际文化		国情文化			
	语言部分	非语言部分	社会生活	历史知识和人物	地理概况和名胜古迹	民族及其他
《发展汉语》中级汉语下册		饭桌礼仪	红十字会、熊猫、北京话	孟子	秦岭、可可西里、青藏高原、长江、黄河、八达岭、天安门、人民大会堂、中南海、兵马俑、乐山大佛、丽江古城、敦煌莫高窟、黄山、颐和园、布达拉宫、九寨沟	

教材名称	知识文化			
	风俗习惯	建筑、饮食和服饰	神话、谚语和民间故事	科学、艺术和文学
《发展汉语》中级汉语下册		胡同、四合院	嫁鸡随鸡，嫁狗随狗；一个巴掌拍不响；少年夫妻老来伴；无规矩不成方圆	朱自清、《西游记》；京剧《贵妃醉酒》、梅兰芳

<table>
<tr><td rowspan="2">教材名称</td><td colspan="2">交际文化</td><td colspan="4">国情文化</td></tr>
<tr><td>语言部分</td><td>非语言部分</td><td>社会生活</td><td>历史知识和人物</td><td>地理概况和名胜古迹</td><td>民族及其他</td></tr>
<tr><td rowspan="4">《汉语精读课本》二年级上、下册</td><td>②客套话</td><td></td><td>①农民工、沙尘暴、摩梭人“走婚制”</td><td>②西周、甲子</td><td></td><td></td></tr>
<tr><td colspan="6">知识文化</td></tr>
<tr><td>风俗习惯</td><td colspan="2">建筑、饮食和服饰</td><td colspan="2">神话、谚语和民间故事</td><td>科学、艺术和文学</td></tr>
<tr><td>②春节、对联、拜年</td><td colspan="2">②四合院</td><td colspan="2">①封神榜的故事；②不孝有三，无后为大；民以食为天；一年之计在于春；安贫乐道</td><td>②林语堂、苏东坡、《红楼梦》</td></tr>
<tr><td rowspan="6">《成功之路》提高篇一、二册</td><td colspan="2">交际文化</td><td colspan="4">国情文化</td></tr>
<tr><td>语言部分</td><td>非语言部分</td><td>社会生活</td><td>历史知识和人物</td><td>地理概况和名胜古迹</td><td>民族及其他</td></tr>
<tr><td>②中国人的姓氏</td><td></td><td>①小皇帝、气功、太极拳</td><td>②春秋、唐代、汉代、五代；鲁班</td><td>①秦岭</td><td></td></tr>
<tr><td colspan="6">知识文化</td></tr>
<tr><td>风俗习惯</td><td colspan="2">建筑、饮食和服饰</td><td colspan="2">神话、谚语和民间故事</td><td>科学、艺术和文学</td></tr>
<tr><td>②清明节</td><td colspan="2">①炸酱面、兰州拉面、担担面</td><td colspan="2">①塞翁失马，焉知非福；脸红脖子粗；②上得厅堂，下得厨房</td><td>①陶瓷；②京剧、昆曲</td></tr>
<tr><td rowspan="6">《成功之路》跨越篇一、二册</td><td colspan="2">交际文化</td><td colspan="4">国情文化</td></tr>
<tr><td>语言部分</td><td>非语言部分</td><td>社会生活</td><td>历史知识和人物</td><td>地理概况和名胜古迹</td><td>民族及其他</td></tr>
<tr><td>①委婉、客套话</td><td></td><td>②属相、方言、计划生育</td><td>②辽代、近代、元朝、明朝、清朝</td><td></td><td>②满族、蒙古族</td></tr>
<tr><td colspan="6">知识文化</td></tr>
<tr><td>风俗习惯</td><td colspan="2">建筑、饮食和服饰</td><td>神话、谚语和民间故事</td><td colspan="2">科学、艺术和文学</td></tr>
<tr><td></td><td colspan="2">②鱼香肉丝、京酱肉丝、宫保鸡丁、糖醋里脊</td><td>①庐山真面目、弯刀对着瓢切菜——正好；②棒打不散的鸳鸯</td><td colspan="2">①张大千；②曹雪芹、侯宝林</td></tr>
</table>

注：表格中的①②③④表示教材册别。

表 5-6　中级综合课教材练习项点表

教材名称	语音	汉字	词语					语句													综合						情景交际	新题型			总项点数
	注音	偏旁练习	组词	反义词	近义词	多义词	同类词	填空	选择	词语搭配	替换练习	选位置填词	扩展练习	语序	完成句子	完成会话	改错	造句	改写	判断正误	问答练习	翻译练习	课堂讨论	短文阅读	语段表达	作文		汉字	词语	语法	
《实用汉语课本》三、四册			+				+	+		+			+		+	+		+	+		+	+	+	+	+	+			+		16
《中级汉语教程》上、下册	+		+	+	+	+	+	+		+	+		+	+	+			+	+		+		+		+	+			+	+	20
《汉语中级教程》一、二册	+		+			+		+		+		+	+		+	+		+	+	+	+			+							14
《新汉语课本》五—八册	+		+	+	+		+	+	+	+	+		+		+		+	+		+	+		+		+	+			+	+	20
《中级汉语课本》全一册	+		+	+			+	+							+			+	+	+	+	+			+					+	13
《桥梁——实用汉语中级教程》上、下册			+	+	+			+		+		+	+	+	+		+	+	+	+	+		+	+	+		+	+	+	+	21
《大众汉语》中高级一、二册	+		+	+	+	+		+	+	+	+		+	+	+	+	+	+		+	+				+				+	+	20

教材名称	语音	汉字	词语					语句													综合						情景交际	新题型			总项点数
	注音	偏旁练习	组词	反义词	近义词	多义词	同类词	填空	选择	词语搭配	替换练习	选位置填词	扩展练习	语序	完成句子	完成会话	改错	造句	改写	判断正误	问答练习	翻译练习	课堂讨论	短文阅读	语段表达	作文		汉字	词语	语法	
《阶梯汉语》 中级精读一—四册	+	+		+	+	+	+	+	+	+	+	+	+		+		+	+	+	+	+	+			+	+			+		22
《新实用汉语课本》 五、六册	+		+				+	+		+						+			+	+	+	+		+	+					+	13
《发展汉语》 中级汉语上、下册				+	+			+		+	+	+		+	+	+	+	+	+	+	+		+	+	+		+		+	+	20
《汉语精读课本》 二年级上、下册	+		+	+	+	+		+	+	+		+	+	+	+	+	+	+	+	+	+		+	+	+	+				+	23
《成功之路》 提高篇一、二册 跨越篇一、二册					+			+						+	+	+				+	+		+	+	+						10

表 6-1　高级综合课教材编排项点表

教材名称	教材体例及呈现顺序	所依据大纲	总课数	总单元数	复习课数	测试题
《实用汉语课本》五、六册	课文、题解、生词、专名、重点词语举例、练习	—	五：14 六：15	五：无 六：4	—	—
《高级汉语教程》上、中、下册	课文、注释、词义辨析、词语例释、练习、语言和文化知识、阅读课文	—	上：10 中：10 下：10	—	—	—
《汉语高级教程》一、二册	课文、生词、注释、词语例释、练习	—	一：14 二：14	—	—	—
《高级汉语课本》全一册	课文、阅读课文、课文注释、词语例释、语法与修辞知识、练习、写作知识、补充阅读	—	20	—	—	—
《实用汉语高级教程》一—四册	课文、词语、注释、词语例释、词义辨析、句式、汉语知识、练习	—	一：10 二：10 三：10 四：10	—	—	—

教材名称	教材体例及呈现顺序	所依据大纲	总课数	总单元数	复习课数	测试题
《标准汉语教程》 高级一—三册	课文、新词语（含专名）、新出汉字、语法注释、练习、选读课文	《汉语水平词汇与汉字等级大纲》 《汉语水平等级标准与语法等级大纲》	一：14 二：14 三：14	—	—	—
《现代汉语 高级教程》 三年级上、下册 四年级全一册	课文、词语表、词语例释、同义词辨析、词语说明、语法提示、练习	《中高级对外汉语教学等级大纲》	三上：10 三下：10 四：10	—	—	—
《发展汉语》 高级汉语上、下册	课文、注释、生词、专名、词语、句式例释、练习、阅读课文	《汉语水平词汇与汉字等级大纲》 （修订本） 《汉语水平等级标准与语法等级大纲》 《高等学校外国留学生汉语教学大纲》 （长期进修）	上：15 下：15	—	—	—
《汉语精读课本》 三年级上册	课文、词语表、注释、练习	《高等学校外国留学生汉语言专业教学大纲》	15	—	—	—
《成功之路》 冲刺篇一、二册 成功篇一、二册	背景阅读与练习、课文、词语讲解与练习、语法讲解与练习、修辞提示与练习、表达与写作、扩展空间	《高等学校外国留学生汉语教学大纲》 （长期进修）	冲刺篇一：6 冲刺篇二：6 成功篇一：6 成功篇二：6	—	—	—

表 6-2　高级综合课教材课文选篇项点表

<table>
<tr><th rowspan="2">教材名称</th><th rowspan="2">课文导入</th><th rowspan="2">语言特点</th><th colspan="2">课文长度（字）</th><th colspan="2">体裁</th><th rowspan="2">题材</th></tr>
<tr><th>正课文</th><th>阅读课文</th><th>正课文</th><th>阅读课文</th></tr>
<tr><td rowspan="2">《实用汉语课本》第五册</td><td>课文后含有题解，介绍背景知识。</td><td>真实、自然、规范、有时代性</td><td>900–1800</td><td>—</td><td>小小说、记叙文、说明文、议论文、通讯报道</td><td>—</td><td>日常生活、社会问题、自然人文、教育学习、家庭情感、人生哲理、艺术建筑、文化习俗、历史考古、科学技术</td></tr>
<tr><td>备注</td><td colspan="6"></td></tr>
<tr><td rowspan="4">《实用汉语课本》第六册</td><th rowspan="2">课文导入</th><th rowspan="2">语言特点</th><th colspan="2">课文长度（字）</th><th colspan="2">体裁</th><th rowspan="2">题材</th></tr>
<tr><th>正课文</th><th>阅读课文</th><th>正课文</th><th>阅读课文</th></tr>
<tr><td>每单元第一课前有背景知识介绍，相关章节含有联结内容。</td><td>文学性极强</td><td>平均每课 2000 字</td><td>—</td><td>电影剧本、小说节选、话剧节选</td><td>—</td><td>《喜盈门》《林家铺子》《乔厂长上任记》《日出》，反映中国社会生活、家庭生活、社会问题等的名著。</td></tr>
<tr><td>备注</td><td colspan="6">四个单元节选了四部名著，每单元 3–5 课，相关章节之间增添了联结段落，用其他字体以示区别。</td></tr>
<tr><td rowspan="4">《高级汉语教程》上、中、下册</td><th rowspan="2">课文导入</th><th rowspan="2">语言特点</th><th colspan="2">课文长度（字）</th><th colspan="2">体裁</th><th rowspan="2">题材</th></tr>
<tr><th>正课文</th><th>阅读课文</th><th>正课文</th><th>阅读课文</th></tr>
<tr><td>—</td><td>以现当代散文、小说为主，含少量话剧、杂文、白话小说等。</td><td>上：1200–25000
中：5000–10000
下：5000–17000</td><td>上：1200–3500
中：1500–8000
下：1800–12000</td><td>记叙文、小说、戏剧、说明文</td><td>记叙文、小说、说明文、相声、议论文</td><td>日常生活、家庭情感、文化习俗、地理旅游、社会问题、自然人文、人物事迹、爱情婚姻、历史故事、传统艺术、艺术建筑</td></tr>
<tr><td>备注</td><td colspan="6">有专门的语言和文化知识板块。下册分为精读部分和阅读与欣赏部分，阅读与欣赏部分包含 6 课课文。</td></tr>
</table>

<table>
<tr><th rowspan="2">教材名称</th><th rowspan="2">课文导入</th><th rowspan="2">语言特点</th><th colspan="2">课文长度（字）</th><th colspan="2">体裁</th><th rowspan="2">题材</th></tr>
<tr><th>正课文</th><th>阅读课文</th><th>正课文</th><th>阅读课文</th></tr>
<tr><td rowspan="2">《汉语高级教程》一、二册</td><td>—</td><td>多选取现当代名家作品，重视语言典范性。</td><td>一：1200–8000
二：1200–18000</td><td>—</td><td>记叙文，小说，说明文，议论文，演讲、讲话稿，话剧</td><td>—</td><td>家庭情感、社会问题、艺术建筑、旅游地理、爱情婚姻、语言文化、人物事迹、人生哲理、历史故事</td></tr>
<tr><td>备注</td><td colspan="6"></td></tr>
<tr><td rowspan="4">《高级汉语课本》全一册</td><td rowspan="2">课文导入</td><td rowspan="2">语言特点</td><td colspan="2">课文长度（字）</td><td colspan="2">体裁</td><td rowspan="2">题材</td></tr>
<tr><td>正课文</td><td>阅读课文</td><td>正课文</td><td>阅读课文</td></tr>
<tr><td>—</td><td>规范、真实</td><td>500–4500</td><td>300–2000</td><td>记叙文，议论文，小说，调查报告，通讯，书信，序言，讲演、讲话稿，公文，论文</td><td>采访、说明文、议论文、小说、调查报告、记叙文、书信、通讯、序言、公文、论文</td><td>日常生活、人生哲理、社会生活、教育学习、家庭情感、人物事迹、社会问题、经济活动、历史故事、地理旅游、文化习俗</td></tr>
<tr><td>备注</td><td colspan="6">每课标题后标明课文体裁。阅读与写作练习中分别有写作知识介绍和补充阅读。</td></tr>
<tr><td rowspan="4">《实用汉语高级教程》一—四册</td><td rowspan="2">课文导入</td><td rowspan="2">语言特点</td><td colspan="2">课文长度（字）</td><td colspan="2">体裁</td><td rowspan="2">题材</td></tr>
<tr><td>正课文</td><td>阅读课文</td><td>正课文</td><td>阅读课文</td></tr>
<tr><td>—</td><td>真实、规范，多出自名家名篇。</td><td>一：1200–10000
二：1700–10000
三：2800–11000
四：4500–15000</td><td>—</td><td>记叙文、书信、戏剧、说明文、小说、议论文、相声、调查报告、讲演稿</td><td>—</td><td>家庭情感、日常生活、社会生活、人物事迹、社会问题、语言文化、艺术建筑、文化习俗、地理旅游、中国社会、自然科技、人生哲理、教育学习</td></tr>
<tr><td>备注</td><td colspan="6">目录每课标题后标明课文体裁。阅读与写作练习中分别有写作知识介绍和补充阅读。</td></tr>
</table>

<table>
<tr><th rowspan="2">教材名称</th><th rowspan="2">课文导入</th><th rowspan="2">语言特点</th><th colspan="2">课文长度（字）</th><th colspan="2">体裁</th><th rowspan="2">题材</th></tr>
<tr><th>正课文</th><th>阅读课文</th><th>正课文</th><th>阅读课文</th></tr>
<tr><td rowspan="2">《标准汉语教程》
高级一——三册</td><td>—</td><td>规范，有时代性，少有名家名篇。注重可读性与知识性。</td><td>一：1000–2300
二：1100–2700
三：1300–3000</td><td>一：700–1400
二：600–1200
三：1000–1500</td><td>记叙文、说明文、议论文、研究报告、声明</td><td>说明文、议论文、记叙文</td><td>社会问题、哲学问题、文化习俗、经济活动、社会宗教、军事国防、科学技术、艺术审美、心理问题、历史战争、语言文化、社会生活、文学创作、远古神话、自然人文、民族风俗及政策、人物事迹、世界焦点</td></tr>
<tr><td>备注</td><td colspan="6">含有每课新汉字及新汉字总表。</td></tr>
<tr><td rowspan="4">《现代汉语高级教程》
三年级
上、下册</td><th rowspan="2">课文导入</th><th rowspan="2">语言特点</th><th colspan="2">课文长度（字）</th><th colspan="2">体裁</th><th rowspan="2">题材</th></tr>
<tr><th>正课文</th><th>阅读课文</th><th>正课文</th><th>阅读课文</th></tr>
<tr><td>—</td><td>以八九十年代发表的文章为主，语言规范。</td><td>上：2000–4100
下：1800–8200</td><td>—</td><td>说明文、记叙文、对话访谈、小说、书信、议论文</td><td>—</td><td>地理旅游、家庭生活、艺术建筑、经济活动、文化习俗、日常生活、自然人文、教育学习、社会问题、历史故事、现代科技、人物事迹</td></tr>
<tr><td>备注</td><td colspan="6"></td></tr>
<tr><td rowspan="4">《现代汉语高级教程》
四年级
全一册</td><th rowspan="2">课文导入</th><th rowspan="2">语言特点</th><th colspan="2">课文长度（字）</th><th colspan="2">体裁</th><th rowspan="2">题材</th></tr>
<tr><th>正课文</th><th>阅读课文</th><th>正课文</th><th>阅读课文</th></tr>
<tr><td>—</td><td>同上</td><td>2800–9000</td><td>—</td><td>记叙文、日记、戏剧、小说</td><td>—</td><td>人物事迹、家庭生活、人生哲理、社会问题、文化习俗、语言文化</td></tr>
<tr><td>备注</td><td colspan="6"></td></tr>
</table>

<table>
<tr><th rowspan="2">教材名称</th><th rowspan="2">课文导入</th><th rowspan="2">语言特点</th><th colspan="2">课文长度（字）</th><th colspan="2">体裁</th><th rowspan="2">题材</th></tr>
<tr><th>正课文</th><th>阅读课文</th><th>正课文</th><th>阅读课文</th></tr>
<tr><td rowspan="2">《发展汉语》
高级汉语上、下册</td><td>—</td><td>规范、真实，注重现代生活特点和实用性。</td><td>上：1900–3900
下：2000–4300</td><td>上：300–1300
下：400–2000</td><td>记叙文、议论文、小说、说明文</td><td>记叙文、说明文、对话采访、议论文、小说</td><td>旅游地理、生活励志、日常生活、爱情婚姻、社会问题、网络电脑、教育学习、家庭生活、战争、文化习俗、中外对比、人生哲理、法律问题、自然科学</td></tr>
<tr><td>备注</td><td colspan="6">部分课文以分段落标题式呈现，尤其是下册后半部分。</td></tr>
<tr><td rowspan="4">《汉语精读课本》
三年级上册</td><th rowspan="2">课文导入</th><th rowspan="2">语言特点</th><th colspan="2">课文长度（字）</th><th colspan="2">体裁</th><th rowspan="2">题材</th></tr>
<tr><th>正课文</th><th>阅读课文</th><th>正课文</th><th>阅读课文</th></tr>
<tr><td>—</td><td>课文包含部分网络文学、报刊文学作品等，少见名家名篇。</td><td>1800–4300</td><td>—</td><td>记叙文、说明文、议论文</td><td>—</td><td>日常生活、家庭生活、生活励志、文化习俗、中外对比、社会问题、媒体科技、社会问题、旅游地理、人生哲理</td></tr>
<tr><td>备注</td><td colspan="6"></td></tr>
</table>

教材名称	课文导入	语言特点	课文长度（字）		体裁		题材
			正课文	阅读课文	正课文	阅读课文	
《成功之路》冲刺篇 一、二册	含背景阅读与练习，含课文导读、背景链接。	真实、自然、规范，有时代性。	一：2000–2200 二：2000–3000	一：600–1000 二：1000–2000	记叙文、小说、议论文、说明文、访谈、演讲稿、论文	记叙文、说明文、议论文、通讯	地理人文、家庭情感、自然景物、文化习俗、教育学习、社会问题、历史人物、爱情婚姻、生活励志
	备注	每课含两篇阅读课文。					
《成功之路》成功篇 一、二册	课文导入	语言特点	课文长度（字）		体裁		题材
			正课文	阅读课文	正课文	阅读课文	
	含背景阅读与练习，含课文导读、背景链接。	真实、自然、规范，有时代性。	一：3000–4000 二：3000–6500	一：800–1500 二：500–1500	记叙文、小说、议论文、说明文、访谈、演讲稿、论文	记叙文、说明文、议论文、通讯	环境保护、自然地理人文、传统文化、地理旅游、文化习俗、历史考古、家庭情感、社会问题、艺术建筑、哲学问题、科学发展
	备注	每课含两篇阅读课文。					

表 6-3　高级综合课教材词汇项点表

说明：

1. 全套教材词语总数中的“生词总数”为该教材每课生词（不包括专有名词、补充词汇）数相加，得出总数“X”；

2. 全套教材词语总数中的“专有名词数”为该教材每课专有名词（不包括补充词汇中出现的专有名词）数相加的和；

3.“每课平均数”中的“生词数”为生词总数“X”除以含有生词的课数所得的商，结果保留两位小数；

4. 词汇“超纲数”统计所依据的大纲均为该教材在编写过程中所依据的大纲；“超纲数”为超出高级词汇、大纲以外的词数；未提及大纲的教材，未作有关词汇超纲数的统计；“超纲率”为“超纲数”除以“生词总数”所得的商，结果保留两位小数。

<table>
<tr><th rowspan="2">教材名称</th><th rowspan="2">词汇种类</th><th colspan="4">词汇数据统计</th><th colspan="2">呈现情况</th><th colspan="4">标注方式</th></tr>
<tr><th>总数</th><th>每课平均数</th><th>超纲数</th><th>超纲率</th><th>形式</th><th>位置</th><th>拼音</th><th>词性</th><th>中文释义</th><th>英文释义</th></tr>
<tr><td rowspan="6">《实用汉语课本》五、六册</td><td>生词</td><td>2334</td><td>2334/(14+15) ≈ 80.48</td><td></td><td></td><td>“生词”表</td><td>每课课文后</td><td>+</td><td>+</td><td>+</td><td>—</td></tr>
<tr><td>专有名词</td><td>40</td><td>40/(14+15) ≈ 1.38</td><td></td><td></td><td>“专名”表</td><td>生词表后</td><td>+</td><td>—</td><td>+</td><td>—</td></tr>
<tr><td>补充词汇</td><td colspan="10">——</td></tr>
<tr><td>词汇索引表</td><td colspan="4">单元小结</td><td colspan="2">近义词对比</td><td colspan="4">词语搭配与扩展</td></tr>
<tr><td>+</td><td colspan="4">—</td><td colspan="2">—</td><td colspan="4">—</td></tr>
<tr><td>备注</td><td colspan="10">1. 第五册每课生词后含“重点词语举例”，对课文中出现的重点词语给出例句；
2. 第六册每课生词后含“注释”，对课文中出现的富有中国文化色彩的词语进行解释说明；
3.“注释”后含“词语例解”，解释课文中出现的重点词语，并给出例句。</td></tr>
</table>

<table>
<tr><th rowspan="2">教材名称</th><th rowspan="2">词汇种类</th><th colspan="4">词汇数据统计</th><th colspan="2">呈现情况</th><th colspan="4">标注方式</th></tr>
<tr><th>总数</th><th>每课平均数</th><th>超纲数</th><th>超纲率</th><th>形式</th><th>位置</th><th>拼音</th><th>词性</th><th>中文释义</th><th>英文释义</th></tr>
<tr><td rowspan="6">《高级汉语教程》
上、中、下册</td><td>生词</td><td>2340</td><td>2340/(10+10+10)=78</td><td></td><td></td><td>“注释”</td><td>每课课文后</td><td>+</td><td>+</td><td>+</td><td>—</td></tr>
<tr><td>专有名词</td><td>87</td><td>87/(10+10+10)=2.90</td><td></td><td></td><td>“注释”</td><td>每课课文后</td><td>+</td><td>+</td><td>+</td><td>—</td></tr>
<tr><td>补充词汇</td><td colspan="10">——</td></tr>
<tr><td>词汇索引表</td><td colspan="4">单元小结</td><td colspan="2">近义词对比</td><td colspan="4">词语搭配与扩展</td></tr>
<tr><td>+</td><td colspan="4">—</td><td colspan="2">+</td><td colspan="4">—</td></tr>
<tr><td>备注</td><td colspan="10">1. 上册附“单音节形容词与后缀搭配表”，列出教材中出现的单音节加后缀的形容词并注释；
2. 上、中册每课生词后含“词义辨析”，对近义词进行辨析并举例；
3. 上、中册每课“词义辨析”后含“词语例解”，解释课文中出现的重点词语，并给出例句；
4. 中册附“同义词、反义词”列表。</td></tr>
<tr><td rowspan="8">《汉语高级教程》
一、二册</td><td rowspan="2">词汇种类</td><td colspan="4">词汇数据统计</td><td colspan="2">呈现情况</td><td colspan="4">标注方式</td></tr>
<tr><td>总数</td><td>每课平均数</td><td>超纲数</td><td>超纲率</td><td>形式</td><td>位置</td><td>拼音</td><td>词性</td><td>中文释义</td><td>英文释义</td></tr>
<tr><td>生词</td><td>3331</td><td>3331/(14+14) ≈ 118.96</td><td></td><td></td><td>“生词”表</td><td>每课课文后</td><td>+</td><td>+</td><td>+</td><td>极少</td></tr>
<tr><td>专有名词</td><td>110</td><td>110/(14+14) ≈ 3.93</td><td></td><td></td><td>“注释”</td><td>每课生词后</td><td>—</td><td>—</td><td>+</td><td>—</td></tr>
<tr><td>补充词汇</td><td colspan="10">——</td></tr>
<tr><td>词汇索引表</td><td colspan="4">单元小结</td><td colspan="2">近义词对比</td><td colspan="4">词语搭配与扩展</td></tr>
<tr><td>+</td><td colspan="4">+</td><td colspan="2">—</td><td colspan="4">—</td></tr>
<tr><td>备注</td><td colspan="10">1. 每课生词后含“注释”，对课文中出现的富有中国文化色彩的词语进行解释说明；
2. 每课“注释”后含“词语例解”，解释课文中出现的重点词语，并给出例句。</td></tr>
</table>

<table>
<tr><th rowspan="2">教材名称</th><th rowspan="2">词汇种类</th><th colspan="4">词汇数据统计</th><th colspan="2">呈现情况</th><th colspan="4">标注方式</th></tr>
<tr><th>总数</th><th>每课平均数</th><th>超纲数</th><th>超纲率</th><th>形式</th><th>位置</th><th>拼音</th><th>词性</th><th>中文释义</th><th>英文释义</th></tr>
<tr><td rowspan="7">《高级汉语课本》全一册</td><td>生词</td><td>741</td><td>741/20=37.05</td><td></td><td></td><td>“课文注释”</td><td>每课课文后</td><td>+</td><td>+</td><td>+</td><td>—</td></tr>
<tr><td>专有名词</td><td>84</td><td>84/20=4.20</td><td></td><td></td><td>“课文注释”</td><td>每课课文后</td><td>+</td><td>+</td><td>+</td><td>—</td></tr>
<tr><td>补充词汇</td><td colspan="10">——</td></tr>
<tr><td>词汇索引表</td><td colspan="4">单元小结</td><td colspan="2">近义词对比</td><td colspan="4">词语搭配与扩展</td></tr>
<tr><td>—</td><td colspan="4">—</td><td colspan="2">—</td><td colspan="4">—</td></tr>
<tr><td>备注</td><td colspan="10">每课“课文注释”后含“词语例释”，解释课文中出现的重点词语，并给出例句。</td></tr>
<tr><td rowspan="2">词汇种类</td><td colspan="4">词汇数据统计</td><td colspan="2">呈现情况</td><td colspan="4">标注方式</td></tr>
<tr><td rowspan="8">《实用汉语高级教程》——四册</td><td>总数</td><td>每课平均数</td><td>超纲数</td><td>超纲率</td><td>形式</td><td>位置</td><td>拼音</td><td>词性</td><td>中文释义</td><td>英文释义</td></tr>
<tr><td>生词</td><td>3308</td><td>3308/(10+10+10+10)
=82.70</td><td></td><td></td><td>“词语”表</td><td>每课课文后</td><td>+</td><td>+</td><td>+</td><td>—</td></tr>
<tr><td>专有名词</td><td>196</td><td>196/ (10+10+10+10)
=4.90</td><td></td><td></td><td>“注释”</td><td>词语表后</td><td>—</td><td>—</td><td>+</td><td>—</td></tr>
<tr><td>补充词汇</td><td colspan="10">——</td></tr>
<tr><td>词汇索引表</td><td colspan="4">单元小结</td><td colspan="2">近义词对比</td><td colspan="4">词语搭配与扩展</td></tr>
<tr><td>+</td><td colspan="4">—</td><td colspan="2">+</td><td colspan="4">—</td></tr>
<tr><td>备注</td><td colspan="10">1. 每课“注释”后含“词语例解”，解释课文中出现的重点词语，并给出例句；
2. 每课“词语例解”后含“词义辨析”，对近义词进行辨析并举例；
3. 每课练习前含“汉语知识”，介绍、补充“委婉语词”“汉语中表示颜色的词”“离合词”等方面的知识。</td></tr>
</table>

<table>
<tr><th rowspan="2">教材名称</th><th rowspan="2">词汇种类</th><th colspan="4">词汇数据统计</th><th colspan="2">呈现情况</th><th colspan="4">标注方式</th></tr>
<tr><th>总数</th><th>每课平均数</th><th>超纲数</th><th>超纲率</th><th>形式</th><th>位置</th><th>拼音</th><th>词性</th><th>中文释义</th><th>英文释义</th></tr>
<tr><td rowspan="7">《标准汉语教程》高级——三册</td><td>生词</td><td>2748</td><td>2748/(14+14+14)≈65.43</td><td>1475</td><td>1475/2748≈53.68%</td><td>“新词语”表</td><td>每课课文后</td><td>+</td><td>+</td><td>+</td><td>—</td></tr>
<tr><td>专有名词</td><td>288</td><td>288/(14+14+14)≈6.86</td><td></td><td></td><td>“新词语”表</td><td>每课生词后</td><td>+</td><td>+</td><td>+</td><td>—</td></tr>
<tr><td>补充词汇</td><td>1047</td><td>1047/(14+14+14)≈24.93</td><td></td><td></td><td>—</td><td>每课最后“选读课文”中</td><td>—</td><td>—</td><td>—</td><td>—</td></tr>
<tr><td>词汇索引表</td><td colspan="4">单元小结</td><td colspan="2">近义词对比</td><td colspan="4">词语搭配与扩展</td></tr>
<tr><td>+</td><td colspan="4">—</td><td colspan="2">—</td><td colspan="4">—</td></tr>
<tr><td>备注</td><td colspan="10">1. 教材后附“新词语总表”，用“*”标出超纲词，并指出超纲词数量；
2. 每课“新词语”表后含“新出汉字”，三册新出汉字分别为219个、201个、250个，共670个，其中超纲汉字分别为47个、57个、115个，共219个；
3. 补充词汇用下画线标出；
4. 依据大纲：《汉语水平词汇与汉字等级大纲》。</td></tr>
</table>

<table>
<tr><th rowspan="2">教材名称</th><th rowspan="2">词汇种类</th><th colspan="4">词汇数据统计</th><th colspan="2">呈现情况</th><th colspan="4">标注方式</th></tr>
<tr><th>总数</th><th>每课平均数</th><th>超纲数</th><th>超纲率</th><th>形式</th><th>位置</th><th>拼音</th><th>词性</th><th>中文释义</th><th>英文释义</th></tr>
<tr><td rowspan="7">《现代汉语高级教程》三年级上、下册
四年级全一册</td><td>生词</td><td>2231</td><td>2231/(10+10+10)≈74.37</td><td>473</td><td>473/2231
≈21.20%</td><td>“词语”表</td><td>每课课文后</td><td>+</td><td>—</td><td>—</td><td>—</td></tr>
<tr><td>专有名词</td><td>188</td><td>188/(10+10+10)≈6.27</td><td></td><td></td><td>脚注</td><td>课文下方</td><td>—</td><td>—</td><td>+</td><td>部分</td></tr>
<tr><td>补充词汇</td><td colspan="10">——</td></tr>
<tr><td>词汇索引表</td><td colspan="4">单元小结</td><td colspan="2">近义词对比</td><td colspan="4">词语搭配与扩展</td></tr>
<tr><td>+</td><td colspan="4">—</td><td colspan="2">+（三年级上、下册）</td><td colspan="4">—</td></tr>
<tr><td>备注</td><td colspan="10">1. 每课“词语”表中含每课出现的成语，并标注拼音；
2. 每课“词语”表后含“词语例释”，解释课文中出现的重点词语，并给出例句；
3. 三年级上、下册每课“词语例释”后含“同义词辨析”，对近义词进行辨析并举例；
4. 三年级上、下册每课“同义词辨析”后含“词语说明”，介绍、补充“歇后语”“行业语”等知识；
5. 依据大纲：《中高级对外汉语教学等级大纲》。</td></tr>
</table>

<table>
<tr><th rowspan="2">教材名称</th><th rowspan="2">词汇种类</th><th colspan="4">词汇数据统计</th><th colspan="2">呈现情况</th><th colspan="4">标注方式</th></tr>
<tr><th>总数</th><th>每课平均数</th><th>超纲数</th><th>超纲率</th><th>形式</th><th>位置</th><th>拼音</th><th>词性</th><th>中文释义</th><th>英文释义</th></tr>
<tr><td rowspan="6">《发展汉语》
高级汉语
上、下册</td><td>生词</td><td>2124</td><td>2124/(15+15)=70.80</td><td>670</td><td>670/2124
≈31.54%</td><td>“生词”表</td><td>每课课文后</td><td>+</td><td>+</td><td>+</td><td>—</td></tr>
<tr><td>专有名词</td><td>75</td><td>75/(15+15)=2.50</td><td></td><td></td><td>“专名”表</td><td>每课生词表后</td><td>+</td><td>—</td><td>+</td><td>—</td></tr>
<tr><td>补充词汇</td><td colspan="10">——</td></tr>
<tr><td>词汇索引表</td><td colspan="5">单元小结</td><td colspan="2">近义词对比</td><td colspan="3">词语搭配与扩展</td></tr>
<tr><td>+</td><td colspan="5">—</td><td colspan="2">—</td><td colspan="3">—</td></tr>
<tr><td>备注</td><td colspan="10">1. 每课生词标出所属词汇大纲级别；
2. 每课“生词”表后，含“词语、句式例解”，解释课文中出现的重点词语，并给出例句；
3. 部分课生词前含“注释”，对课文中出现的富有中国文化色彩的词语进行解释说明；
4. 依据大纲：《汉语水平词汇与汉字等级大纲》(修订本)。</td></tr>
<tr><td rowspan="8">《汉语精读课本》
三年级上册</td><td rowspan="2">词汇种类</td><td colspan="4">词汇数据统计</td><td colspan="2">呈现情况</td><td colspan="4">标注方式</td></tr>
<tr><td>总数</td><td>每课平均数</td><td>超纲数</td><td>超纲率</td><td>形式</td><td>位置</td><td>拼音</td><td>词性</td><td>中文释义</td><td>英文释义</td></tr>
<tr><td>生词</td><td>907</td><td>907/15≈60.47</td><td>242</td><td>242/907
≈26.68%</td><td>“词语表”</td><td>每课课文后</td><td>+</td><td>+</td><td>+</td><td>—</td></tr>
<tr><td>专有名词</td><td>76</td><td>76/15≈5.07</td><td></td><td></td><td>“专有名词”表</td><td>每课词语表后</td><td>+</td><td>—</td><td>+</td><td>—</td></tr>
<tr><td>补充词汇</td><td colspan="10">——</td></tr>
<tr><td>词汇索引表</td><td colspan="5">单元小结</td><td colspan="2">近义词对比</td><td colspan="3">词语搭配与扩展</td></tr>
<tr><td>+</td><td colspan="5">—</td><td colspan="2">—</td><td colspan="3">—</td></tr>
<tr><td>备注</td><td colspan="10">1. 每 5 课含单元测试，教材最后附“总测试卷”；2. 课文后有“注释”，解释课文中出现的重点词语，并给出例句；
3. 依据大纲：《高等学校外国留学生汉语言专业教学大纲》。</td></tr>
</table>

<table>
<tr><th rowspan="2">教材名称</th><th rowspan="2">词汇种类</th><th colspan="4">词汇数据统计</th><th colspan="2">呈现情况</th><th colspan="4">标注方式</th></tr>
<tr><th>总数</th><th>每课平均数</th><th>超纲数</th><th>超纲率</th><th>形式</th><th>位置</th><th>拼音</th><th>词性</th><th>中文释义</th><th>英文释义</th></tr>
<tr><td rowspan="6">《成功之路》
冲刺篇一、二册</td><td>生词</td><td>660</td><td>660/(6+6)=55</td><td>127</td><td>127/660
≈ 19.24%</td><td>“词语”表</td><td>每课课文后</td><td>+</td><td>+</td><td>+</td><td>—</td></tr>
<tr><td>专有名词</td><td>72</td><td>72/(6+6)=6</td><td></td><td></td><td>“专有名词”表</td><td>每课词语表后</td><td>+</td><td>—</td><td>+</td><td>—</td></tr>
<tr><td>补充词汇</td><td>39</td><td>39/(6+6)=3.25</td><td></td><td></td><td>“词语追踪”</td><td>每课最后
“扩展空间”</td><td>—</td><td>—</td><td>—</td><td>—</td></tr>
<tr><td>词汇索引表</td><td colspan="4">单元小结</td><td colspan="2">近义词对比</td><td colspan="4">词语搭配与扩展</td></tr>
<tr><td>+</td><td colspan="4">—</td><td colspan="2">+</td><td colspan="4">+</td></tr>
<tr><td>备注</td><td colspan="10">1. 每课课文中生词均用专色呈现；
2. 每课“词语”表后含“四字词语”，标注拼音及中文释义。部分课文后含“术语”，为课文中出现的术语名称，如京剧中角色的名称等；
3. 每课课文下方有脚注，解释文中出现的含中国文化色彩的词语；
4. 每课“词语”表后的“词语讲解与练习”包括“词语例解”“词语辨析”“词语搭配”和“练习”。“词语例解”，解释课文中出现的重点词语，并给出例句；“词语辨析”，以表格形式从近义词的词性、语体风格、词义范围等方面进行比较；“词语搭配”，列出生词的搭配用法；
5. 依据大纲：《高等学校外国留学生汉语教学大纲》(长期进修)。</td></tr>
</table>

教材名称	词汇种类	词汇数据统计				呈现情况		标注方式			
		总数	每课平均数	超纲数	超纲率	形式	位置	拼音	词性	中文释义	英文释义
《成功之路》成功篇一、二册	生词	894	894/(6+6)=74.50	181	181/894 ≈ 20.25%	“词语”表	每课课文后	+	+	+	—
	专有名词	129	129/(6+6)=10.75			“专有名词”表	每课词语表后	+	—	+	—
	补充词汇	101	101/(6+6) ≈ 8.42			“词语追踪”	每课最后“扩展空间”	—	—	—	—
	词汇索引表	单元小结				近义词对比		词语搭配与扩展			
	+	—				+		+			
	备注	同“冲刺篇”。									

表 6-4　高级综合课教材语法项点表

教材名称	语法索引	语法项目数据						语法项目表述方式				
《实用汉语课本》五、六册		出现在语法解释中的语法数	以句式讲解表现的语法数	以词汇解释表现的语法数	以注释讲解表现的语法数	以语篇讲解表现的语法数	课平均语法数	中文译释	例句	公式	表格	图示
	+			379			13.07	+	+			
	所参照大纲	——										
	备注	第五册语法点表现为“重点词语举例”，无中文译释，只有例子；第六册表现为“词语例解”，有中文译释及例子。										
《高级汉语教程》上、中、下册	语法索引	语法项目数据						语法项目表述方式				
		出现在语法解释中的语法数	以句式讲解表现的语法数	以词汇解释表现的语法数	以注释讲解表现的语法数	以语篇讲解表现的语法数	课平均语法数	中文译释	例句	公式	表格	图示
	+			192			6.4	+	+	+		
	所参照大纲	——										
	备注	下册未出现语法内容。										
《汉语高级教程》一、二册	语法索引	语法项目数据						语法项目表述方式				
		出现在语法解释中的语法数	以句式讲解表现的语法数	以词汇解释表现的语法数	以注释讲解表现的语法数	以语篇讲解表现的语法数	课平均语法数	中文译释	例句	公式	表格	图示
	+			322			11.5	+	+	+		
	所参照大纲	——										
	备注											

<table>
<tr><td>教材名称</td><td rowspan="2">语法索引</td><td colspan="6">语法项目数据</td><td colspan="5">语法项目表述方式</td></tr>
<tr><td rowspan="4">《高级汉语课本》
全一册</td><td>出现在语法解释中的语法数</td><td>以句式讲解表现的语法数</td><td>以词汇解释表现的语法数</td><td>以注释讲解表现的语法数</td><td>以语篇讲解表现的语法数</td><td>课平均语法数</td><td>中文译释</td><td>例句</td><td>公式</td><td>表格</td><td>图示</td></tr>
<tr><td>—</td><td>20</td><td></td><td>52</td><td></td><td></td><td>3.6</td><td>+</td><td>+</td><td>+</td><td>+</td><td>+</td></tr>
<tr><td colspan="2">所参照大纲</td><td colspan="11">——</td></tr>
<tr><td>备注</td><td colspan="12"></td></tr>
<tr><td rowspan="6">《实用汉语高级教程》
一—四册</td><td rowspan="2">语法索引</td><td colspan="6">语法项目数据</td><td colspan="5">语法项目表述方式</td></tr>
<tr><td>出现在语法解释中的语法数</td><td>以句式讲解表现的语法数</td><td>以词汇解释表现的语法数</td><td>以注释讲解表现的语法数</td><td>以语篇讲解表现的语法数</td><td>课平均语法数</td><td>中文译释</td><td>例句</td><td>公式</td><td>表格</td><td>图示</td></tr>
<tr><td>+</td><td></td><td>154</td><td>299</td><td></td><td></td><td>11.33</td><td>+</td><td>+</td><td></td><td></td><td></td></tr>
<tr><td colspan="2">所参照大纲</td><td colspan="11">——</td></tr>
<tr><td>备注</td><td colspan="12">语法表示为：词语例解 + 词义辨析 + 句式</td></tr>
<tr style="display:none"></tr>
<tr><td rowspan="5">《标准汉语教程》
高级一—三册</td><td rowspan="2">语法索引</td><td colspan="6">语法项目数据</td><td colspan="5">语法项目表述方式</td></tr>
<tr><td>出现在语法解释中的语法数</td><td>以句式讲解表现的语法数</td><td>以词汇解释表现的语法数</td><td>以注释讲解表现的语法数</td><td>以语篇讲解表现的语法数</td><td>课平均语法数</td><td>中文译释</td><td>例句</td><td>公式</td><td>表格</td><td>图示</td></tr>
<tr><td>+</td><td>397</td><td></td><td></td><td></td><td></td><td>9.45</td><td>+</td><td>+</td><td>+</td><td></td><td></td></tr>
<tr><td colspan="2">所参照大纲</td><td colspan="11">《汉语水平等级标准与语法等级大纲》《汉语水平词汇与汉字等级大纲》</td></tr>
<tr><td>备注</td><td colspan="12"></td></tr>
<tr><td rowspan="5">《现代汉语高级教程》
三年级上、下册
四年级全一册</td><td rowspan="2">语法索引</td><td colspan="6">语法项目数据</td><td colspan="5">语法项目表述方式</td></tr>
<tr><td>出现在语法解释中的语法数</td><td>以句式讲解表现的语法数</td><td>以词汇解释表现的语法数</td><td>以注释讲解表现的语法数</td><td>以语篇讲解表现的语法数</td><td>课平均语法数</td><td>中文译释</td><td>例句</td><td>公式</td><td>表格</td><td>图示</td></tr>
<tr><td>—</td><td>26</td><td></td><td>182</td><td></td><td>11</td><td>7.3</td><td>+</td><td>+</td><td></td><td>+</td><td></td></tr>
<tr><td colspan="2">所参照大纲</td><td colspan="11">《中高级对外汉语教学等级大纲》</td></tr>
<tr><td>备注</td><td colspan="12">四年级教材含“篇章结构法释要”和“语用知识简析”。</td></tr>
</table>

<table>
<tr><th rowspan="2">教材名称</th><th rowspan="2">语法索引</th><th colspan="6">语法项目数据</th><th colspan="5">语法项目表述方式</th></tr>
<tr><th>出现在语法解释中的语法数</th><th>以句式讲解表现的语法数</th><th>以词汇解释表现的语法数</th><th>以注释讲解表现的语法数</th><th>以语篇讲解表现的语法数</th><th>课平均语法数</th><th>中文译释</th><th>例句</th><th>公式</th><th>表格</th><th>图示</th></tr>
<tr><td rowspan="3">《发展汉语》
高级汉语
上、下册</td><td>—</td><td>220</td><td></td><td></td><td></td><td></td><td>7.33</td><td>+</td><td>+</td><td>+</td><td></td><td></td></tr>
<tr><td colspan="2">所参照大纲</td><td colspan="10">《汉语水平等级标准与语法等级大纲》《高等学校外国留学生汉语教学大纲》(长期进修)
《汉语水平词汇与汉字等级大纲》(修订本)</td></tr>
<tr><td>备注</td><td colspan="11">语法表示为：词语 + 句式例释</td></tr>
<tr><td rowspan="5">《汉语精读课本》
三年级上册</td><td rowspan="2">语法索引</td><td colspan="6">语法项目数据</td><td colspan="5">语法项目表述方式</td></tr>
<tr><td>出现在语法解释中的语法数</td><td>以句式讲解表现的语法数</td><td>以词汇解释表现的语法数</td><td>以注释讲解表现的语法数</td><td>以语篇讲解表现的语法数</td><td>课平均语法数</td><td>中文译释</td><td>例句</td><td>公式</td><td>表格</td><td>图示</td></tr>
<tr><td>+</td><td></td><td></td><td></td><td>191</td><td></td><td>12.73</td><td>+</td><td>+</td><td>+</td><td></td><td></td></tr>
<tr><td colspan="2">所参照大纲</td><td colspan="10">《高等学校外国留学生汉语言专业教学大纲》</td></tr>
<tr><td>备注</td><td colspan="11"></td></tr>
<tr><td rowspan="5">《成功之路》
冲刺篇一、二册
成功篇一、二册</td><td rowspan="2">语法索引</td><td colspan="6">语法项目数据</td><td colspan="5">语法项目表述方式</td></tr>
<tr><td>出现在语法解释中的语法数</td><td>以句式讲解表现的语法数</td><td>以词汇解释表现的语法数</td><td>以注释讲解表现的语法数</td><td>以语篇讲解表现的语法数</td><td>课平均语法数</td><td>中文译释</td><td>例句</td><td>公式</td><td>表格</td><td>图示</td></tr>
<tr><td>—</td><td>17</td><td></td><td>209</td><td></td><td></td><td>9.42</td><td>+</td><td>+</td><td>+</td><td>+</td><td></td></tr>
<tr><td colspan="2">所参照大纲</td><td colspan="10">《高等学校外国留学生汉语教学大纲》(长期进修)</td></tr>
<tr><td>备注</td><td colspan="11">语法表示为：词语例释 + 词语辨析 + 语法讲解，每一部分后都附有练习。</td></tr>
</table>

注："课平均语法数"是以全书语法项目总数除以总课数所得的商，结果保留两位小数。

表 6–5　高级综合课教材修辞项点表

<table>
<tr><th>教材名称</th><th colspan="19">辞格</th></tr>
<tr><td rowspan="5">《实用汉语课本》
五、六册</td><td>排比</td><td>比喻</td><td>夸张</td><td>借代</td><td>设问</td><td>对偶</td><td>反问</td><td>引用</td><td>双关</td><td>比拟</td><td>反复</td><td>拟人</td><td>拈连</td><td>仿词</td><td>对比</td><td>反语</td><td>对照</td><td>留白</td><td>摹绘</td></tr>
<tr><td></td><td></td><td></td><td></td><td></td><td></td><td></td><td></td><td></td><td></td><td></td><td></td><td></td><td></td><td></td><td></td><td></td><td></td><td></td></tr>
<tr><td>反诘</td><td>感叹</td><td>衬托</td><td>叠字</td><td>示现</td><td>移就</td><td>层递</td><td>诡谐</td><td>拟实</td><td>仿拟</td><td>婉曲</td><td>移用</td><td>婉言</td><td>叠音</td><td>省略</td><td>替代</td><td>摹声</td><td>白描</td><td>顶针</td></tr>
<tr><td></td><td></td><td></td><td></td><td></td><td></td><td></td><td></td><td></td><td></td><td></td><td></td><td></td><td></td><td></td><td></td><td></td><td></td><td></td></tr>
<tr><td colspan="4">修辞开始出现的具体位置</td><td colspan="8">——</td><td colspan="4">修辞总数</td><td colspan="3"></td></tr>
<tr><td rowspan="6">《高级汉语教程》
上、中、下册</td><td colspan="19">辞格</td></tr>
<tr><td>排比</td><td>比喻</td><td>夸张</td><td>借代</td><td>设问</td><td>对偶</td><td>反问</td><td>引用</td><td>双关</td><td>比拟</td><td>反复</td><td>拟人</td><td>拈连</td><td>仿词</td><td>对比</td><td>反语</td><td>对照</td><td>留白</td><td>摹绘</td></tr>
<tr><td>+</td><td>+</td><td></td><td></td><td></td><td>+</td><td></td><td></td><td>+</td><td></td><td></td><td></td><td></td><td></td><td></td><td>+</td><td></td><td></td><td></td></tr>
<tr><td>反诘</td><td>感叹</td><td>衬托</td><td>叠字</td><td>示现</td><td>移就</td><td>层递</td><td>诡谐</td><td>拟实</td><td>仿拟</td><td>婉曲</td><td>移用</td><td>婉言</td><td>叠音</td><td>省略</td><td>替代</td><td>摹声</td><td>白描</td><td>顶针</td></tr>
<tr><td></td><td></td><td></td><td></td><td></td><td></td><td></td><td></td><td></td><td></td><td></td><td></td><td></td><td></td><td></td><td></td><td></td><td></td><td></td></tr>
<tr><td colspan="4">修辞开始出现的具体位置</td><td colspan="8">上册“语言和文化知识”起。</td><td colspan="4">修辞总数</td><td colspan="3">5</td></tr>
<tr><td rowspan="6">《汉语高级教程》
一、二册</td><td colspan="19">辞格</td></tr>
<tr><td>排比</td><td>比喻</td><td>夸张</td><td>借代</td><td>设问</td><td>对偶</td><td>反问</td><td>引用</td><td>双关</td><td>比拟</td><td>反复</td><td>拟人</td><td>拈连</td><td>仿词</td><td>对比</td><td>反语</td><td>对照</td><td>留白</td><td>摹绘</td></tr>
<tr><td></td><td></td><td></td><td></td><td></td><td></td><td></td><td></td><td></td><td></td><td></td><td></td><td></td><td></td><td></td><td></td><td></td><td></td><td></td></tr>
<tr><td>反诘</td><td>感叹</td><td>衬托</td><td>叠字</td><td>示现</td><td>移就</td><td>层递</td><td>诡谐</td><td>拟实</td><td>仿拟</td><td>婉曲</td><td>移用</td><td>婉言</td><td>叠音</td><td>省略</td><td>替代</td><td>摹声</td><td>白描</td><td>顶针</td></tr>
<tr><td></td><td></td><td></td><td></td><td></td><td></td><td></td><td></td><td></td><td></td><td></td><td></td><td></td><td></td><td></td><td></td><td></td><td></td><td></td></tr>
<tr><td colspan="4">修辞开始出现的具体位置</td><td colspan="8">——</td><td colspan="4">修辞总数</td><td colspan="3"></td></tr>
</table>

教材名称	辞格																		
《高级汉语课本》全一册	排比	比喻	夸张	借代	设问	对偶	反问	引用	双关	比拟	反复	拟人	拈连	仿词	对比	反语	对照	留白	摹绘
	+	+	+	+	+	+	+		+	+	+						+		
	反诘	感叹	衬托	叠字	示观	移就	层递	诡谐	拟实	仿拟	婉曲	移用	婉言	叠音	省略	替代	摹声	白描	顶针
	修辞开始出现的具体位置	出现在全一册“语法与修辞”中，除辞格外还有其他的修辞知识。												修辞总数			20		
《实用汉语高级教程》一—四册	辞格																		
	排比	比喻	夸张	借代	设问	对偶	反问	引用	双关	比拟	反复	拟人	拈连	仿词	对比	反语	对照	留白	摹绘
	+	+	+	+	+			+	+	+								+	+
	反诘	感叹	衬托	叠字	示观	移就	层递	诡谐	拟实	仿拟	婉曲	移用	婉言	叠音	省略	替代	摹声	白描	顶针
	+	+	+	+	+	+	+	+	+	+									
	修辞开始出现的具体位置	第三册“修辞例释”起。											修辞总数				20		
《标准汉语教程》高级一—三册	辞格																		
	排比	比喻	夸张	借代	设问	对偶	反问	引用	双关	比拟	反复	拟人	拈连	仿词	对比	反语	对照	留白	摹绘
	反诘	感叹	衬托	叠字	示观	移就	层递	诡谐	拟实	仿拟	婉曲	移用	婉言	叠音	省略	替代	摹声	白描	顶针
	修辞开始出现的具体位置	——											修辞总数						

<table>
<tr><td>教材名称</td><td colspan="19">辞格</td></tr>
<tr><td rowspan="5">《现代汉语高级教程》
三年级上、下册
四年级全一册</td><td>排比</td><td>比喻</td><td>夸张</td><td>借代</td><td>设问</td><td>对偶</td><td>反问</td><td>引用</td><td>双关</td><td>比拟</td><td>反复</td><td>拟人</td><td>拈连</td><td>仿词</td><td>对比</td><td>反语</td><td>对照</td><td>留白</td><td>摹绘</td></tr>
<tr><td>+</td><td>+</td><td>+</td><td>+</td><td>+</td><td>+</td><td>+</td><td>+</td><td>+</td><td></td><td></td><td>+</td><td>+</td><td>+</td><td>+</td><td>+</td><td></td><td></td><td></td></tr>
<tr><td>反诘</td><td>感叹</td><td>衬托</td><td>叠字</td><td>示观</td><td>移就</td><td>层递</td><td>诡谐</td><td>拟实</td><td>仿拟</td><td>婉曲</td><td>移用</td><td>婉言</td><td>叠音</td><td>省略</td><td>替代</td><td>摹声</td><td>白描</td><td>顶针</td></tr>
<tr><td></td><td></td><td></td><td></td><td></td><td></td><td></td><td></td><td></td><td></td><td>+</td><td>+</td><td></td><td></td><td></td><td></td><td></td><td></td><td></td></tr>
<tr><td colspan="4">修辞开始出现的具体位置</td><td colspan="8">仅出现在三年级下册的“修辞举要”中。</td><td colspan="4">修辞总数</td><td colspan="3">16</td></tr>
<tr><td rowspan="6">《发展汉语》
高级汉语上、下册</td><td colspan="19">辞格</td></tr>
<tr><td>排比</td><td>比喻</td><td>夸张</td><td>借代</td><td>设问</td><td>对偶</td><td>反问</td><td>引用</td><td>双关</td><td>比拟</td><td>反复</td><td>拟人</td><td>拈连</td><td>仿词</td><td>对比</td><td>反语</td><td>对照</td><td>留白</td><td>摹绘</td></tr>
<tr><td></td><td></td><td></td><td></td><td></td><td></td><td></td><td></td><td></td><td></td><td></td><td></td><td></td><td></td><td></td><td></td><td></td><td></td><td></td></tr>
<tr><td>反诘</td><td>感叹</td><td>衬托</td><td>叠字</td><td>示观</td><td>移就</td><td>层递</td><td>诡谐</td><td>拟实</td><td>仿拟</td><td>婉曲</td><td>移用</td><td>婉言</td><td>叠音</td><td>省略</td><td>替代</td><td>摹声</td><td>白描</td><td>顶针</td></tr>
<tr><td></td><td></td><td></td><td></td><td></td><td></td><td></td><td></td><td></td><td></td><td></td><td></td><td></td><td></td><td></td><td></td><td></td><td></td><td></td></tr>
<tr><td colspan="4">修辞开始出现的具体位置</td><td colspan="8">——</td><td colspan="4">修辞总数</td><td colspan="3"></td></tr>
<tr><td rowspan="6">《汉语精读课本》
三年级上册</td><td colspan="19">辞格</td></tr>
<tr><td>排比</td><td>比喻</td><td>夸张</td><td>借代</td><td>设问</td><td>对偶</td><td>反问</td><td>引用</td><td>双关</td><td>比拟</td><td>反复</td><td>拟人</td><td>拈连</td><td>仿词</td><td>对比</td><td>反语</td><td>对照</td><td>留白</td><td>摹绘</td></tr>
<tr><td></td><td></td><td></td><td></td><td></td><td></td><td></td><td></td><td></td><td></td><td></td><td></td><td></td><td></td><td></td><td></td><td></td><td></td><td></td></tr>
<tr><td>反诘</td><td>感叹</td><td>衬托</td><td>叠字</td><td>示观</td><td>移就</td><td>层递</td><td>诡谐</td><td>拟实</td><td>仿拟</td><td>婉曲</td><td>移用</td><td>婉言</td><td>叠音</td><td>省略</td><td>替代</td><td>摹声</td><td>白描</td><td>顶针</td></tr>
<tr><td></td><td></td><td></td><td></td><td></td><td></td><td></td><td></td><td></td><td></td><td></td><td></td><td></td><td></td><td></td><td></td><td></td><td></td><td></td></tr>
<tr><td colspan="4">修辞开始出现的具体位置</td><td colspan="8">——</td><td colspan="4">修辞总数</td><td colspan="3"></td></tr>
<tr><td rowspan="6">《成功之路》
冲刺篇一、二册
成功篇一、二册</td><td colspan="19">辞格</td></tr>
<tr><td>排比</td><td>比喻</td><td>夸张</td><td>借代</td><td>设问</td><td>对偶</td><td>反问</td><td>引用</td><td>双关</td><td>比拟</td><td>反复</td><td>拟人</td><td>拈连</td><td>仿词</td><td>对比</td><td>反语</td><td>对照</td><td>留白</td><td>摹绘</td></tr>
<tr><td>+</td><td>+</td><td>+</td><td>+</td><td>+</td><td>+</td><td>+</td><td>+</td><td></td><td></td><td>+</td><td>+</td><td>+</td><td>+</td><td>+</td><td>+</td><td></td><td></td><td></td></tr>
<tr><td>反诘</td><td>感叹</td><td>衬托</td><td>叠字</td><td>示观</td><td>移就</td><td>层递</td><td>诡谐</td><td>拟实</td><td>仿拟</td><td>婉曲</td><td>移用</td><td>婉言</td><td>叠音</td><td>省略</td><td>替代</td><td>摹声</td><td>白描</td><td>顶针</td></tr>
<tr><td></td><td></td><td></td><td></td><td></td><td></td><td></td><td></td><td></td><td></td><td></td><td></td><td>+</td><td>+</td><td>+</td><td>+</td><td>+</td><td>+</td><td>+</td></tr>
<tr><td colspan="4">修辞开始出现的具体位置</td><td colspan="8">出现在全四册的“修辞提示与练习”中，除辞格外还有其他修辞知识。</td><td colspan="4">修辞总数</td><td colspan="3">38</td></tr>
</table>

表 6-6　高级综合课教材文化项点表

教材名称	交际文化	国情文化		
		社会生活	历史知识和人物	地理概况和名胜古迹
《实用汉语课本》第五册		筒子房、个体户、蜂窝煤、火箱、文工团	项羽入关、陶俑、铜印、官府、少府、墓志；班固、司马迁	梅雨、西双版纳、秦始皇陵兵马俑
	知识文化			
	观念习俗	建筑、饮食和服饰	神话、谚语和民间故事	科学、艺术和文学
	陪葬、棺椁、乔迁之喜、长命百岁	四合院、苏州园林、中国建筑的对称、亭台轩榭、回廊、镂空、角楼	不惑之年、桃李满天下	黄连、李四光、竺可桢；“学而时习之，不亦说乎”“不识庐山真面目，只缘身在此山中”；二人转、相声、滑稽戏
	中外对比交流		少数民族风俗	教育、思想、宗教
			傣族婚恋习俗和丢包活动，傣族服饰、米饭和曲艺赞哈	私塾、孔子

教材名称	交际文化	国情文化		
		社会生活	历史知识和人物	地理概况和名胜古迹
《实用汉语课本》第六册		《婚姻法》、农村场院、马扎、缝纫机	共产党、旧社会、国民党、五四、文化大革命、造反组织、走资派、牛棚、四人帮	
	知识文化			
	观念习俗	建筑、饮食和服饰	神话、谚语和民间故事	科学、艺术和文学
	证婚人、闹洞房、喜酒、菩萨、观世音、阎王、玉皇大帝、小老婆、卖身	窝窝头、咸菜	一碗水端平；陈芝麻烂谷子；家有千口，主事一人；卧薪尝胆；百闻不如一见	茅盾《子夜》《林家铺子》、夏衍、曹禺《日出》《北京人》《雷雨》《王昭君》、京剧《铡美案》、黑头（中国戏曲）
	中外对比交流		少数民族风俗	教育、思想、宗教

<table>
<tr><th rowspan="2">教材名称</th><th colspan="2">交际文化</th><th colspan="3">国情文化</th></tr>
<tr><th>语言部分</th><th>非语言部分</th><th>社会生活</th><th>历史知识和人物</th><th>地理概况和名胜古迹</th></tr>
<tr><td rowspan="7">《高级汉语教程》上册</td><td>汉语的忌讳和委婉语、吉祥话、中国人的问候方式、敬辞</td><td></td><td>赶集、支书、棺材、劳模、党员、缝纫机、火葬场、中国的花、岁寒三友、围棋、阿Q精神</td><td>文化大革命、共产党、国民党、唐朝、汉朝、明朝；陈毅、雷锋、武则天、皇帝、汉武帝、东方朔、秦始皇、唐玄宗、明太祖、宋真宗、乾隆、刘邦、秋瑾、唐太宗、秦琼、诸葛武侯</td><td>五岳泰山、华山、衡山、恒山、嵩山；孔庙、紫禁城</td></tr>
<tr><th colspan="5">知识文化</th></tr>
<tr><th colspan="2">观念习俗</th><th>建筑、饮食和服饰</th><th>神话、谚语和民间故事</th><th>科学、艺术和文学</th></tr>
<tr><td colspan="2">媒人、汉族丧葬习俗、除夕、元旦、农历新年、腊八粥祭祖祭神、过年包饺子、买年货、贴春联、贴年画、过小年、祭灶王、拜年、给压岁钱等；封建时代认为没有子孙是不幸、治病的迷信、三从四德、玉皇大帝、菩萨、作法</td><td>胡同；腊八粥、干果、油绳、品茶</td><td>元宵灯节的传说；织女、王母、吕洞宾、何仙姑、李铁拐；腊七腊八，冻死寒鸦；梁山伯和祝英台的故事、三打白骨精的故事</td><td>《红楼梦》《水浒传》《金刚经》《三国演义》《西游记》《诗经》《史记》；青衣、花旦、小生、中国的话剧、京剧、折子戏、杂技、书法、京剧术语、样板戏、川剧《杜十娘》《拉郎配》</td></tr>
<tr><th colspan="3">中外对比交流</th><th>少数民族风俗</th><th>教育、思想、宗教</th></tr>
<tr><td colspan="3"></td><td></td><td>孔子</td></tr>
</table>

<table>
<tr><th rowspan="2">教材名称</th><th colspan="2">交际文化</th><th colspan="3">国情文化</th></tr>
<tr><th>语言部分</th><th>非语言部分</th><th>社会生活</th><th>历史知识和人物</th><th>地理概况和名胜古迹</th></tr>
<tr><td rowspan="7">《高级汉语教程》中册</td><td>说话应得体、礼貌、讲究场合，词语的感情色彩，尊称、谦称和敬语</td><td></td><td>复员、共青团、公社、属相、象棋、麻将、老字号、京剧玩票、个体户、古玩、坐月子、休产假、光棍、太极拳、气功、麻将术语、祖师爷</td><td>三年自然灾害、文革、抗战、汉奸、土匪、童养媳、四人帮、民国、军阀、共产党、八旗、旧社会、四旧、五四、新党、进学、举人、监生；乾隆、孔明、张飞、石涛、荀子、周瑜、黄盖、康有为、屈原</td><td>恭王府、城隍庙</td></tr>
<tr><th colspan="5">知识文化</th></tr>
<tr><th colspan="2">观念习俗</th><th>建筑、饮食和服饰</th><th>神话、谚语和民间故事</th><th>科学、艺术和文学</th></tr>
<tr><td colspan="2">喜酒、各族婚俗、彩礼、媒人、解放初期农村婚恋情况、生辰八字、旧式婚礼拜堂、旧时婚姻制度、吊孝、元宵节、灯节灯谜、喜糖、过年团圆、对联、家谱、拜年、吃饺子、爆竹、清明、做寿、农村的迷信、财神、神龛、香案香烛、阴阳八卦、黑道黄道、灶王、阎王、财神、灵位、缠足、对生肖的委婉说法和迷信</td><td>胡同、四合院；龙井、品茶术语（明前、雨前、狮峰、虎跑，泡茶的讲究，茶的品种，茶具）、中国茶介绍；小葱拌豆腐；南甜北咸，东辣西酸；炒肉丝、溜肉片、扒肉条；煎、炒、烹、炸；中国的酒（茅台、二锅头、老白干）、下酒菜</td><td>玉帝、过年放爆竹的传说</td><td>天干、地支、五行；《茶经》、曹雪芹《红楼梦》《洛神赋》《道德经》《康熙字典》《近思录集注》《四书衬》、四书五经；相声、京戏、评弹、四大名旦、京剧曲目《空城计》《借东风》《打渔杀家》、国画、张大千</td></tr>
<tr><th colspan="3">中外对比交流</th><th>少数民族风俗</th><th>教育、思想、宗教</th></tr>
<tr><td colspan="3">中外对于隐私和离婚女人以及夫妻表达爱意不同的看法、中外问候语的不同</td><td></td><td>中国的科举制度、理学</td></tr>
</table>

<table>
<tr><td rowspan="2">教材名称</td><td colspan="2">交际文化</td><td colspan="3">国情文化</td></tr>
<tr><td>语言部分</td><td>非语言部分</td><td>社会生活</td><td>历史知识和人物</td><td>地理概况和名胜古迹</td></tr>
<tr><td rowspan="6">《高级汉语教程》下册</td><td>社交称谓、客套话、中国人的亲属称谓</td><td>中国人的姓氏和名字</td><td>麻将、北京老字号、京白、老北京的过去、行业、布局和街名、花灯、游乐街、和尚、中国的方言</td><td>文化大革命、四旧、翰林、知县、四人帮、伪满、八旗、解放、圣旨、旧社会、反右派运动、右派、党校、状元、先秦、顶戴花翎；关老爷、貂蝉、宋徽宗、雍正、溥仪、魏延、毛主席、张勋、黎元洪、梁武帝、曾国藩、欧阳修</td><td>故宫博物院、大观园、圆明园、颐和园、西山、雍和宫、玉泉山</td></tr>
<tr><td colspan="5">知识文化</td></tr>
<tr><td colspan="2">观念习俗</td><td>建筑、饮食和服饰</td><td>神话、谚语和民间故事</td><td>科学、艺术和文学</td></tr>
<tr><td colspan="2">包办婚姻、陪嫁、春联、中国的文化心理（重视血缘、强调等级差异和人际关系的和谐）、风水先生、太牢、菩萨；不孝有三，无后为大</td><td>古代园林和古典建筑、八大胡同、秦砖汉瓦、青铜彩陶、四合院；涮羊肉</td><td>化干戈为玉帛；塞翁失马，焉知非福；士别三日当刮目相待；一百零八条好汉；白娘子和许仙的故事</td><td>中国的传统纪年；《庄子》《三字经》《百家姓》、孔子“名不正，言不顺”；釉、民歌、书法宋金体、钟鼎文、篆刻艺术、中国的书法艺术、《龙凤呈祥》、相声、唐伯虎、梅兰芳</td></tr>
<tr><td colspan="3">中外对比交流</td><td>少数民族风俗</td><td>教育、思想、宗教</td></tr>
<tr><td colspan="3"></td><td>满文</td><td>宋儒理学</td></tr>
</table>

<table>
<tr><th rowspan="2">教材名称</th><th colspan="2">交际文化</th><th colspan="3">国情文化</th></tr>
<tr><th>语言部分</th><th>非语言部分</th><th>社会生活</th><th>历史知识和人物</th><th>地理概况和名胜古迹</th></tr>
<tr><td rowspan="8">《汉语高级教程》
第一册</td><td>称谓</td><td></td><td>炕、炕桌、风箱、煤球、共青团、太极拳、象棋术语</td><td>新四军、国民党、文革、四人帮、抗战、牛棚、进学、秀才、举人、甲骨文；陈毅</td><td></td></tr>
<tr><th colspan="5">知识文化</th></tr>
<tr><th colspan="2">观念习俗</th><th>建筑、饮食和服饰</th><th>神话、谚语和民间故事</th><th>科学、艺术和文学</th></tr>
<tr><td colspan="2">彩礼、喜字、绣球、贺礼、陪嫁、年画、端午、中秋</td><td>苏州园林、中国建筑讲究对称、亭台轩榭、回廊；龙井、乌龙、普洱、白干、蚂蚁上树；马褂、棉袄</td><td>走了和尚走不了庙、半路杀出个程咬金、打开天窗说亮话</td><td>中药；朱自清、《水浒传》《西游记》、李白；国画、刺绣</td></tr>
<tr><th colspan="3">中外对比交流</th><th>少数民族风俗</th><th>教育、思想、宗教</th></tr>
<tr><td colspan="3">中外对于生日的重视程度</td><td>藏族配饰</td><td>佛教、道教</td></tr>
</table>

<table>
<tr><td rowspan="8">《汉语高级教程》
第二册</td><th colspan="2">交际文化</th><th colspan="3">国情文化</th></tr>
<tr><th>语言部分</th><th>非语言部分</th><th>社会生活</th><th>历史知识和人物</th><th>地理概况和名胜古迹</th></tr>
<tr><td>问年纪、称谓、忌讳</td><td></td><td>北京口语、琉璃厂、隆福寺、围棋</td><td>北洋军阀、抗战、五四运动、中举、新党、监生；梁启超、周恩来、康有为、皇帝、西施</td><td></td></tr>
<tr><th colspan="5">知识文化</th></tr>
<tr><th colspan="2">观念习俗</th><th>建筑、饮食和服饰</th><th>神话、谚语和民间故事</th><th>科学、艺术和文学</th></tr>
<tr><td colspan="2">聘礼、拜堂、殉葬、出家、护身符、寄名锁、阎罗、菩萨、香烛</td><td>普洱</td><td>皮之不存，毛将焉附；养兵千日，用兵一时</td><td>印刷术；鲁迅《阿Q正传》、唐诗宋词、茅盾、夏衍、《康熙字典》《四书》《红楼梦》；相声、丝绸、小篆、楷书</td></tr>
<tr><th colspan="3">中外对比交流</th><th>少数民族风俗</th><th>教育、思想、宗教</th></tr>
<tr><td colspan="3"></td><td></td><td>理学</td></tr>
</table>

<table>
<tr><th rowspan="2">教材名称</th><th colspan="2">交际文化</th><th colspan="3">国情文化</th></tr>
<tr><th>语言部分</th><th>非语言部分</th><th>社会生活</th><th>历史知识和人物</th><th>地理概况和名胜古迹</th></tr>
<tr><td rowspan="7">《高级汉语课本》全一册</td><td>书信称谓</td><td>祝酒歌</td><td>复员、炊事班、保送、办手续烦琐、街道办事处、黄昏恋、婚姻介绍所、麻将、听戏、老龄化、跳蚤市场、市场经济、改革开放、满月、产假、坐月子、笛子、玉兰、梧桐、绿竹、月桂、枇杷、木偶、太极拳、武术、气功、太极剑、象棋</td><td>文革、知青上山下乡、大锅饭、造反派、四人帮、挨斗、阴阳人、牛棚、抗战、国民党、科举制、春秋、战国、秦汉、鸦片战争、明清、红卫兵、戊戌变法、南北朝、隋唐；廉颇、蔺相如、毛泽东、邓小平、江青、朱熹、汉武帝、康熙、康有为</td><td>秦兵马俑、延安、轩辕黄帝陵、炎帝神农祠、华清池、丝绸之路、大雁塔、西湖、钱塘江</td></tr>
<tr><th colspan="5">知识文化</th></tr>
<tr><th colspan="2">观念习俗</th><th>建筑、饮食和服饰</th><th>神话、谚语和民间故事</th><th>科学、艺术和文学</th></tr>
<tr><td colspan="2">登记领结婚证、陪嫁、嫁妆、闺房、山西庙会、陕西社火、缠足</td><td>胡同、上海里弄、陕北窑洞、江南水乡、四合院；饺子、麻花、千层饼、醋溜里脊、炒肉丝、溜肉片、五香花生米、馒头、榨菜、咸菜、烤全羊、包子、油条；马褂、棉袄</td><td>夸父追日；负荆请罪；刎颈之交；在家千日好，出门处处难；陈世美的故事</td><td>唐诗、《四库全书》《离骚》《唐诗三百首》《古文观止》《红楼梦》、钱钟书《围城》、张爱玲《倾城之恋》、巴金、孟子、列子、抱朴子、亢仓子、淮南子、燕丹子；文房四宝、书法、大篆</td></tr>
<tr><th colspan="3">中外对比交流</th><th>少数民族风俗</th><th>教育、思想、宗教</th></tr>
<tr><td colspan="3"></td><td>蒙古长调</td><td>孔子、宋明理学</td></tr>
</table>

<table>
<tr><th rowspan="2">教材名称</th><th colspan="2">交际文化</th><th colspan="3">国情文化</th></tr>
<tr><th>语言部分</th><th>非语言部分</th><th>社会生活</th><th>历史知识和人物</th><th>地理概况和名胜古迹</th></tr>
<tr><td rowspan="7">《实用汉语高级教程》
第一册</td><td>委婉语词和禁忌、书信的祝愿语</td><td></td><td>花（紫竹、刺玫、倒挂金钟、四季海棠）、赶集、光棍、童养媳、属相</td><td>绿林军、抗战、伪满、汉奸；雷锋、溥仪</td><td></td></tr>
<tr><th colspan="5">知识文化</th></tr>
<tr><th colspan="2">观念习俗</th><th>建筑、饮食和服饰</th><th>神话、谚语和民间故事</th><th>科学、艺术和文学</th></tr>
<tr><td colspan="2">媒人、生辰八字、端午、三从四德、阴阳八卦、黑道黄道、黄道吉日、香案、烧香、占卜</td><td>龙井、乌龙、普洱；马褂</td><td></td><td>针灸、天干、地支、五行；朱自清、傅雷、曹禺、陈望道、四书五经；中国戏曲角色、刺绣</td></tr>
<tr><th colspan="3">中外对比交流</th><th>少数民族风俗</th><th>教育、思想、宗教</th></tr>
<tr><td colspan="3"></td><td></td><td></td></tr>
</table>

<table>
<tr><th rowspan="2">教材名称</th><th colspan="2">交际文化</th><th colspan="3">国情文化</th></tr>
<tr><th>语言部分</th><th>非语言部分</th><th>社会生活</th><th>历史知识和人物</th><th>地理概况和名胜古迹</th></tr>
<tr><td rowspan="7">《实用汉语高级教程》第二册</td><td>祭祀时的忌讳</td><td></td><td>个体户、马扎、方言</td><td>三年自然灾害、八旗、五四运动、监生、新党、军阀、和氏之璧、隋侯之珠；康有为、郑和、秦始皇、西太后</td><td>西双版纳</td></tr>
<tr><th colspan="5">知识文化</th></tr>
<tr><th colspan="2">观念习俗</th><th>建筑、饮食和服饰</th><th>神话、谚语和民间故事</th><th>科学、艺术和文学</th></tr>
<tr><td colspan="2">花轿、聘礼、花冠、拜堂、财礼、陪嫁、端午、中秋、祭祀祖先、送灶、阎罗、宗法</td><td>赵州桥、卢沟桥、独拱石桥、双曲拱桥、胡同、窑洞、玉雕;《茶经》、龙井、品茶、狮峰、雨前、明前、红茶、绿茶、茶谱、虎跑、包子、花卷、二锅头、老白干、大曲、茅台、烧鸡、酱鸭；煎、炒、烹、炸；南甜北咸，东辣西酸；炒肉丝、溜肉片、扒肉条、月饼</td><td>一日为师徒，终身为父子</td><td>茅以升、李春、季羡林；曹雪芹《红楼梦》《水经注》《康熙字典》《近思录集注》《四书衬》《康熙字典》、鲁迅、孟子、《尚书》《晏子春秋》《水浒传》；京剧《收姜维》</td></tr>
<tr><th colspan="3">中外对比交流</th><th>少数民族风俗</th><th>教育、思想、宗教</th></tr>
<tr><td colspan="3"></td><td></td><td>理学</td></tr>
</table>

<table>
<tr><th rowspan="2">教材名称</th><th colspan="2">交际文化</th><th colspan="3">国情文化</th></tr>
<tr><th>语言部分</th><th>非语言部分</th><th>社会生活</th><th>历史知识和人物</th><th>地理概况和名胜古迹</th></tr>
<tr><td rowspan="7">《实用汉语高级教程》第三册</td><td>社交称谓、夫妻称呼</td><td></td><td>中国的茶馆、麻将</td><td>十年浩劫、批林批孔、文革、地下党、四夷、孔子及私学、军阀割据、前清、义和团、八旗、太监、民国、明朝、汉奸、“一·二八”事变；袁世凯、郑和、王国维、西施</td><td>泰山文化、西湖</td></tr>
<tr><th colspan="5">知识文化</th></tr>
<tr><th colspan="2">观念习俗</th><th>建筑、饮食和服饰</th><th>神话、谚语和民间故事</th><th>科学、艺术和文学</th></tr>
<tr><td colspan="2">汉族的喜事风俗——定亲、月下老人、算命、求签、中国传统道德原则</td><td>煎鳝鱼丝、酱鸡翅、西瓜煨鸡、酒煮虾</td><td>吕洞宾、织女、何仙姑、李铁拐、王母娘娘</td><td>孔子《论语》、杜甫《望岳》《金刚经》《孟子》、屈原《离骚》、老舍、钱钟书、《问字堂集》《癸巳类稿》《七经楼集》、徐志摩、《三国演义》《水浒传》《西游记》《说文解字》《孔雀东南飞》《陌上桑》《礼记》、冰心、中国的诗歌合辙押韵、欧阳修；评剧、京剧、河北梆子、相声、侯宝林、西河大鼓、岔曲</td></tr>
<tr><th colspan="3">中外对比交流</th><th>少数民族风俗</th><th>教育、思想、宗教</th></tr>
<tr><td colspan="3"></td><td></td><td>孔子的教育思想</td></tr>
</table>

<table>
<tr><th rowspan="2">教材名称</th><th colspan="2">交际文化</th><th colspan="3">国情文化</th></tr>
<tr><th>语言部分</th><th>非语言部分</th><th>社会生活</th><th>历史知识和人物</th><th>地理概况和名胜古迹</th></tr>
<tr><td rowspan="7">《实用汉语高级教程》
第四册</td><td>中国职位
职称体制</td><td></td><td>房车、唢呐、部队文工团、北京人和上海人、麻将</td><td>清朝、文革、四人帮、反右派斗争、溥仪、满清、贝勒、圣旨、明代、进士、科举、翰林院、《南京条约》、五卅运动、秀才、状元、甲骨文；徐光启、崇祯帝、张居正、海瑞、汤显祖、宋氏三姐妹、妲己、褒姒、董卓、貂蝉、宣统</td><td>故宫博物院、长城、长江、黄河</td></tr>
<tr><th colspan="5">知识文化</th></tr>
<tr><th colspan="2">观念习俗</th><th>建筑、饮食和服饰</th><th>神话、谚语和民间故事</th><th>科学、艺术和文学</th></tr>
<tr><td colspan="2">拜关老爷；不孝有三，无后为大</td><td>古典建筑墙的名称、圆明园、大观园、飞檐翘角、雕梁画栋、中国古代园林、秦砖汉瓦、青铜彩陶；中国古代服饰</td><td>凤凰；化干戈为玉帛；塞翁失马，焉知非福；士别三日当刮目相待；一百零八条好汉的故事</td><td>活字印刷、古代印刷、中国的传统纪年；唐诗宋词、郭沫若、茅盾、夏衍、巴金、周扬、梁启超、鲁迅；书法、丝绸、宋徽宗“瘦金体”、工笔花鸟、碑帖拓本、京味小说、越剧、沪剧、京剧</td></tr>
<tr><th colspan="3">中外对比交流</th><th>少数民族风俗</th><th>教育、思想、宗教</th></tr>
<tr><td colspan="3"></td><td>满文</td><td>百家争鸣</td></tr>
</table>

<table>
<tr><th rowspan="2">教材名称</th><th rowspan="2">交际文化</th><th colspan="3">国情文化</th></tr>
<tr><th>社会生活</th><th>历史知识和人物</th><th>地理概况和名胜古迹</th></tr>
<tr><td rowspan="7">《标准汉语教程》高级第一册</td><td></td><td>中国的人口特点和计划生育政策、安乐死在中国的讨论、中国的宗教信仰自由政策、中华民族、武术</td><td>西域、东汉、秦汉、洋务运动、清政府、闭关锁国政策、鸦片战争、太平天国、戊戌运动、甲午中日战争；李鸿章、曾国藩、康有为、梁启超、慈禧、光绪、袁世凯</td><td></td></tr>
<tr><th colspan="4">知识文化</th></tr>
<tr><th>观念习俗</th><th>建筑、饮食和服饰</th><th>神话、谚语和民间故事</th><th>科学、艺术和文学</th></tr>
<tr><td>商周鬼神信仰</td><td>中国北方和南方牧区海边的服装特点、封建等级制度在服饰上的体现</td><td>赵武灵王胡服骑射的故事</td><td>中医的望、闻、问、切；李白《早发白帝城》、杜甫《绝句》、绝句的特点</td></tr>
<tr><th colspan="2">中外对比交流</th><th>少数民族风俗</th><th>教育、思想、宗教</th></tr>
<tr><td colspan="2">唐宋服装对日本的影响；中国与日本思想；中国、日本、印度的思维方法和表达方式；中国、日本的信仰自由和对宗教的干预；中国、日本、印度宽容思想形成的原因；东西方思想的对比</td><td></td><td>道教的形成、封建社会的宗教（佛教、道教、伊斯兰教、儒教）、老子的哲学、儒家学说</td></tr>
</table>

<table>
<tr><th rowspan="2">教材名称</th><th rowspan="2">交际文化</th><th colspan="3">国情文化</th></tr>
<tr><th>社会生活</th><th>历史知识和人物</th><th>地理概况和名胜古迹</th></tr>
<tr><td rowspan="6">《标准汉语教程》高级第二册</td><td></td><td>新华通讯社、中央电视台、黄河治理的历史和现状、人民大会堂</td><td>烽火台在军事上的应用、北京猿人、鸦片战争的历史、虎门销烟、清朝、《南京条约》、火烧圆明园、第二次鸦片战争、中法战争、中日战争、“天朝上国”；刘伯温、林则徐、道光帝、魏源、阮籍、毛泽东、周恩来、邓颖超、贺龙、陈毅</td><td>黄河、黄土高原、昆仑山、巴颜喀拉山、青藏高原、布达拉宫</td></tr>
<tr><th colspan="4">知识文化</th></tr>
<tr><th>观念习俗</th><th>建筑、饮食和服饰</th><th>神话、谚语和民间故事</th><th>科学、艺术和文学</th></tr>
<tr><td></td><td></td><td>舜的传说、唐宋关于韩信与风筝的传说、盘古开天辟地、三皇五帝的传说</td><td>四大发明、中国古代的航空发明（风筝、孔明灯、走马灯、风车等）；司马迁《史记》</td></tr>
<tr><th colspan="2">中外对比交流</th><th>少数民族风俗</th><th>教育、思想、宗教</th></tr>
<tr><td colspan="2">中国、印度、英国女子对男子的审美结论相似</td><td>藏族的宗教信仰、文化心理结构、民族习俗和审美风格；藏族服装和民间居室建筑风格、藏族跑马射箭</td><td>西藏佛教、喇嘛教、达赖、班禅</td></tr>
</table>

<table>
<tr><th rowspan="2">教材名称</th><th rowspan="2">交际文化</th><th colspan="4">国情文化</th></tr>
<tr><th colspan="2">社会生活</th><th>历史知识和人物</th><th>地理概况和名胜古迹</th></tr>
<tr><td rowspan="7">《标准汉语教程》高级第三册</td><td></td><td colspan="2">中国政府的禁毒立场、中国发展核武器的态度、中国治理腐败的决心、新中国 50 年的历史巨变、上海人的心理品质和人格结构、北京人喝酒显示出的性格和性情、中国的民主法治建设、中国妇女和儿童的地位</td><td>关公、唐明皇、后唐庄宗、康熙、雍正、孔安国、董仲舒、屈原、孔子、刘邦、项羽、萧何、曹参、信陵君、汉武帝</td><td></td></tr>
<tr><th colspan="5">知识文化</th></tr>
<tr><th>观念习俗</th><th>建筑、饮食和服饰</th><th>神话、谚语和民间故事</th><th colspan="2">科学、艺术和文学</th></tr>
<tr><td></td><td></td><td>大禹治水；爱美之心，人皆有之；丑妻家中宝；破罐子破摔；钟无艳的故事</td><td colspan="2">曹雪芹《红楼梦》、司马迁《史记》《古文尚书》《春秋公羊传》、陶渊明、王维、苏轼、庄子；中国传统戏剧的丑角艺术、昆剧、中国艺术的基本精神、书法、山水画、中国的传统艺术、王羲之、王献之、顾恺之、欧阳修、徐渭、甲骨文、隶书</td></tr>
<tr><th colspan="2">中外对比交流</th><th>少数民族风俗</th><th colspan="2">教育、思想、宗教</th></tr>
<tr><td colspan="2"></td><td></td><td colspan="2">《周礼》、孔子、孟子、老子、庄子、墨子、荀子、韩非子、先秦哲学（儒家、道家、墨家、法家）</td></tr>
</table>

教材名称	交际文化	国情文化		
		社会生活	历史知识和人物	地理概况和名胜古迹
《现代汉语高级教程》三年级上册			文化大革命、国子监、民国、宋元、人民公社	长江、黄河、敦煌莫高窟、石窟、雕塑
	知识文化			
	观念习俗	建筑、饮食和服饰	神话、谚语和民间故事	科学、艺术和文学
		天坛、胡同、四合院、苏州园林、亭台轩榭、中国建筑的对称；臭豆腐、虾米皮熬白菜、腌萝卜、酱白菜		老舍《茶馆》《四世同堂》、朱熹、周敦颐《爱莲说》、杨万里《小池》《汉书》、晚明小品、章太炎、古典文学名著、唐诗宋词、《诗经》《楚辞》、汉赋、明清小说；工笔、胡琴、京胡、京剧曲目《鱼肠剑》《钓金龟》《空城计》《淮河营》《战太平》《武家坡》《借东风》、元曲、昆曲
	中外对比交流		少数民族风俗	教育、思想、宗教

<table>
<tr><th rowspan="2">教材名称</th><th rowspan="2">交际文化</th><th colspan="4">国情文化</th></tr>
<tr><th>社会生活</th><th colspan="2">历史知识和人物</th><th>地理概况和名胜古迹</th></tr>
<tr><td rowspan="7">《现代汉语高级教程》三年级下册</td><td></td><td>中国的宗教</td><td colspan="2">中国古代教育、张骞出使西域、丝绸之路、科举考试、晚清、监生、甲骨文；梁启超、宋徽宗、秦始皇、刘备、康有为</td><td></td></tr>
<tr><th colspan="5">知识文化</th></tr>
<tr><th colspan="2">观念习俗</th><th>建筑、饮食和服饰</th><th>神话、谚语和民间故事</th><th>科学、艺术和文学</th></tr>
<tr><td colspan="2">端午节、社戏、送灶、阴司、阎罗大王、观世音菩萨</td><td>李冰都江堰；绿茶、龙井、碧螺春、乌龙茶、普洱茶</td><td>孟姜女哭长城的故事</td><td>中国古代的科技成就；四书、《康熙字典》《近思录集注》《四书衬》、鲁迅及其著作、李白《将进酒》《颜氏家训》《三字经》《百家姓》《千字文》《茶经》、梅妻鹤子、李白、陆游、杜甫；齐白石、李唐、沈宗骞、朱奎、国画、傩戏</td></tr>
<tr><th colspan="2">中外对比交流</th><th>少数民族风俗</th><th colspan="2">教育、思想、宗教</th></tr>
<tr><td colspan="2"></td><td>藏历、藏族、天葬</td><td colspan="2">孔子的教育思想、中国的哲学思想（儒家、道家、墨家、名家等）、理学、老子的哲学思想</td></tr>
</table>

<table>
<tr><th rowspan="2">教材名称</th><th rowspan="2">交际文化</th><th colspan="5">国情文化</th></tr>
<tr><th>社会生活</th><th colspan="3">历史知识和人物</th><th>地理概况和名胜古迹</th></tr>
<tr><td rowspan="7">《现代汉语高级教程》四年级全一册</td><td></td><td>太极拳、民族事务委员会、政协、中国的饮食和汉语的关系、麻将</td><td colspan="3">文化大革命、红卫兵、走资派、知青上山下乡、贝子、满清、三年困难时期、丝绸之路、维新变法、第二次鸦片战争、八旗、大跃进、八股文、秀才、辛亥革命、状元、举人、翰林；陶渊明、曹操、嵇康、周总理、康有为、梁启超、慈禧太后、戊戌六君子、袁世凯、陈独秀、胡适、董卓、貂蝉、妲己、褒姒、宣统、崇祯、黎元洪</td><td>圆明园</td></tr>
<tr><th colspan="6">知识文化</th></tr>
<tr><th>观念习俗</th><th>建筑、饮食和服饰</th><th>神话、谚语和民间故事</th><th colspan="3">科学、艺术和文学</th></tr>
<tr><td>赛神、不孝有三，无后为大；男女之大防、阎王、元宵节、观音、生辰八字</td><td>四合院；五粮液</td><td>神农尝百草、伏羲、干将莫邪的传说；刻舟求剑；守株待兔；朝三暮四；高山流水；鱼目混珠；塞翁失马，焉知非福；花木兰的故事、《三国演义》刘备摔孩子的故事</td><td colspan="3">《伤寒杂病论》等古代医学文献、《黄帝内经》《本草纲目》、阴阳五行、切脉、扁鹊、中药材、中国的传统纪年、中国的传统历法、九个九、二十四节气、马建忠；《礼记》《庄子》《论语》、三教九流、《左传》《孟子》《尚书》《史记》、巴金及其作品、唐诗宋词、绝句、《诗经》《古诗十九首》、徐志摩《再别康桥》、韩愈、杜甫、杜牧、老舍；京戏、书法柳体、狼毫、狂草、宣纸、蝇头小楷、中大篆、工笔画</td></tr>
<tr><th colspan="2">中外对比交流</th><th colspan="2">少数民族风俗</th><th colspan="2">教育、思想、宗教</th></tr>
<tr><td colspan="2"></td><td colspan="2"></td><td colspan="2">天人合一的思想、孔子的思想</td></tr>
</table>

<table>
<tr><th rowspan="2">教材名称</th><th rowspan="2">交际文化</th><th colspan="4">国情文化</th></tr>
<tr><th colspan="2">社会生活</th><th>历史知识和人物</th><th>地理概况和名胜古迹</th></tr>
<tr><td rowspan="6">《发展汉语》
高级汉语上册</td><td></td><td colspan="2">商店起名字的讲究、京腔、北京人和上海人的思维方式、风俗趣味、中国高学历人群对婚姻的看法、应酬、麻将</td><td>旧社会、五四运动、新文化运动</td><td>西双版纳、长城、故宫</td></tr>
<tr><th colspan="5">知识文化</th></tr>
<tr><th colspan="2">观念习俗</th><th>建筑、饮食和服饰</th><th>神话、谚语和民间故事</th><th>科学、艺术和文学</th></tr>
<tr><td colspan="2">月老、花轿、聘礼、花冠、拜堂、财礼、春节、祭祀祖宗</td><td>里弄、胡同；蚂蚁上树、合子饼、火锅、品茶</td><td>夸父逐日、牛郎织女；国家兴亡，匹夫有责；塞翁失马；齐天大圣孙悟空的故事</td><td>《水浒传》、鲁迅、老舍、曹雪芹</td></tr>
<tr><th colspan="2">中外对比交流</th><th>少数民族风俗</th><th colspan="2">教育、思想、宗教</th></tr>
<tr><td colspan="2"></td><td>佤族的婚礼</td><td colspan="2">孔子、孟子、庄子、老子的思想</td></tr>
</table>

<table>
<tr><td rowspan="8">《发展汉语》
高级汉语下册</td><th colspan="2">交际文化</th><th colspan="4">国情文化</th></tr>
<tr><th>语言部分</th><th>非语言部分</th><th>社会生活</th><th colspan="2">历史知识和人物</th><th>地理概况和名胜古迹</th></tr>
<tr><td>令尊、令堂</td><td></td><td>中国的菜名包含了吉祥的寓意、工会、围棋术语</td><td colspan="2">西汉、唐、和亲、三国、西安事变、文化大革命；慈禧太后、皇帝、王昭君、匈奴单于、文成公主、松赞干布、霍去病、鲁肃、诸葛亮、孙权、刘备、曹操、毛泽东</td><td></td></tr>
<tr><th colspan="6">知识文化</th></tr>
<tr><th colspan="2">观念习俗</th><th colspan="2">建筑、饮食和服饰</th><th>神话、谚语和民间故事</th><th>科学、艺术和文学</th></tr>
<tr><td colspan="2">婚礼请帖、红包、喜酒、回家过春节</td><td colspan="2">胡同、梁思成；辣子炒鸡块、葱炒鸡蛋、西红柿炒鸡蛋、炒六片、木须肉、蚂蚁上树、辣子拌黄瓜、凉拌素什锦、火候、咸菜、馒头</td><td>完璧归赵、毛遂自荐</td><td>《水浒传》</td></tr>
<tr><th colspan="3">中外对比交流</th><th>少数民族风俗</th><th colspan="2">教育、思想、宗教</th></tr>
<tr><td colspan="3">中国和英国结婚申请的不同</td><td></td><td colspan="2"></td></tr>
</table>

<table>
<tr><th rowspan="2">教材名称</th><th rowspan="2">交际文化</th><th colspan="3">国情文化</th></tr>
<tr><th>社会生活</th><th>历史知识和人物</th><th>地理概况和名胜古迹</th></tr>
<tr><td rowspan="7">《汉语精读课本》三年级上册</td><td></td><td>围棋、中南海、麻将、太极拳、气功、山西人爱吃醋、广东人爱吃甜的、功夫、炎黄子孙</td><td>南北朝、辛亥革命、清朝、民国、丝绸之路、文化大革命、魏晋；圣母皇太后、西施、毛泽东、香妃、乾隆</td><td>内蒙古大草原、天坛、地坛、日坛、月坛、海南岛、西双版纳、九寨沟、卧龙滩、月亮湾、哈纳斯</td></tr>
<tr><th colspan="4">知识文化</th></tr>
<tr><th>观念习俗</th><th>建筑、饮食和服饰</th><th>神话、谚语和民间故事</th><th>科学、艺术和文学</th></tr>
<tr><td>说亲、春节、寿星佬</td><td>麻辣烫、麻婆豆腐、二锅头、棒棒鸡、四川火锅、干煸牛肉丝、川椒、老友面、酸菜白肉火锅、酸笋炖鸡、夹沙肉、洗沙蒸、芋头扣肉、炒鳝糊、番薯糖水、野山椒、朝天椒、酸菜、长沙火宫殿臭豆腐、臭卤、王致和豆腐乳、酱豆腐、羊肉酸菜汤下杂面、满汉全席；唐装、对襟长衫、马褂、旗袍、千层底</td><td>玉兔、桂树、嫦娥；国家兴亡，匹夫有责；鸡犬之声相闻，老死不相往来；有朋自远方来，不亦乐乎；君子之交淡如水；高山流水的故事、桃园结义的故事、赵云救阿斗的故事</td><td>针灸、指南针；鲁迅、金庸、老舍、沈从文；昆曲、京剧、二胡、葫芦丝、吹拉弹唱、毛笔</td></tr>
<tr><th colspan="2">中外对比交流</th><th>少数民族风俗</th><th>教育、思想、宗教</th></tr>
<tr><td colspan="2">中外表达感情的方式、筷子与刀叉、中外姓与名的顺序、中外的课程安排</td><td>佧佤族、哈萨克族、维族、吐瓦族、傣族</td><td></td></tr>
</table>

<table>
<tr><td rowspan="2">教材名称</td><td rowspan="2">交际文化</td><td colspan="7">国情文化</td></tr>
<tr><td colspan="2">社会生活</td><td colspan="3">历史知识和人物</td><td colspan="2">地理概况和名胜古迹</td></tr>
<tr><td rowspan="6">《成功之路》
冲刺篇第一册</td><td></td><td colspan="2">老年人晨练遛鸟、北京的介绍、三伏、老龄化、花中三十客、岁寒三友；中国人对莲花、菊花等花的喜爱；洛阳的牡丹花会</td><td colspan="3">唐宋、战国、三国、北魏、秦朝的制度；郦道元、秦始皇、知青</td><td colspan="2">雍和宫、八大处、黄河、长城、秦始皇陵兵马俑</td></tr>
<tr><td colspan="8">知识文化</td></tr>
<tr><td colspan="2">观念习俗</td><td colspan="2">建筑、饮食和服饰</td><td colspan="3">神话、谚语和民间故事</td><td>科学、艺术和文学</td></tr>
<tr><td colspan="2">殉葬、大年夜、团圆饭、逛庙会、贴春联、春节、重视亲情伦理观、纲常（三纲五常）、中国人的养老观、父子观</td><td colspan="2">胡同、四合院；火锅、饮茶、茶的各道工序；茶道吸收了儒、道、佛的思想；中国的茶文化、雨前、明前、碧螺春、龙井、绿茶、紫砂壶</td><td colspan="3">武则天和牡丹的传说</td><td>唐诗宋词、《史记》；京剧、秦腔</td></tr>
<tr><td colspan="2">中外对比交流</td><td colspan="2">少数民族风俗</td><td colspan="4">教育、思想、宗教</td></tr>
<tr><td colspan="2">中西方不同审美方式</td><td colspan="2"></td><td colspan="4">儒家思想</td></tr>
<tr><td rowspan="8">《成功之路》
冲刺篇第二册</td><td rowspan="2">交际文化</td><td colspan="7">国情文化</td></tr>
<tr><td>社会生活</td><td colspan="3">历史知识和人物</td><td colspan="3">地理概况和名胜古迹</td></tr>
<tr><td></td><td>三北防护林</td><td colspan="3">丝绸之路、唐代的古文运动、晚清的碑学复兴、汉朝、元朝；张骞、周总理</td><td colspan="3">八大沙漠、四大沙地、戈壁滩、塔里木盆地、塔里木河、青海湖、敦煌月牙泉</td></tr>
<tr><td colspan="8">知识文化</td></tr>
<tr><td>观念习俗</td><td>建筑、饮食和服饰</td><td colspan="3">神话、谚语和民间故事</td><td colspan="3">科学、艺术和文学</td></tr>
<tr><td></td><td>胡同</td><td colspan="3">一日夫妻百日恩</td><td colspan="3">《汉书》；齐白石、李可染、徐青藤、中国画、书法、程砚秋、评剧、京剧、京胡、胡琴</td></tr>
<tr><td colspan="2">中外对比交流</td><td colspan="3">少数民族风俗</td><td colspan="3">教育、思想、宗教</td></tr>
<tr><td colspan="2"></td><td colspan="3">蒙古马、汉血宝马、维吾尔语、纳西族</td><td colspan="3"></td></tr>
</table>

<table>
<tr><th rowspan="2">教材名称</th><th rowspan="2">交际文化</th><th colspan="3">国情文化</th></tr>
<tr><th>社会生活</th><th>历史知识和人物</th><th>地理概况和名胜古迹</th></tr>
<tr><td rowspan="7">《成功之路》成功篇第一册</td><td></td><td>西部大开发、中国人口现状</td><td>“九・一八”事变、抗战、国民党、辛亥革命、五四运动、共产党；晏子、屈原、诸葛亮、陆游、康有为</td><td>可可西里、青藏高原、长江、河西走廊、戈壁滩、秦始皇陵兵马俑、敦煌莫高窟、者来寨、紫禁城、岳阳楼、西湖、黄河</td></tr>
<tr><th colspan="4">知识文化</th></tr>
<tr><th>观念习俗</th><th>建筑、饮食和服饰</th><th>神话、谚语和民间故事</th><th>科学、艺术和文学</th></tr>
<tr><td>鬼门关、八卦图、傩祭、巫文化、民俗文化</td><td>四合院、永定客家土楼</td><td>铁打的营盘流水的兵；梁山伯与祝英台的故事</td><td>《汉书》、老舍《四世同堂》、朱自清；梅兰芳、青衣、花旦、刀马旦、京剧简介和术语（生、旦、净、末、丑）、唱腔、念白、梅派、京剧流派四大名旦、四大须生旦、三大名净、昆曲、花衫、水袖、身段</td></tr>
<tr><th colspan="2">中外对比交流</th><th>少数民族风俗</th><th>教育、思想、宗教</th></tr>
<tr><td colspan="2"></td><td>藏族、藏羚羊、藏野驴、野牦牛、棕熊、雪豹、白唇鹿、白族的居民建筑和四合院、客家文化、客家民居建筑、客家人风俗</td><td></td></tr>
</table>

<table>
<tr><th rowspan="2">教材名称</th><th rowspan="2">交际文化</th><th colspan="3">国情文化</th></tr>
<tr><th>社会生活</th><th>历史知识和人物</th><th>地理概况和名胜古迹</th></tr>
<tr><td rowspan="7">《成功之路》成功篇第二册</td><td></td><td>三轮车、千层底、什刹海、中国传统文化的特点、西部大开发、青藏铁路</td><td>明清、民国、辛亥革命、五代、南宋、秦朝、五四运动、十年浩劫；和珅、溥仪、孙中山、诸葛亮、岳飞、伍子胥、袁枚、秋瑾、文成公主、西施</td><td>醇亲王府、恭亲王府、名人故居、九坛、八庙、故宫、天安门、五岳中的泰山、四川盆地、黄土高原、西湖、香格里拉、长江、黄河、敦煌莫高窟、楼兰古城、西夏王陵、布达拉宫、三星堆、西双版纳</td></tr>
<tr><th colspan="4">知识文化</th></tr>
<tr><th>观念习俗</th><th>建筑、饮食和服饰</th><th>神话、谚语和民间故事</th><th>科学、艺术和文学</th></tr>
<tr><td>春节庙会、祭祖祭神、祭祀</td><td>四合院、胡同、宫殿、黄帝陵墓、天人合一的建筑风格；台湾冻顶乌龙</td><td>白娘子和许仙的故事</td><td>二十八星宿；屈原、《诗经》《左传》、四书、《三字经》《论语》《道德经》《儒林外史》、苏东坡、鲁迅及其著作、白居易、苏东坡、林和靖；敦煌壁画、烧陶、冶铜、五行、音乐（宫、商、角、徵、羽）</td></tr>
<tr><th colspan="2">中外对比交流</th><th>少数民族风俗</th><th>教育、思想、宗教</th></tr>
<tr><td colspan="2">中国的哲学和柏拉图哲学思想的对比</td><td></td><td>中国佛教伦理道德学说；孔子、老子、孟子、庄子的思想；中国的哲学思想、儒家、道家；转世、罗汉、金刚</td></tr>
</table>

表 6-7 高级综合课教材练习项点表

教材名称	语音	汉字	词语						语句											综合						新题型			总项点数
	注音	根据拼音写汉字	组词	反义词	近义词	多义词	四字词语及成语	词语释义	填空	选择	词语搭配	扩展练习	语句排序	完成句子	完成会话	改错	造句	改写	判断正误	问答练习	修辞练习	课堂讨论	短文阅读	语段表达	作文	汉字	词语	语法	
《实用汉语课本》五、六册				+	+		+	+	+			+	+	+	+	+	+	+		+		+	+	+	+		+	+	19
《高级汉语教程》上、中、下册	+	+	+	+	+	+	+	+	+	+	+			+		+	+	+		+	+	+	+	+	+		+	+	23
《汉语高级教程》一、二册	+	+	+	+	+	+	+	+	+	+	+	+		+		+	+	+		+	+		+		+		+	+	22
《高级汉语课本》全一册	+		+	+	+	+	+	+	+	+	+			+	+	+	+	+	+	+	+	+	+	+	+		+	+	24
《实用汉语高级教程》一—四册	+		+	+	+	+	+	+	+		+			+			+	+	+	+	+	+	+	+	+		+	+	21
《标准汉语教程》高级一—三册		+	+	+	+		+	+	+	+	+		+			+	+	+		+									14

教材名称	语音	汉字	词语						语句											综合						新题型			总项点数
	注音	根据拼音写汉字	组词	反义词	近义词	多义词	四字词语及成语	词语释义	填空	选择	词语搭配	扩展练习	语句排序	完成句子	完成会话	改错	造句	改写	判断正误	问答练习	修辞练习	课堂讨论	短文阅读	语段表达	作文	汉字	词语	语法	
《现代汉语高级教程》三年级上、下册 四年级全一册			+		+	+	+	+	+	+	+		+	+			+	+	+	+	+		+	+	+		+	+	20
《发展汉语》高级汉语 上、下册	+		+	+	+		+	+	+		+		+	+	+	+	+	+	+	+		+		+	+		+	+	21
《汉语精读课本》三年级上册					+		+	+	+				+	+			+	+		+	+		+	+	+				13
《成功之路》冲刺篇一、二册 成功篇一、二册			+		+		+		+	+			+	+	+	+		+	+	+	+	+	+	+	+		+	+	19

第七章　汉语综合课教材评估

初级综合课教材内容评估表

使用说明：本套评估表是初级综合课教材内容评估表的各项评估子表，共 9 张（其中配套教材表为结果统计表）。每项评估条目分为五个等级，以★、☆表示。★★★★★为 5 分，表示完全符合；★★★★☆为 4 分，表示比较符合；★★★☆☆为 3 分，表示基本符合；★★☆☆☆为 2 分，表示有较少部分符合；★☆☆☆☆为 1 分，表示仅有极少部分符合。各项评估结果系根据初级综合课教材各项点表和各部教材的编写说明等综合考量得来。评估者根据教材的实际情况，以及自己的判断给出相应的分数。教材不涉及相关评估项点的，不累积“☆”，用“——”表示。

表 7-1　初级综合课教材编排评估表

教材名称	教材编排评估项目			
	参考相关教学大纲编写	体例相对稳定，内容符合学习者心理阶段	教学内容分单元呈现，教学难度呈阶梯状	整套教材各册之间相衔接
《汉语教科书》	☆☆☆☆☆	★★★★★	★★★☆☆	★★★★★
《基础汉语》	☆☆☆☆☆	★★★★★	★★★☆☆	★★★★★
《汉语课本》	☆☆☆☆☆	★★★★★	★★★★★	★★★★★
《基础汉语课本》	☆☆☆☆☆	★★★★★	★★★☆☆	★★★★★
《实用汉语课本》	☆☆☆☆☆	★★★★★	★★★☆☆	★★★★★
《简明汉语课本》	☆☆☆☆☆	★★★★★	★★★★★	★★★★★
《初级汉语课本》	☆☆☆☆☆	★★★★★	☆☆☆☆☆	★★★★★
《汉语初级教程》	☆☆☆☆☆	★★★★★	★★★★★	★★★★★

教材名称	教材编排评估项目			
	参考相关教学大纲编写	体例相对稳定，内容符合学习者心理阶段	教学内容分单元呈现，教学难度呈阶梯状	整套教材各册之间相衔接
《新汉语课本》	☆☆☆☆☆	★★★★★	★★★☆☆	★★★★★
《汉语教程》	★★★★★	★★★★★	★★★☆☆	★★★★★
《新实用汉语课本》	☆☆☆☆☆	★★★★★	★★★☆☆	★★★★★
《基础汉语精读》 《初级汉语精读》	☆☆☆☆☆	★★★★★	☆☆☆☆☆	★★★★★
《发展汉语》	★★★★★	★★★★★	☆☆☆☆☆	★★★★★
《体验汉语》	☆☆☆☆☆	★★★★★	★★★☆☆	★★★★★
《汉语精读课本》	★★★★★	★★★★★	★★★★★	★★★★★
《阶梯汉语》	★★★★★	★★★★★	★★★★★	★★★★★
《成功之路》	★★★★★	★★★★★	★★★☆☆	★★★★★

评估说明：

1. “参考相关教学大纲编写”：参考大纲的为★★★★★，未参考的☆☆☆☆☆（中、高级同）；

2. “教学内容分单元呈现，教学难度呈阶梯状”：分单元或有测试题的为★★★☆☆，分单元且有测试题的为★★★★★。

表 7-2　初级综合课教材课文选篇评估表

教材名称	课文选篇评估项目					
	语言规范、自然	体裁多样	题材丰富	篇幅适中	内容贴近生活、有趣味性	有较强的交际功能
《汉语教科书》	★★★☆☆	★★★☆☆	★★☆☆☆	★★★☆☆	★★☆☆☆	★★☆☆☆
《基础汉语》	★★★☆☆	★★★☆☆	★★☆☆☆	★★★☆☆	★★☆☆☆	★★☆☆☆
《汉语课本》	★★★☆☆	★★★☆☆	★★☆☆☆	★★★☆☆	★★☆☆☆	★★☆☆☆
《基础汉语课本》	★★★★☆	★★★☆☆	★★★☆☆	★★★☆☆	★★☆☆☆	★★★☆☆
《实用汉语课本》	★★★★★	★★★★☆	★★★★☆	★★★★☆	★★★★★	★★★★★
《简明汉语课本》	★★★★☆	★★★☆☆	★★★☆☆	★★★☆☆	★★★☆☆	★★★★☆
《初级汉语课本》	★★★★☆	★★★☆☆	★★★☆☆	★★★☆☆	★★★★☆	★★★★☆
《汉语初级教程》	★★★★☆	★★★☆☆	★★★★☆	★★★★☆	★★★★☆	★★★★☆
《新汉语课本》	★★★★☆	★★★☆☆	★★★☆☆	★★★★☆	★★★☆☆	★★★☆☆
《汉语教程》	★★★★★	★★★★☆	★★★★★	★★★★★	★★★★★	★★★★★
《新实用汉语课本》	★★★★★	★★★★☆	★★★★★	★★★★★	★★★★★	★★★★★
《基础汉语精读》 《初级汉语精读》	★★★★☆	★★★☆☆	★★★★☆	★★★☆☆	★★★☆☆	★★★☆☆
《发展汉语》	★★★★★	★★★★☆	★★★★☆	★★★☆☆	★★★★☆	★★★★☆
《体验汉语》	★★★★☆	★★★★☆	★★★★☆	★★★★☆	★★★★☆	★★★★☆

教材名称	课文选篇评估项目					
	语言规范、自然	体裁多样	题材丰富	篇幅适中	内容贴近生活、有趣味性	有较强的交际功能
《汉语精读课本》	★★★★☆	★★★☆☆	★★★☆☆	★★★★☆	★★★☆☆	★★★☆☆
《阶梯汉语》	★★★★☆	★★★☆☆	★★★☆☆	★★★☆☆	★★★★☆	★★★☆☆
《成功之路》	★★★★★	★★★★☆	★★★★★	★★★★★	★★★★★	★★★★★

评估说明：

由于课文选篇的评估角度不以呈现顺序、多寡作为指标，因此每部初级阶段各册教材的课文选篇作为一个整体进行评估，即每部教材出现零起点、一年级（称谓不固定）分册教材的，都合并给出评估结果。评估标准参照初级综合课教材课文选篇项点表。

表 7-3　初级综合课教材语音评估表

教材名称	语音评估项目			
	按照语音系统顺序编排	语音知识讲解全面，由易到难	突出汉语语音的变调、语流等特点	突出汉语语音的普遍难点
《汉语教科书》	★★★★★	★★★★☆	★★★☆☆	★★★★☆
《基础汉语》	★★★★☆	★★★★☆	★★★☆☆	★★★★☆
《汉语课本》	★★★☆☆	★★★★☆	★★★☆☆	★★★★☆
《基础汉语课本》	★★★★★	★★★★☆	★★★☆☆	★★★★☆
《实用汉语课本》	★★★★★	★★★★☆	★★★★☆	★★★★☆
《简明汉语课本》	★★★★☆	★★★★☆	★★★☆☆	★★★★☆
《初级汉语课本》	★★★★☆	★★★★☆	★★★★★	★★★★☆
《汉语初级教程》	★★★★☆	★★★☆☆	★★★★☆	★★★★☆
《新汉语课本》	★★★★☆	★★★★★	★★★★☆	★★★★☆
《汉语教程》	★★★★☆	★★★★★	★★★★★	★★★★☆
《新实用汉语课本》	★★★★★	★★★★★	★★★★☆	★★★★☆
《基础汉语精读》	★★★★☆	★★★★☆	★★★★★	★★★★☆
《初级汉语精读》	——	——	——	——
《发展汉语》	★★★★☆	★★★★☆	★★★★★	★★★★☆
《体验汉语》	★★★☆☆	★★☆☆☆	★★★★☆	★★★☆☆

教材名称	语音评估项目			
	按照语音系统顺序编排	语音知识讲解全面，由易到难	突出汉语语音的变调、语流等特点	突出汉语语音的普遍难点
《汉语精读课本》（预科）	★★★★☆	★★★★★	★★★★☆	★★★★☆
《汉语精读课本》（一年级）	——	——	——	——
《阶梯汉语》	★★★★☆	★★★★☆	★★★★☆	★★★☆☆
《成功之路》入门篇 《成功之路》起步篇	★★★★★	★★★★☆	★★★★☆	★★★★☆
《成功之路》顺利篇 《成功之路》进步篇综合课本	——	——	——	——

评估说明：

1. “按照语音系统顺序编排”：语音系统一般顺序为语音基础知识、语音四要素、发音、音位等内容。考虑到教材编写者语音部分编排的角度不一样，这个项点综合考虑教材语音部分的整体编排以及该教材的影响并结合其他三个评估项来打分；
2. “语音知识讲解全面，由易到难”：本评估表中的评估项可通过初级综合课教材语音项点表比较直观地进行评价，其中语音基础知识、音变现象、发音知识和拼写规则是考量的重点；
3. “突出汉语语音的变调、语流等特点”：汉语的几种基本音变现象如轻声、三声变调、“一”“不”的变调以及儿化都在教材中出现的为★★★★☆；额外讲解语调、重音、两个四声连读、“啊”的音变等语音知识的为★★★★★；初级综合课教材语音项点表里涉及的音变现象没有全部讲解的为★★★☆☆；
4. “突出汉语语音的普遍难点”：此次评估不针对国别化教材，不存在汉语语音与某种语言语音的对比，所以依据教材中是否清晰地突出汉语特有的音素及音变等内容进行评估。

表 7-4　初级综合课教材词汇评估表

教材名称	词汇评估项目								
	全套教材词汇总量适中	平均每课生词量适中	保证词汇重现率	控制超纲词汇量	生词按在课文中出现的顺序呈现	生词注释准确、科学、合理	含词汇的扩展用法讲解	含重点词汇阶段性小结	含近义词、反义词阶段性对比总结
《汉语教科书》	★☆☆☆☆	★★★☆☆	☆☆☆☆☆	——	★★★★★	★★☆☆☆	★★★☆☆	——	——
《基础汉语》	★☆☆☆☆	★★★☆☆	☆☆☆☆☆	——	★★★★★	★★☆☆☆	★★☆☆☆	★☆☆☆☆	——
《汉语课本》	★☆☆☆☆	★★★★☆	☆☆☆☆☆	——	★★★★★	★★☆☆☆	——	——	——
《基础汉语课本》	★★★★☆	★★★★★	☆☆☆☆☆	——	★★★★★	★★☆☆☆	——	★★★★★	★★★★☆
《实用汉语课本》	★☆☆☆☆	★★★☆☆	☆☆☆☆☆	——	★★★★★	★★☆☆☆	——	——	——
《简明汉语课本》	★★★☆☆	★★☆☆☆	☆☆☆☆☆	——	★★★★★	★★★☆☆	——	——	——
《初级汉语课本》	★★★☆☆	★★★★★	☆☆☆☆☆	——	★★★★★	★★★☆☆	——	——	——
《汉语初级教程》	★★☆☆☆	★★★★☆	☆☆☆☆☆	——	★★★★★	★★☆☆☆	——	——	——
《新汉语课本》	★★★☆☆	★★★★☆	☆☆☆☆☆	——	★★★★★	★★☆☆☆	——	——	——
《汉语教程》	★★★☆☆	★★★★☆	☆☆☆☆☆	★★★☆☆	★★★★★	★★★☆☆	——	——	——
《新实用汉语课本》	★★★☆☆	★★★★☆	☆☆☆☆☆	★★★★★	★★★★★	★★★☆☆	★★★★★	——	——
《基础汉语精读》 《初级汉语精读》	★★☆☆☆	★★★★★	☆☆☆☆☆	——	★★★★★	★★☆☆☆	——	——	——

教材名称	词汇评估项目								
	全套教材词汇总量适中	平均每课生词量适中	保证词汇重现率	控制超纲词汇量	生词按在课文中出现的顺序呈现	生词注释准确、科学、合理	含词汇的扩展用法讲解	含重点词汇阶段性小结	含近义词、反义词阶段性对比总结
《发展汉语》	★★★☆☆	★★★★☆	☆☆☆☆☆	★★★★★	★★★★★	★★★★☆	——	——	——
《体验汉语》	★☆☆☆☆	★★★★☆	☆☆☆☆☆	——	★★★★★	★★★☆☆	★★★★★	——	——
《汉语精读课本》	★★★★★	★★☆☆☆	☆☆☆☆☆	★☆☆☆☆	★★★★★	★★★☆☆	——	——	——
《阶梯汉语》	★★★☆☆	★★★★☆	☆☆☆☆☆	★★★★☆	★★★★★	★★★☆☆	——	——	——
《成功之路》	★★★★☆	★★★★☆	☆☆☆☆☆	★☆☆☆☆	★★★★★	★★★☆☆	★★★★☆	——	——

评估说明：

1. “全套教材词汇总量适中”：全套教材词汇总量（个）：2401~2800—★★★★★；2001~2400 或 2801~3200—★★★★☆；1601~2000 或 3200 以上—★★★☆☆；1201~1600—★★☆☆☆；801~1200—★☆☆☆☆；
2. “平均每课生词量适中”：平均每课生词量（个）：26~30—★★★★★；21~25 或 31~35—★★★★☆；15~20 或 36~40—★★★☆☆；40 以上—★★☆☆☆；
3. “控制超纲词汇量”：超纲词（个）：0~150—★★★★★；151~300—★★★★☆；301~450—★★★☆☆；451~600—★★☆☆☆；600 以上—★☆☆☆☆；
4. “保证词汇重现率”：由于目前条件不成熟，故未对此项作出评估。

表 7–5　初级综合课教材语法评估表

教材名称	语法评估项目					
	按照语法体系的科学顺序编排	全套教材语法点总数适当	语法点在难度、数量上分布均匀	语法讲解方式多样	语法点讲解简洁易懂、结合实际用法	重点和次重点语法点分类讲解
《汉语教科书》	☆☆☆☆☆	★★★★★	★★★★★	★★★★☆	★★★★☆	★★☆☆☆
《基础汉语》	☆☆☆☆☆	★★★★★	★★★★★	★★★★☆	★★★★★	★★☆☆☆
《汉语课本》	☆☆☆☆☆	★★★★★	★★★★★	★★★★☆	★★★★☆	★★☆☆☆
《基础汉语课本》	☆☆☆☆☆	★★★★☆	★★★★☆	★★★★☆	★★★★☆	★★★☆☆
《实用汉语课本》	☆☆☆☆☆	★★★★★	★★★★☆	★★★★☆	★★★★☆	★★★★☆
《简明汉语课本》	☆☆☆☆☆	★★★★☆	★★★★☆	★★★★☆	★★★★☆	★★☆☆☆
《初级汉语课本》	☆☆☆☆☆	★★★★☆	★★★★★	★★★★★	★★★★☆	★★★★☆
《汉语初级教程》	☆☆☆☆☆	★★★★★	★★★★★	★★☆☆☆	★★★★★	★★☆☆☆
《新汉语课本》	☆☆☆☆☆	★★★★★	★★★★★	★★★★★	★★★★★	★★★☆☆
《汉语教程》	☆☆☆☆☆	★★☆☆☆	★★★★☆	★★★★★	★★★★★	★★★★★
《新实用汉语课本》	☆☆☆☆☆	★★★☆☆	★★★☆☆	★★★★★	★★★★★	★★★★★
《基础汉语精读》	☆☆☆☆☆	★★★★★	★★★★☆	★★★★★	★★★☆☆	★★★☆☆
《初级汉语精读》	☆☆☆☆☆	★★★★☆	★★★☆☆	★★★★☆	★★★★☆	★★☆☆☆
《发展汉语》	☆☆☆☆☆	★★★☆☆	★★★★☆	★★★★★	★★★★☆	★★★★☆

教材名称	语法评估项目					
	按照语法体系的科学顺序编排	全套教材语法点总数适当	语法点在难度、数量上分布均匀	语法讲解方式多样	语法点讲解简洁易懂、结合实际用法	重点和次重点语法点分类讲解
《体验汉语》	☆☆☆☆☆	★★★★★	★★★★☆	★★★★★	★★★★★	★★★★☆
《汉语精读课本》（预科）	☆☆☆☆☆	★★★★★	★★★★☆	★★★☆☆	★★★★★	★★☆☆☆
《汉语精读课本》（一年级）	☆☆☆☆☆	★★★★★	★★★★☆	★★★★☆	★★★★★	★★☆☆☆
《阶梯汉语》	☆☆☆☆☆	★★★★★	★★★★★	★★★★☆	★★★★☆	☆☆☆☆☆
《成功之路》入门篇	☆☆☆☆☆	——	——	——	——	——
《成功之路》起步篇	☆☆☆☆☆	★★★★☆	★★★★★	★★★★★	★★★★☆	★★★☆☆
《成功之路》顺利篇	☆☆☆☆☆	★★★★☆	★★★★★	★★★★★	★★★★☆	★★★☆☆
《成功之路》进步篇综合课本	☆☆☆☆☆	★★★★★	★★★★☆	★★★★★	★★★★☆	★★★☆☆

评估说明：

1. “全套教材语法点总数适当”：全套教材语法点总数（个）：0~100—★★★★☆；101~200—★★★★★；201~300—★★★★☆；301~400—★★★☆☆；401~500—★★☆☆☆；
2. “语法点数量分布均匀”：每课平均语法点数量（个）：1~3—★★★★★；4~6—★★★★☆；7~9—★★★☆☆；
3. “语法讲解方式多样”：5 种及以上—★★★★★；4 种—★★★★☆；3 种—★★★☆☆；2 种—★★☆☆☆；1 种—★☆☆☆☆；
4. “按照语法体系的科学顺序编排”：由于目前条件不成熟，故未对此项作出评估。

表 7-6　初级综合课教材汉字评估表

教材名称	汉字评估项目								
	汉字知识介绍循序渐进且较全面	每个汉字讲解清晰到位	选择规范汉字	选择常用汉字	汉字呈现顺序由易到难	平均每课汉字数量适中	汉字总量基本符合大纲要求	注重字与词的教学相结合	突出汉字音、形、义特点
《汉语教科书》	★★★☆☆	★★★☆☆	★★★★★	★★★★★	★★★★☆	★★☆☆☆	★★★★★	★★★☆☆	★★★☆☆
《基础汉语》	★★★☆☆	★★☆☆☆	★★★★★	★★★★★	★★★★☆	★★★★★	★★★★★	★★★☆☆	★★★☆☆
《汉语课本》	★★★☆☆	★★☆☆☆	★★★★★	★★★★★	★★★★☆	★★★★☆	★★★★☆	★★★☆☆	★★☆☆☆
《基础汉语课本》	★★★☆☆	★★☆☆☆	★★★★★	★★★★★	★★★★☆	★★★★★	★★★☆☆	★★★☆☆	★★☆☆☆
《实用汉语课本》	★★★☆☆	★★★☆☆	★★★★★	★★★★★	★★★★☆	★★★★☆	★★★☆☆	★★★☆☆	★★★★☆
《简明汉语课本》	——	——	——	——	——	——	——	——	——
《初级汉语课本》	★★★★★	★★★☆☆	★★★★★	★★★★★	★★★★☆	★★★★★	★★★★★	★★★★☆	★★★★★
《汉语初级教程》	★★★★★	★★★★☆	★★★★★	★★★★★	★★★★☆	★★★★★	★★★★★	★★★★☆	★★★★★
《新汉语课本》	★☆☆☆☆	★☆☆☆☆	——	——	——	——	——	★★☆☆☆	★★☆☆☆
《汉语教程》	——	★★☆☆☆	★★★★★	★★★★★	★★★★☆	★★★★★	★★★★★	★☆☆☆☆	★☆☆☆☆
《新实用汉语课本》	★★★★★	★★★★★	★★★★★	★★★★★	★★★★★	★★★★☆	★★★☆☆	★★★★★	★★★★★
《基础汉语精读》	——	★★☆☆☆	★★★★★	★★★★★	★★★★☆	★★★★☆	★☆☆☆☆	★☆☆☆☆	★☆☆☆☆
《初级汉语精读》	——	——	——	——	——	——	——	——	——
《发展汉语》	★★★★☆	★★★☆☆	★★★★★	★★★★★	★★★★☆	★★★★☆	★★☆☆☆	★★★★☆	★★★★★
《体验汉语》	★★★☆☆	★★★☆☆	★★★★★	★★★★★	★★★★☆	★★★★☆	★☆☆☆☆	★★☆☆☆	★★★★☆
《汉语精读课本》（预科）	★★★★☆	★★★☆☆	★★★★☆	★★★★☆	★★★★☆	★★★★☆	★★★☆☆	★★☆☆☆	★★★★☆

教材名称	汉字评估项目								
	汉字知识介绍循序渐进且较全面	每个汉字讲解清晰到位	选择规范汉字	选择常用汉字	汉字呈现顺序由易到难	平均每课汉字数量适中	汉字总量基本符合大纲要求	注重字与词的教学相结合	突出汉字音、形、义特点
《汉语精读课本》（一年级）	——	——	——	——	——	——	——	——	——
《阶梯汉语》	——	——	——	——	——	——	——	——	——
《成功之路》入门篇	★★★☆☆	★★★★☆	★★★★★	★★★★★	★★★★★	★☆☆☆☆	★☆☆☆☆	★★★☆☆	★★★☆☆
《成功之路》起步篇	★★☆☆☆	★★☆☆☆	★★★★★	★★★★★	★★★★★	★★★★★	★★★☆☆	★★★☆☆	★★★☆☆
《成功之路》顺利篇	——	——	——	——	——	——	——	——	——
《成功之路》进步篇综合课本	——	——	——	——	——	——	——	——	——

评估说明：

1. “汉字知识介绍循序渐进且较全面”：按顺序每增加以下一项或几项增加一个星级：基本笔画、笔顺规则、复合笔画—★；偏旁部首—★★；汉字结构—★★★；造字法、查字典方法、多音字、形近字、同音字—★★★★★；
2. “每个汉字讲解清晰到位”：按顺序每增加以下一项或几项增加一个星级：笔顺—★；拼音—★★；部件拆分、偏旁介绍—★★★；英文注释或讲解—★★★★；繁简对照、图画、总笔画数—★★★★★；
3. “平均每课汉字数量适中”：除《汉语精读课本》每课固定有 20 个汉字，《发展汉语》《体验汉语》每课固定有 4~6 个汉字外，其他教材每课汉字数量（个）：0~3，0~10—★☆☆☆☆；4~5，11~12—★★☆☆☆；13~20 以上，21~28—★★★☆☆；10~12，19~20—★★★★☆；6~9，13~18—★★★★★（注：每项中前一组是每部教材前 10 课平均汉字个数，后一组是每部教材 10 课以后平均汉字个数。这里给出的具体数值为每个等级的理想数值，具体在评价不同教材时，如果前 10 课与 10 课后的汉字个数都符合标准，给出的星级就没有偏差；如果前 10 课与 10 课后汉字个数只有一项符合，另一项不符合，则按不符合项目的汉字个数的星级标准来给星级）；
4. “汉字总量基本符合大纲要求”：汉字总量（个）：0~150—★☆☆☆☆；151~400—★★☆☆☆；401~600—★★★☆☆；601~700—★★★★☆；700 以上—★★★★★；
5. “突出汉字音、形、义特点”：按顺序每增加以下一项或几项增加一个星级：笔顺—★；拼音—★★；部件拆分—★★★；偏旁部首介绍—★★★★；汉字结构图—★★★★★。

表 7–7　初级综合课教材文化评估表

教材名称	文化评估项目		
	文化点全面、内容丰富	具有典型性、时代性和趣味性	内容取向正确、准确、不强加于人
《汉语教科书》	☆☆☆☆☆	☆☆☆☆☆	☆☆☆☆☆
《基础汉语》	☆☆☆☆☆	☆☆☆☆☆	☆☆☆☆☆
《汉语课本》	☆☆☆☆☆	☆☆☆☆☆	☆☆☆☆☆
《基础汉语课本》	☆☆☆☆☆	☆☆☆☆☆	☆☆☆☆☆
《实用汉语课本》	★★★★★	★★★★☆	★★★★★
《简明汉语课本》	★★★☆☆	★★★★☆	★★★★★
《初级汉语课本》	★★★★☆	★★★★☆	★★★★★
《汉语初级教程》	★★★★☆	★★★★☆	★★★★★
《新汉语课本》	★★★★☆	★★★★☆	★★★★★
《汉语教程》	★★★★★	★★★★★	★★★★★
《新实用汉语课本》	★★★★★	★★★★★	★★★★★
《基础汉语精读》	★★☆☆☆	★★☆☆☆	★★★★★
《初级汉语精读》	★★★☆☆	★★★★☆	★★★★★
《发展汉语》	★★☆☆☆	★★☆☆☆	★★★★★
《体验汉语》	★★☆☆☆	★★★☆☆	★★★★★

教材名称	文化评估项目		
	文化点全面、内容丰富	具有典型性、时代性和趣味性	内容取向正确、准确、不强加于人
《汉语精读课本》(预科)	★★★☆☆	★★★★★	★★★★★
《汉语精读课本》(一年级)	★★★★★	★★★★★	★★★★☆
《阶梯汉语》	★★★☆☆	★★★★☆	★★★★★
《成功之路》入门篇	★☆☆☆☆	★★☆☆☆	★★★★★
《成功之路》起步篇	★☆☆☆☆	★★☆☆☆	★★★★★
《成功之路》顺利篇	★★☆☆☆	★★★☆☆	★★★★★
《成功之路》进步篇综合课本	★★★★☆	★★★★★	★★★★★

评估说明：

“文化点全面、内容丰富”：依据初级综合课教材文化项点表一级项点及二级项点，并参考各个阶段文化比重的不同综合评估，既有交际文化又有国情文化和知识文化且内容丰富的为★★★★★；只有国情文化和知识文化且内容丰富的为★★★★☆；有国情文化和知识文化但内容不太丰富的为★★★☆☆；有国情文化和知识文化但内容不丰富的为★★☆☆☆；有国情文化和知识文化但内容很不丰富的为★☆☆☆☆。

表 7-8　初级综合课教材练习评估表

教材名称	练习编排评估项目					
	练习数量足够	练习题类型多样、全面	有相对固定的题型结构	包含语音、汉字、词汇、语法，覆盖全部教学内容	保证知识点的重现率	遵循“有控制—较少控制—无控制”原则
《汉语教科书》	★★☆☆☆	★★☆☆☆	★★☆☆☆	☆☆☆☆☆	☆☆☆☆☆	★★★★★
《基础汉语》	★☆☆☆☆	★★☆☆☆	★★★☆☆	☆☆☆☆☆	☆☆☆☆☆	★★★★★
《汉语课本》	★★☆☆☆	★☆☆☆☆	★★★★★	☆☆☆☆☆	☆☆☆☆☆	★★★★★
《基础汉语课本》	★★★★☆	★★★★☆	★★★★★	☆☆☆☆☆	☆☆☆☆☆	★★★★★
《实用汉语课本》	★★★☆☆	★★★☆☆	★★★★★	☆☆☆☆☆	☆☆☆☆☆	★★★★★
《简明汉语课本》	★★☆☆☆	★★☆☆☆	★★★★★	☆☆☆☆☆	☆☆☆☆☆	★★★★★
《初级汉语课本》	★★★☆☆	★★★☆☆	★★★★★	☆☆☆☆☆	☆☆☆☆☆	★★★★★
《汉语初级教程》	★★★★★	★★★★☆	★★★★★	☆☆☆☆☆	☆☆☆☆☆	★★★★★
《新汉语课本》	★★★★☆	★★★★★	★★★★★	☆☆☆☆☆	☆☆☆☆☆	★★★★★
《汉语教程》	★★★★★	★★★★☆	★★★★★	☆☆☆☆☆	☆☆☆☆☆	★★★★★
《新实用汉语课本》	★★★☆☆	★☆☆☆☆	★★★★★	☆☆☆☆☆	☆☆☆☆☆	★★★★★
《基础汉语精读》	★★★★☆	★★★★☆	★★★★★	☆☆☆☆☆	☆☆☆☆☆	★★★★★
《初级汉语精读》	★★★★★	★★★☆☆	★★★★★	☆☆☆☆☆	☆☆☆☆☆	★★★★★
《发展汉语》	★★★★☆	★★★★★	★★★★★	☆☆☆☆☆	☆☆☆☆☆	★★★★★

教材名称	练习编排评估项目					
	练习数量足够	练习题类型多样、全面	有相对固定的题型结构	包含语音、汉字、词汇、语法，覆盖全部教学内容	保证知识点的重现率	遵循“有控制—较少控制—无控制”原则
《体验汉语》	★☆☆☆☆	★☆☆☆☆	★★★★★	☆☆☆☆☆	☆☆☆☆☆	★★★★★
《汉语精读课本》	★★★★★	★★★☆☆	★★★★★	☆☆☆☆☆	☆☆☆☆☆	★★★★★
《阶梯汉语》	★★★★☆	★★★☆☆	★★★★★	☆☆☆☆☆	☆☆☆☆☆	★★★★★
《成功之路》	★★★★☆	★★★★☆	★★★★★	☆☆☆☆☆	☆☆☆☆☆	★★★★★

评估说明：

1.“练习数量足够”：以练习页数占教材页数百分比为考量标准，0~9% —★☆☆☆☆；10%~19%—★★☆☆☆；20%~29%—★★★☆☆；30%~39%—★★★★☆；40%~65%—★★★★★；

2.“练习题类型多样、全面”：教材练习题型（种）：0~9—★☆☆☆☆；10~15—★★☆☆☆；16~20—★★★☆☆；21~25—★★★★☆；26~30—★★★★★；

3.“包含语音、汉字、词汇、语法，覆盖全部教学内容”和“保证知识点的重现率”两项，由于目前条件不成熟，故未作出评估。

表 7-9　初级综合课教材配套材料统计表

教材名称	配套材料统计项目		
	含教师参考用书	含学生练习册，如汉字练习册	含配套音像材料
《汉语教科书》	☆	☆	☆
《基础汉语》	☆	☆	☆
《汉语课本》	☆	☆	☆
《基础汉语课本》	★	☆	☆
《实用汉语课本》	☆	★	☆
《简明汉语课本》	☆	☆	★
《初级汉语课本》	☆	★	☆
《汉语初级教程》	☆	☆	★
《新汉语课本》	☆	☆	☆
《汉语教程》	★	☆	★
《新实用汉语课本》	★	★	★
《基础汉语精读》 《初级汉语精读》	☆	☆	☆
《发展汉语》	☆	☆	★
《体验汉语》	☆	★	★
《汉语精读课本》	☆	☆	★
《阶梯汉语》	☆	☆	★
《成功之路》	☆	★	★

说明：

综合课教材配套材料只作统计，不进行评估。结果以★、☆表示。含某类配套材料的为★，不含的为☆。（中、高级同）

中级综合课教材内容评估表

使用说明：本套评估表是中级综合课教材内容评估表的各项评估子表，共 7 张（其中配套教材表为结果统计表）。每项评估条目分为五个等级，以★、☆表示。★★★★★为 5 分，表示完全符合；★★★★☆为 4 分，表示比较符合；★★★☆☆为 3 分，表示基本符合；★★☆☆☆为 2 分，表示有较少部分符合；★☆☆☆☆为 1 分，表示仅有极少部分符合。各项评估结果系根据中级综合课教材各项点表和各部教材的编写说明等综合考量得来。评估者根据教材的实际情况，以及自己的判断给出相应的分数。教材不涉及相关评估项点的，不累积“☆”，用“——”表示。

表 7–10　中级综合课教材编排评估表

教材名称	教材编排评估项目		
	参考相关教学大纲编写	体例相对稳定，内容符合学习者心理阶段	整套教材各册之间相衔接
《实用汉语课本》	☆☆☆☆☆	★★★★★	★★★★★
《中级汉语教程》	☆☆☆☆☆	★★★★★	★★★★★
《汉语中级教程》	☆☆☆☆☆	★★★★★	★★★★★
《新汉语课本》	☆☆☆☆☆	★★★★★	★★★★★
《中级汉语课本》	☆☆☆☆☆	★★★★★	★★★★★
《桥梁》	★★★★★	★★★★★	★★★★★
《大众汉语》	★★★★★	★★★★★	★★★★★
《阶梯汉语》	★★★★★	★★★★★	★★★★★
《新实用汉语课本》	☆☆☆☆☆	★★★★★	★★★★★
《发展汉语》	★★★★★	★★★★★	★★★★★
《汉语精读课本》	★★★★★	★★★★★	★★★★★
《成功之路》	★★★★★	★★★★★	★★★★★

表 7-11　中级综合课教材课文选篇评估表

教材名称	课文选篇评估项目				
	课文语言规范、自然	体裁多样	题材丰富	篇幅适中	内容贴近生活、有趣味性
《实用汉语课本》	★★★☆☆	★★★★☆	★★★★★	★★★★☆	★★★☆☆
《中级汉语教程》	★★★☆☆	★★★☆☆	★★★☆☆	★★★☆☆	★★★☆☆
《汉语中级教程》	★★★☆☆	★★★☆☆	★★★☆☆	★★★★☆	★★☆☆☆
《新汉语课本》	★★★☆☆	★★★★☆	★★★☆☆	★★★★☆	★★☆☆☆
《中级汉语课本》	★★★☆☆	★★★☆☆	★★★☆☆	★★☆☆☆	★★★☆☆
《桥梁》	★★★☆☆	★★★★☆	★★★★★	★★★★☆	★★★☆☆
《大众汉语》	★★★☆☆	★★★☆☆	★★★☆☆	★★★★☆	★★★☆☆
《阶梯汉语》	★★★★☆	★★★★☆	★★★☆☆	★★★★☆	★★☆☆☆
《新实用汉语课本》	★★★★☆	★★★☆☆	★★★☆☆	★★★★☆	★★★☆☆
《发展汉语》	★★★★☆	★★★☆☆	★★★★☆	★★★★☆	★★☆☆☆
《汉语精读课本》	★★★☆☆	★★★★☆	★★★★☆	★★★★☆	★★☆☆☆
《成功之路》	★★★★☆	★★★★☆	★★★★★	★★★★☆	★★★☆☆

评估说明：

1.“体裁多样”：课文体裁包括记叙文、说明文、议论文三大实用文体并包含其他实用文体的在★★★以上；

2.“题材丰富”：课文题材在 6 种以上的在★★★以上；

3.“篇幅适中”：课文字数在略在千字以下至 2500 字范围内，且随课程逐步递增的在★★★★以上，字数无跨度或跨度过大的在★★★及以下。

表 7-12 中级综合课教材词汇评估表

教材名称	词汇评估项目								
	全套教材词汇总量适中	平均每课生词量适中	保证词汇重现率	控制超纲词汇量	生词按在课文中出现的顺序呈现	生词注释准确、科学、合理，适当使用英汉双语注释	含词汇的搭配、扩展用法讲解	含重点词汇阶段性小结	含近义词、反义词阶段性对比总结
《实用汉语课本》	★★★★☆	★★★☆☆	☆☆☆☆☆	——	★★★★★	★★☆☆☆	★★★★★	★★★★★	★★★★☆
《中级汉语教程》	★★★★☆	★☆☆☆☆	☆☆☆☆☆	——	★★★★★	★★★☆☆	★★★★★	——	——
《汉语中级教程》	★★★☆☆	★★★★☆	☆☆☆☆☆	——	★★★★★	★★☆☆☆	——	——	——
《新汉语课本》	★★★★★	★★★★☆	☆☆☆☆☆	——	★★★★★	★★☆☆☆	——	——	★★★★☆
《中级汉语课本》	★★★☆☆	★★★☆☆	☆☆☆☆☆	——	★★★★★	★★☆☆☆	——	——	——
《桥梁》	★★★★☆	★★★☆☆	☆☆☆☆☆	★☆☆☆☆	★★★★★	★★★☆☆	★★★★★	——	——
《大众汉语》	★★★★☆	★★☆☆☆	☆☆☆☆☆	★★★★★	★★★★★	★★☆☆☆	——	——	★★★★☆
《阶梯汉语》	★★★★★	★★★★★	☆☆☆☆☆	★★★★★	★★★★★	★★★☆☆	★★★★★	——	★★★★☆
《新实用汉语课本》	★★★☆☆	★☆☆☆☆	☆☆☆☆☆	——	★★★★★	★★★☆☆	★★★★★	——	——
《发展汉语》	★★★★☆	★★★☆☆	☆☆☆☆☆	★★☆☆☆	★★★★★	★★★★☆	——	——	——
《汉语精读课本》	★★★☆☆	★★★★☆	☆☆☆☆☆	★★★★☆	★★★★★	★★★☆☆	——	★★★★★	——
《成功之路》	★★★☆☆	★★★☆☆	☆☆☆☆☆	★★★★★	★★★★★	★★★☆☆	★★★★★	——	——

评估说明：

1. "全套教材词汇总量适中"：全套教材词汇总量（个）：2201~3000—★★★★★；1801~2200 或 3001~3400—★★★★☆；1401~1800—★★★☆☆；
2. "平均每课生词量适中"：平均每课生词量（个）：41~50—★★★★★；31~40 或 51~60—★★★★☆；21~30 或 61~70—★★★☆☆；71~80—★★☆☆☆；80 以上—★☆☆☆☆；
3. "控制超纲词汇量"：超纲率 0~10%—★★★★★；11%~20%—★★★★☆；21%~30%—★★★☆☆；31%~40%—★★☆☆☆；40% 以上—★☆☆☆☆；
4. "保证词汇重现率"：由于目前条件不成熟，故未对此项作出评估。

表 7-13　中级综合课教材语法评估表

教材名称	语法评估项目					
	按照语法体系的科学顺序编排	全套教材语法点总数适当	语法点在难度、数量上分布均匀	语法讲解方式多样	语法点讲解简洁易懂、结合实际用法、含汉语注解	重点和次重点语法点分类讲解
《实用汉语课本》	☆☆☆☆☆	★★★★☆	★★★★☆	★★★★★	★★★☆☆	★★☆☆☆
《中级汉语教程》	☆☆☆☆☆	★★★★☆	★★☆☆☆	★★☆☆☆	★★★★☆	★★★☆☆
《汉语中级教程》	☆☆☆☆☆	★★★★★	★★★★★	★★☆☆☆	★★★☆☆	★★☆☆☆
《新汉语课本》	☆☆☆☆☆	★★★★☆	★★★★★	★★★☆☆	★★★★☆	★★☆☆☆
《中级汉语课本》	☆☆☆☆☆	★★★★☆	★★★★★	★★★★☆	★★★☆☆	★★☆☆☆
《桥梁》	☆☆☆☆☆	★★★☆☆	★★★☆☆	★★★☆☆	★★★★★	★★★☆☆
《大众汉语》	☆☆☆☆☆	★★★★★	★★★★★	★★★☆☆	★★★★★	★★★☆☆
《阶梯汉语》	☆☆☆☆☆	★☆☆☆☆	★★★☆☆	★★★☆☆	★★★★★	★★★☆☆
《新实用汉语课本》	☆☆☆☆☆	★★★★☆	★★★☆☆	★★★★☆	★★★★☆	★★☆☆☆
《发展汉语》	☆☆☆☆☆	★★★☆☆	★★★☆☆	★★★☆☆	★★★★★	★★★☆☆
《汉语精读课本》	☆☆☆☆☆	★★★★☆	★★★★☆	★★★☆☆	★★★★☆	★★☆☆☆
《成功之路》	☆☆☆☆☆	★★★★☆	★★★★☆	★★★★☆	★★☆☆☆	★★☆☆☆

评估说明：

1. “全套教材语法点总数适当”：全套教材语法点总数（个）：0~149—★★★★☆；150~299—★★★★★；300~449—★★★★☆；450~599—★★★☆☆；600~749—★★☆☆☆；749 以上—★☆☆☆☆；
2. “语法点数量分布均匀”：每课平均语法点数量（个）：0~5—★★★★☆；6~10—★★★★★；11~15—★★★★☆；16~20—★★★☆☆；21~25—★★☆☆☆；25 以上—★☆☆☆☆；
3. “语法讲解方式多样”：5 种—★★★★★；4 种—★★★★☆；3 种—★★★☆☆；2 种—★★☆☆☆；1 种—★☆☆☆☆；
4. “按照语法体系的科学顺序编排”：由于目前条件不成熟，故未对此项作出评估。

表 7-14　中级综合课教材文化评估表

教材名称	文化评估项目			
	文化点全面、内容丰富	具有典型性、时代性和趣味性	内容取向正确、准确、不强加于人	内容有一定深度
《实用汉语课本》	★★★★☆	★★★★★	★★★★★	★★★★★
《中级汉语教程》	★★★★☆	★★★★★	★★★★★	★★★★★
《汉语中级教程》	★★★★☆	★★★★★	★★★★★	★★★★★
《新汉语课本》	★★★☆☆	★★★★★	★★★★★	★★★★☆
《中级汉语课本》	★★★☆☆	★★★★★	★★★★★	★★★☆☆
《桥梁》	★★★☆☆	★★★★★	★★★★★	★★★☆☆
《大众汉语》	★★★★☆	★★★★★	★★★★★	★★★★☆
《阶梯汉语》	★★★☆☆	★★★★★	★★★★★	★★★☆☆
《新实用汉语课本》	★★★★☆	★★★★★	★★★★★	★★★★☆
《发展汉语》	★★★★★	★★★★★	★★★★★	★★★★☆
《汉语精读课本》	★★★★☆	★★★★★	★★★★★	★★★★☆
《成功之路》	★★★★★	★★★★★	★★★★★	★★★★☆

评估说明：

1.“文化点全面、内容丰富”：既有交际文化又有国情文化和知识文化且内容丰富的为★★★★★；只有国情文化和知识文化且内容丰富的为★★★★☆；有国情文化和知识文化但内容不太丰富的为★★★☆☆；有国情文化和知识文化但内容不丰富的为★★☆☆☆；有国情文化和知识文化但内容很不丰富的为★☆☆☆☆；

2.“内容有一定深度”：知识文化中包含的内容更能体现中华文化的深度，因此该项根据知识文化内容的丰富与否进行评估：知识文化下设的 4 个二级项点（风俗习惯，建筑、饮食和服饰，神话、谚语和民间故事，科学、艺术和文学）都有且内容比较丰富的为★★★★★；含 4 个二级项点但内容不太丰富的为★★★★☆；4 个二级项点有未涉及的或项点内容不丰富的为★★★☆☆。

表 7-15　中级综合课教材练习评估表

教材名称	练习编排评估项目					
	练习数量足够	练习题类型多样、全面	有相对固定的题型结构	包含词汇、语法，覆盖全部教学内容	保证知识点的重现率	遵循“有控制—较少控制—无控制”原则
《实用汉语课本》	★★★★☆	★★★★☆	★★★★★	☆☆☆☆☆	☆☆☆☆☆	★★★★★
《中级汉语教程》	★★☆☆☆	★★★★☆	★★★★★	☆☆☆☆☆	☆☆☆☆☆	★★★★★
《汉语中级教程》	★★★★★	★★★☆☆	★★★★★	☆☆☆☆☆	☆☆☆☆☆	★★★★★
《新汉语课本》	★★☆☆☆	★★★★☆	★★★★★	☆☆☆☆☆	☆☆☆☆☆	★★★★★
《中级汉语课本》	★★☆☆☆	★★★☆☆	★★★★★	☆☆☆☆☆	☆☆☆☆☆	★★★★★
《桥梁》	★★★☆☆	★★★★★	★★★★★	☆☆☆☆☆	☆☆☆☆☆	★★★★★
《大众汉语》	★★☆☆☆	★★★★☆	★★★★★	☆☆☆☆☆	☆☆☆☆☆	★★★★★
《阶梯汉语》	★★★☆☆	★★★★★	★★★★★	☆☆☆☆☆	☆☆☆☆☆	★★★★★
《新实用汉语课本》	★★★★★	★★★☆☆	★★★★★	☆☆☆☆☆	☆☆☆☆☆	★★★★★
《发展汉语》	★★★☆☆	★★★★☆	★★★★★	☆☆☆☆☆	☆☆☆☆☆	★★★★★
《汉语精读课本》	★★★★☆	★★★★★	★★★★★	☆☆☆☆☆	☆☆☆☆☆	★★★★★
《成功之路》	★★★★☆	★★☆☆☆	★★★★★	☆☆☆☆☆	☆☆☆☆☆	★★★★★

评估说明：

1. “练习数量足够”：以练习页数占教材页数百分比为考量标准，0~9% —★☆☆☆☆；10%~19%—★★☆☆☆；20%~29%—★★★☆☆；30%~39%—★★★★☆；40%~65%—★★★★★；
2. “练习题类型多样、全面”：教材练习题型（种）：0~5—★☆☆☆☆；6~10—★★☆☆☆；11~15—★★★☆☆；16~20—★★★★☆；21~25—★★★★★；
3. “包含词汇、语法，覆盖全部教学内容”和“保证知识点的重现率”两项，由于目前条件不成熟，故未作出评估。

表 7-16　中级综合课教材配套材料统计表

教材名称	配套材料统计项目		
	含教师参考用书	含学生练习册，如习题练习册	含配套音像材料
《实用汉语课本》	☆	☆	☆
《中级汉语教程》	☆	☆	☆
《汉语中级教程》	☆	☆	☆
《新汉语课本》	☆	☆	☆
《中级汉语课本》	☆	☆	☆
《桥梁》	☆	☆	★
《大众汉语》	☆	☆	☆
《阶梯汉语》	☆	☆	☆
《新实用汉语课本》	五册★，六册☆	☆	★
《发展汉语》	☆	☆	★
《汉语精读课本》	☆	☆	★
《成功之路》	☆	☆	★

高级综合课教材内容评估表

使用说明：本套评估表是高级综合课教材内容评估表的各项评估子表，共 8 张（其中配套教材表为结果统计表）。每项评估条目分为五个等级，以★、☆表示。★★★★★为 5 分，表示完全符合；★★★★☆为 4 分，表示比较符合；★★★☆☆为 3 分，表示基本符合；★★☆☆☆为 2 分，表示有较少部分符合；★☆☆☆☆为 1 分，表示仅有极少部分符合。各项评估结果系根据高级综合课教材各项点表和各部教材的编写说明等综合考量得来。评估者根据教材的实际情况，以及自己的判断给出相应的分数。教材不涉及相关评估项点的，不累积“☆”，用“——”表示。

表 7-17　高级综合课教材编排评估表

教材名称	教材编排评估项目		
	参考相关教学大纲编写	体例相对稳定，内容符合学习者心理阶段	整套教材各册之间相衔接
《实用汉语课本》	☆☆☆☆☆	★★★★★	★★★★★
《高级汉语教程》	☆☆☆☆☆	★★★★★	★★★★★
《汉语高级教程》	☆☆☆☆☆	★★★★★	★★★★★
《高级汉语课本》	☆☆☆☆☆	★★★★★	★★★★★
《实用汉语高级教程》	☆☆☆☆☆	★★★★★	★★★★★
《标准汉语教程》	★★★★★	★★★★★	★★★★★
《现代汉语高级教程》	★★★★★	★★★★★	★★★★★
《发展汉语》	★★★★★	★★★★★	★★★★★
《汉语精读课本》	★★★★★	★★★★★	★★★★★
《成功之路》	★★★★★	★★★★★	★★★★★

表 7-18　高级综合课教材课文选篇评估表

教材名称	课文选篇评估项目					
	含相关背景介绍	长度适中	体裁多样	题材丰富	内容真实、贴近生活	语言规范、常用
《实用汉语课本》	★★★★☆	★★★★☆	★★★☆☆	★★★★★	★★★☆☆	★★★☆☆
《高级汉语教程》	★★★☆☆	★★★☆☆	★★☆☆☆	★★★★★	★★★☆☆	★★★☆☆
《汉语高级教程》	★★★☆☆	★★★☆☆	★★★☆☆	★★★★★	★★★☆☆	★★★☆☆
《高级汉语课本》	★★★☆☆	★★★★☆	★★★★☆	★★★★★	★★★☆☆	★★★☆☆
《实用汉语高级教程》	★★★☆☆	★★★☆☆	★★★★☆	★★★★★	★★★☆☆	★★★☆☆
《标准汉语教程》	★★★☆☆	★★★★☆	★★☆☆☆	★★★★☆	★★★☆☆	★★★☆☆
《现代汉语高级教程》	★★★☆☆	★★★★☆	★★★★☆	★★★★★	★★★★☆	★★★★☆
《发展汉语》	★★★☆☆	★★★★☆	★★☆☆☆	★★★★★	★★★★☆	★★★★☆
《汉语精读课本》	★★★☆☆	★★★★☆	★★☆☆☆	★★★★☆	★★★★☆	★★★☆☆
《成功之路》	★★★★☆	★★★★☆	★★★☆☆	★★★★★	★★★★☆	★★★★★

评估说明：

1.“含相关背景介绍”：专门含有相关板块的在★★★以上；

2.“长度适中”：课文长度在万字以下、整体跨度较小的在★★★以上；

3.“体裁多样”：课文体裁含记叙文、议论文、说明文三大实用文体且种类在 4 种以上的在★★★及以上，少于以上标准的在★★★以下；

4.“题材丰富”：课文题材不含经典类文章且较多涉及政治、法令等题材的在★★★★★以下。

表 7-19　高级综合课教材词汇评估表

教材名称	词汇评估项目									
	全套教材词汇总量适中	平均每课生词量适中	保证词汇重现率	控制超纲词汇量	生词按在课文中出现的顺序呈现	生词注释准确、科学、合理，适当使用汉语注释	含词汇的搭配、扩展用法讲解	含重点词汇阶段性小结	含四字词语、成语等	含近义词、反义词阶段性对比总结
《实用汉语课本》	★★★★☆	★★★☆☆	☆☆☆☆☆	——	★★★★★	★★★★☆	——	——	——	——
《高级汉语教程》	★★★★☆	★★★★☆	☆☆☆☆☆	——	★★★★★	★★★☆☆	——	——	——	★★★★☆
《汉语高级教程》	★★★☆☆	★★☆☆☆	☆☆☆☆☆	——	★★★★★	★★★★☆	——	★★★★★	——	——
《高级汉语课本》	★☆☆☆☆	★★☆☆☆	☆☆☆☆☆	——	★★★★★	★★★☆☆	——	——	——	——
《实用汉语高级教程》	★★★☆☆	★★★☆☆	☆☆☆☆☆	——	★★★★★	★★★★☆	——	——	——	★★★★☆
《标准汉语教程》	★☆☆☆☆	★★☆☆☆	☆☆☆☆☆	★☆☆☆☆	★★★★★	★★★☆☆	——	——	——	——
《现代汉语高级教程》	★★★★☆	★★★☆☆	☆☆☆☆☆	★★★☆☆	★★★★★	★★★☆☆	——	——	★★★★☆	★★★★☆
《发展汉语》	★★★☆☆	★★★★☆	☆☆☆☆☆	★★☆☆☆	★★★★★	★★★★☆	——	——	——	——
《汉语精读课本》	★☆☆☆☆	★★★★★	☆☆☆☆☆	★★★☆☆	★★★★★	★★★☆☆	——	——	——	——
《成功之路》	★★★☆☆	★★★★★	☆☆☆☆☆	★★★★☆	★★★★★	★★★★☆	★★★★★	——	★★★★★	★★★★★

评估说明：

1. “全套教材词汇总量适中”：全套教材词汇总量（个）：2601~2800—★★★★★；2201~2600 或 2801~3200—★★★★☆；1801~2200 或 3201~3600—★★★☆☆；1401~1800 或 3601~4000—★★☆☆☆；1401 以下或 4000 以上—★☆☆☆☆；
2. “平均每课生词量适中”：平均每课生词量（个）：61~70—★★★★★；51~60 或 71~80—★★★★☆；41~50 或 81~90—★★★☆☆；41 以下或 90 以上—★★☆☆☆；
3. “控制超纲词汇量”：超纲率 0~10%—★★★★★；11%~20%—★★★★☆；21%~30%—★★★☆☆；31%~40%—★★☆☆☆；40% 以上—★☆☆☆☆；
4. “保证词汇重现率”：由于目前条件不成熟，故未对此项作出评估。

表 7-20　高级综合课教材语法评估表

教材名称	语法评估项目					
	按照语法体系的科学顺序编排	全套教材语法点总数适当	语法点在难度、数量上分布均匀	语法讲解方式多样	语法点讲解简洁易懂、结合实际用法、含汉语注解	重点和次重点语法点分类讲解
《实用汉语课本》	☆☆☆☆☆	★★★★☆	★★★★☆	★★☆☆☆	★★★☆☆	★★☆☆☆
《高级汉语教程》	☆☆☆☆☆	★★★★★	★★★★★	★★★☆☆	★★★★☆	★★☆☆☆
《汉语高级教程》	☆☆☆☆☆	★★★★☆	★★★★☆	★★★☆☆	★★★☆☆	★★★★☆
《高级汉语课本》	☆☆☆☆☆	★★★★☆	★★★★☆	★★★★★	★★★★☆	★★★★☆
《实用汉语高级教程》	☆☆☆☆☆	★★★☆☆	★★★★☆	★★☆☆☆	★★★★☆	★★★☆☆
《标准汉语教程》	☆☆☆☆☆	★★★★☆	★★★★★	★★★☆☆	★★★★☆	★★☆☆☆
《现代汉语高级教程》	☆☆☆☆☆	★★★★★	★★★★★	★★★☆☆	★★★★☆	★★★☆☆
《发展汉语》	☆☆☆☆☆	★★★★★	★★★★★	★★★☆☆	★★★★★	★★☆☆☆
《汉语精读课本》	☆☆☆☆☆	★★★★★	★★★★☆	★★★☆☆	★★★★☆	★★☆☆☆
《成功之路》	☆☆☆☆☆	★★★★★	★★★★★	★★★★☆	★★★★★	★★★★☆

评估说明：

1. “全套教材语法点总数适当”：全套教材语法点总数（个）：0~149—★★★★☆；150~299—★★★★★；300~449—★★★★☆；450~599—★★★☆☆；600~749—★★☆☆☆；749 以上—★☆☆☆☆；
2. “语法点数量分布均匀”：每课平均语法点数量（个）：0~5—★★★★☆；6~10—★★★★★；11~15—★★★★☆；16~20—★★★☆☆；21~25—★★☆☆☆；25 以上—★☆☆☆☆；
3. “语法讲解方式多样”：5 种—★★★★★；4 种—★★★★☆；3 种—★★★☆☆；2 种—★★☆☆☆；1 种—★☆☆☆☆；
4. “按照语法体系的科学顺序编排”：由于目前条件不成熟，故未对此项作出评估。

表 7-21　高级综合课教材修辞评估表

教材名称	修辞评估项目			
	含常见修辞项目	修辞解释简洁明了，含例句	全套教材修辞项目总数适当	平均每课修辞项目数量适当
《实用汉语课本》	——	——	——	——
《高级汉语教程》	★★☆☆☆	★★★☆☆	★★★☆☆	★★★★★
《汉语高级教程》	——	——	——	——
《高级汉语课本》	★★★☆☆	★★★★★	★★★★★	★★★★★
《实用汉语高级教程》	★★★★☆	★★★★☆	★★★★★	★★★★★
《标准汉语教程》	——	——	——	——
《现代汉语高级教程》	★★★★★	★★★★☆	★★★★☆	★★★★☆
《发展汉语》	——	——	——	——
《汉语精读课本》	——	——	——	——
《成功之路》	★★★★★	★★★★★	★★★★★☆	★★★★★

评估说明：

1. “全套教材修辞项目总数（个）适当”：0~9—★★★☆☆；10~19—★★★★☆；20~29—★★★★★；30~39--★★★★☆；

2. “平均每课修辞项目数量（个）适当”（只计算讲到修辞的课）：1—★★★★★；2—★★★★☆；3—★★★☆☆；4—★★☆☆☆；5 个及以上—★☆☆☆☆。

表 7-22　高级综合课教材文化评估表

教材名称	文化评估项目				
	文化点全面、内容丰富	具有典型性、时代性和趣味性	内容取向正确、准确、不强加于人	内容有一定深度	注重中外文化对比
《实用汉语课本》	★★★★☆	★★★★★	★★★★★	★★★★★	——
《高级汉语教程》	★★★★★	★★★★★	★★★★★	★★★★★	★★★☆☆
《汉语高级教程》	★★★★☆	★★★★★	★★★★★	★★★★★	★★☆☆☆
《高级汉语课本》	★★★★★	★★★★★	★★★★★	★★★★★	——
《实用汉语高级教程》	★★★★★	★★★★★	★★★★★	★★★★★	——
《标准汉语教程》	★★★☆☆	★★★★★	★★★★★	★★★☆☆	★★★★★
《现代汉语高级教程》	★★★★☆	★★★★★	★★★★★	★★★★★	——
《发展汉语》	★★★★☆	★★★★★	★★★★★	★★★★☆	★★☆☆☆
《汉语精读课本》	★★★★☆	★★★★★	★★★★★	★★★★★	★★★☆☆
《成功之路》	★★★★☆	★★★★★	★★★★★	★★★★★	★★☆☆☆

评估说明：

1. “文化点全面、内容丰富”：依据高级综合课教材文化项点表一级项点及二级项点，并参考各个阶段文化比重的不同综合评估：既有交际文化又有国情文化和知识文化且内容丰富的为★★★★★；只有国情文化和知识文化且内容丰富的为★★★★☆；有国情文化和知识文化但内容不太丰富的为★★★☆☆；有国情文化和知识文化但内容不丰富的为★★☆☆☆；有国情文化和知识文化但内容很不丰富的为★☆☆☆☆；
2. “注重中外文化对比”：根据教材中外文化对比内容的多少进行评估，中外文化对比的内容少于 3 个的为★★☆☆☆；多于或等于 3 个但少于 5 个的为★★★☆☆；多于或等于 5 个的为★★★★★。

表 7-23　高级综合课教材练习评估表

教材名称	练习编排评估项目						
	练习数量足够	练习题类型多样、全面	有相对固定的题型结构	包含词汇、语法，覆盖全部教学内容	保证知识点的重现率	遵循“有控制—较少控制—无控制”原则	练习分布平均
《实用汉语课本》	★★★☆☆	★★★★☆	★★★★★	☆☆☆☆☆	☆☆☆☆☆	★★★★★	★★★★★
《高级汉语教程》	★★☆☆☆	★★★★★	★★★★★	☆☆☆☆☆	☆☆☆☆☆	★★★★★	★★★★★
《汉语高级教程》	★★☆☆☆	★★★★★	★★★★★	☆☆☆☆☆	☆☆☆☆☆	★★★★★	★★★★★
《高级汉语课本》	★★☆☆☆	★★★★★	★★★★★	☆☆☆☆☆	☆☆☆☆☆	★★★★★	★★★★★
《实用汉语高级教程》	★★★☆☆	★★★★★	★★★★★	☆☆☆☆☆	☆☆☆☆☆	★★★★★	★★★★★
《标准汉语教程》	★★★☆☆	★★★☆☆	★★★★★	☆☆☆☆☆	☆☆☆☆☆	★★★★★	★★★★★
《现代汉语高级教程》	★★★★☆	★★★★☆	★★★★★	☆☆☆☆☆	☆☆☆☆☆	★★★★★	★★★★★
《发展汉语》	★★★☆☆	★★★★★	★★★★★	☆☆☆☆☆	☆☆☆☆☆	★★★★★	★★★★★
《汉语精读课本》	★★★★☆	★★★☆☆	★★★★★	☆☆☆☆☆	☆☆☆☆☆	★★★★★	★★★★★
《成功之路》	★★★★★	★★★★☆	★★★★★	☆☆☆☆☆	☆☆☆☆☆	★★★★★	★★★★★

评估说明：

1.“练习数量足够”：以练习页数占教材页数百分比为考量标准，0~9% —★☆☆☆☆；10%~19%—★★☆☆☆；20%~29%—★★★☆☆；30%~39%—★★★★☆；40%~65%—★★★★★；

2.“练习题类型多样、全面”：教材练习题型（种）：0~5—★☆☆☆☆；6~10—★★☆☆☆；11~15—★★★☆☆；16~20—★★★★☆；21~25—★★★★★；

3.“包含词汇、语法，覆盖全部教学内容”和“保证知识点的重现率”两项，由于目前条件不成熟，故未作出评估。

表 7-24　高级综合课教材配套材料统计表

教材名称	配套材料统计项目		
	含教师参考用书	含学生练习册，如习题练习册	含配套音像材料
《实用汉语课本》	☆	☆	☆
《高级汉语教程》	☆	☆	☆
《汉语高级教程》	☆	☆	☆
《高级汉语课本》	☆	☆	☆
《实用汉语高级教程》	☆	☆	☆
《标准汉语教程》	☆	☆	☆
《现代汉语高级教程》	☆	☆	☆
《发展汉语》	☆	☆	☆
《汉语精读课本》	☆	☆	★
《成功之路》	☆	☆	★

附　录

表 1　汉语教学总体设计研究表

发展期之学科理论框架建构阶段　1978–1990 年	
著作或论文名称	试论对外汉语教学的总体设计
作者	吕必松
出版或发表情况	《语言教学与研究》，1986
定义	在全面分析语言教学的各种内外因素、综合考虑各种可能的教学措施的基础上制订出最佳教学方案，对教学类型、教学对象、教学目标、教学内容、教学途径、教学原则以及教师的分工和对教师要求作出明确的规定，以便指导教学大纲的制定、教材编写（选择）、课堂教学和成绩测试，使各个教学环节成为一个互相衔接的、统一的整体，使全体教学人员根据不同的分工在教学上进行协调行动。
性质	教学内容的复杂性、语言习得过程的复杂性、教学对象的复杂性，还有其他主客观条件的限制或相互制约，这几点加在一起，并且互相作用，就使语言教学的全过程和各个教学环节充满了错综复杂的矛盾。要想有效地解决这些矛盾，提高语言教学的效率，就必须在分析纵横内外各种因素的基础上进行精心设计，编写出具有针对性和适用性的教材，绘制出能够指导全部教学活动、使所有教学人员在教学上协调行动的蓝图。
任务和内容	根据语言规律、语言学习规律和语言教学规律，结合汉语和汉语教学的特点，确定教学指导思想和总的教学法原则，根据教学对象的学习目的确定培养目标和教学要求，并据此确定教学内容和教学途径，使整个教学过程和全部教学活动成为一个统一的、协调一致的、科学的整体。
原则	交际性原则、针对性原则、科学性原则、可行性原则
备注	原载《语言教学与研究》1986 年第 4 期。

发展期之学科理论框架建构阶段　1978–1990 年	
著作或论文名称	建国以来对外汉语教材研究报告
作者	赵贤州
出版或发表情况	载《第二届国际汉语教学讨论会论文选》，北京语言学院出版社，1987
性质	总体设计是教学的总纲，有了总体设计，并在这总纲的支配下，才能安排好教学的各个环节，包括编写出科学性较强的教材来。
理论基础	教育教学的基本规律
任务和内容	有了总体设计才能明确每门课的性质、任务、目的、内容，才能编制教材。
原则	1960 年底确立了实践第一的原则。
意义和作用	总体设计是一项战略措施，应给予足够重视。有了总体设计就有可能站在总体的高度，在更开阔的背景下发现问题，从而对教材的各重要部分进行宏观控制并对各具体环节进行微观调整。
备注	
著作或论文名称	《对外汉语教学探索》
作者	吕必松
出版或发表情况	华语教学出版社，1987
性质	对外汉语教学的特点由以下因素决定：学习第二语言的特殊性；学习外语的特殊性；汉语本身的特殊性。必要性是由语言教学的复杂性决定的。
任务和内容	同《试论对外汉语教学的总体设计》
原则	交际性原则、针对性原则、科学性原则、可行性原则
意义和作用	在分析纵横内外各种因素的基础上进行精心设计，指导全部教学活动，使所有教学人员在教学上协调行动。
备注	原载《语言教学与研究》1986 年第 4 期。

发展期之深化学科理论研究阶段　20 世纪 90 年代	
著作或论文名称	《对外汉语教学发展概要》
作者	吕必松
出版或发表情况	北京语言学院出版社，1990
性质	总体设计是教材编写、课堂教学和测试的前提和主要依据。
理论基础	直接理论基础是语言理论、语言学习理论和比较文化理论，同时又要以一定的教学经验为依据。
任务和内容	根据语言、语言学习和语言教学的一般规律，结合汉语和汉语教学的特点，提出全面的教学方案，使整个教学过程和全部教学活动成为一个统一的、协调一致的、科学的整体。
工作程序和方法	根据教学对象的学习目的确定培养目标和教学要求；根据培养目标和教学要求确定教学内容；根据学生的自然状况、教学要求和教学内容确定教学法原则；根据教学要求、教学内容和教学法原则确定教学途径。
原则	交际性原则、针对性原则、科学性原则、可行性原则
意义和作用	有利于提高人们对语言教学的宏观认识，以便在教学工作中提高自觉性，减少盲目性；有利于加强对教学全过程和全部教学活动的综合研究以及对各个具体教学环节和各项具体教学活动的专题研究，并推动语言教学基础理论的研究；有利于在教学业务的基本建设和日常教学工作中树立全局观念和系统观念，抓住工作的重点和关键；有利于建立科学的教学体系，并推动各项教学活动向标准化和精密化的方向发展。
备注	1982 年 6 月，北京语言学院来华留学生一系文科教学大纲编写组起草了《二年制文科班课程设置设计及有关问题（讨论稿）》（修改稿发表于《汉语研究》第一辑）。这是第一个跟总体设计有关的文件。

发展期之深化学科理论研究阶段　20 世纪 90 年代	
著作或论文名称	再论对外汉语教学的总体设计
作者	吕必松
出版或发表情况	载《第三届国际汉语教学讨论会论文选》，北京语言学院出版社，1990
定义	我们现在所说的总体设计，实际上有两重含义：一是指工作过程，二是指以文件形式体现出来的工作结果。当总体设计是指工作过程的时候，我们可以说正在进行总体设计；当总体设计是指工作结果的时候，我们可以说这是一份总体设计。语言教学的总体设计就是在全面分析语言教学的各种内外因素、综合考虑各种可能的教学措施的基础上制订出最佳教学方案，对教学对象、教学目标、教学内容、教学途径、教学原则以及教师的分工和对教师的要求等作出明确的规定，以便指导教材编写（选择）、课堂教学以及成绩测试和评估，使各个教学环节成为一个互相衔接的、统一的整体，使全体教学人员根据不同的分工在教学上进行协调行动。
性质	是分析各种内外因素、考虑各种教学措施、选择最佳教学方案的工作。
理论基础	教学理论和基础理论
任务和内容	对跟教学有关的各种内外因素进行全面分析；对各种可能的教学措施进行综合考虑；对各种可能的教学方案进行最佳选择。总体设计包括教学对象、教学目标、教学内容、教学原则、教学途径以及教师分工和对教师的要求等项内容。
工作程序和方法	分析教学对象的特点；确定教学目标；确定教学内容的范围和选择的原则；确定教学原则；规定教学途径；明确教师分工和对教师的要求。
意义和作用	探求最佳教学方案，使各个教学环节成为一个统一的、科学的整体，使全体教学人员根据不同的分工在教学上协调行动。
备注	此文是 1990 年 8 月 16 日至 20 日在北京举行的第三届国际汉语教学讨论会上的论文，根据 1990 年 6 月 5 日在美国俄亥俄州立大学东亚语言文学系上的讲演稿改写，会后又作过三次修改。

发展期之深化学科理论研究阶段　20 世纪 90 年代		
著作或论文名称	关于中、高级对外汉语教材的思考	论速成教学的四个基本要素
作者	李菊先	杨惠元
出版或发表情况	《世界汉语教学》1992 年第 4 期	《语言教学与研究》1999 年第 2 期
性质	对外汉语教学是以传授语言知识，训练听、说、读、写技能为中心，以培养交际能力为目的的语言教学。	
工作程序和方法		总体设计先于教材编写，教材编写先于课堂教学。（吕必松）总体设计也好，教材编写也好，最终要在课堂教学中体现、实现和完成；学生为主体、教师为主导、训练为主线的“三主”原则也要在课堂教学中体现、实现和完成。
备注		

发展期之深化学科理论研究阶段　20 世纪 90 年代	
著作或论文名称	《对外汉语教学概论（讲义）》
作者	吕必松
出版或发表情况	内部资料，1996
定义	第二语言教学的总体设计就是根据语言规律、语言学习规律和语言教学规律，在全面分析第二语言教学的各种主客观条件、综合考虑各种可能的教学措施的基础上选择最佳教学方案，对教学对象、教学目标、教学内容、教学途径、教学原则以及教师的分工和对教师的要求等作出明确的规定，以便指导教材编写（选择）、课堂教学和成绩测试，使各个教学环节成为一个互相衔接、统一的整体，使全体教学人员根据不同的分工在教学上进行协调行动。
性质	是分析各种主客观条件、综合考虑各种可能的教学措施和选择最佳教学方案的工作。
理论基础	语言规律、语言学习规律和语言教学规律
任务和内容	总体设计的根本任务是选择最佳教学方案。
工作程序和方法	分析教学对象的特点；确定教学目标；确定教学内容的范围和指标；确定教学原则；规定教学途径；明确教师分工和对教师的要求。
意义和作用	使各教学环节成为一个互相衔接的、统一的整体，使全体教学人员能够根据不同的分工在教学上进行协调行动。
备注	

发展期之深化学科理论研究阶段　20 世纪 90 年代	
著作或论文名称	《对外汉语教学概论》
作者	刘珣
出版或发表情况	北京语言大学出版社，1997
定义	根据语言规律、语言学习规律和语言教学规律，在全面分析了第二语言教学的各种主客观条件、综合考虑各种可能的教学措施的基础上，选择最佳教学方案，对教学对象、教学目标、教学内容、教学途径、教学原则以及教师的分工和对教师的要求等作出明确的规定，以便指导教材编写（选择）、课堂教学或成绩测试，使各个教学环节成为一个互相衔接的、统一的整体，使全体教学人员根据不同的分工在教学上进行协调行动。（参看吕必松，1996）* 在全面分析语言教学的各种内外因素、综合考虑各种可能的教学措施的基础上制订出最佳教学方案，对教学类型、教学对象、教学目标、教学内容、教学途径、教学原则以及教师的分工和对教师的要求等作出明确的规定，以便指导教学大纲的制定、教材编写（选择）、课堂教学和成绩测试，使各个教学环节成为一个互相衔接的、统一的整体，使全体教学人员根据不同的分工在教学上进行协调行动。**
性质	是教材编写（选择）、课堂教学和成绩测试等各项教学活动的依据。
理论基础	基础理论和教学经验
任务和内容	规定教学原则、教学类型、教学对象、教学目标、教学内容、教学途径和教师分工。
工作程序和方法	明确教学类型；分析教学对象的特点；确定教学目标；确定教学内容的范围；确定教学原则；规定教学途径；明确教师分工和对教师的要求。
意义和作用	探求最佳教学方案，使各个教学环节成为一个统一的、科学的整体，使全体教学人员根据不同的分工在教学上进行协调行动。
备注	* 节选自《对外汉语教学学科概说》，原文发表于《中国文化研究》1997 年春之卷，作者崔永华。 ** 节选自《再论对外汉语教学的总体设计》，原文收入作者的论文集《对外汉语教学研究》中，1993 年，北京语言学院出版社，作者吕必松。

发展期之深化学科理论研究阶段　20 世纪 90 年代		
著作或论文名称	《对外汉语教学初级阶段课程规范》	我对汉语教材编写的新设计
作者	王钟华（主编）	程裕祯
出版或发表情况	北京语言大学出版社，1999	载《第六届国际汉语教学讨论会论文选》，北京大学出版社，1999
性质		在内容上强调人类生活的共性，在体例上突出汉语本身的个性。
任务和内容	综合课的教学任务是以语言技能和交际技能训练为中心，以句子和词语为重点，进行语音、语法、词汇、汉字的综合教学，培养学生的言语交际能力。	突出汉语本身的特点，构建教材的运行体系。展露语言的文化内涵，增强教材的文化气息。
原则	综合课教学原则：课堂教学交际化原则；精讲多练的原则；以学生为中心，教师为主导的教学原则；结构—语义—语用结合文化的教学原则；听、说、读、写全面要求的教学原则。	
备注		

著作或论文名称	《对外汉语教学中高级阶段课程规范》
作者	陈田顺（主编）
出版或发表情况	北京语言大学出版社，1999
任务和内容	中级汉语课是汉语专业的综合课、必修课。中级综合课教学内容：词汇教学、语法教学（包括语素教学、词组教学、语篇教学）。高级汉语课是汉语专业本科留学生在汉语学习高级阶段的基础必修课，是以阅读理解为基础、以重点词语和常用句式为基本内容、以准确而得体的口语和书面语表达为训练目标的语言技能课。高级汉语课的教学内容是阅读理解和口语表达。
原则	中级汉语课的教学过程应在实践性原则、交际性原则和综合训练原则（语音、词汇、语法的综合训练与听、说、读、写的综合训练）指导下进行。高级汉语课在整个教学活动中应该贯穿实践性的教学原则。
备注	

发展期之学科理论趋向成熟阶段　2000–2004 年	
著作或论文名称	《对外汉语教育学引论》
作者	刘珣
出版或发表情况	北京语言大学出版社，2000
任务和内容	掌握汉语基础知识和听、说、读、写基本技能，培养运用汉语进行交际的能力。增强学习汉语的兴趣和动力，发展智力，培养汉语的自学能力。掌握汉语的文化因素，熟悉基本的中国国情和文化背景知识，提高文化素养。
原则	掌握汉语的基础知识和基本技能，培养运用汉语进行交际的能力原则。以学生为中心、教师为主导，重视情感因素，充分发挥学生主动性、创造性原则。结构、功能、文化相结合原则。强化汉语学习环境，加大汉语输入，自觉学习与自然习得相结合原则。精讲多练，在语言知识的指导下以言语和言语交际技能的训练为中心原则。以句子和话语为重点，语音、语法、词汇、汉字综合教学原则。听、说、读、写全面要求，分阶段侧重，口语、书面语协调发展原则。利用母语进行与汉语的对比分析，课堂教学严格控制使用母语或媒介语原则。循序渐进，螺旋式提高，加强重现原则。加强直观性，充分利用现代化教学技术手段原则。
备注	

著作或论文名称	《对外汉语教学目的原则方法》	对外短期汉语教学浅议	浅议短期汉语班教学的四要素
作者	程棠	宿丰、黄丽	刘蕊
出版或发表情况	华语教学出版社，2000	《丹东师专学报》2003 年第 4 期	《云南师范大学学报（对外汉语教学与研究版）》2003 年第 6 期
任务和内容		要搞好总体设计，除了第一课堂教学外，有必要通过第二课堂来促进汉语水平的提高。	
工作程序和方法			“教材”是联系总体设计和课堂教学的纽带。
原则	对教学法的评价标准：科学性、有效性、可行性、经济性。		
备注			

发展期之学科理论趋向成熟阶段　2000–2004 年		
著作或论文名称	《对外汉语教学概论》	对外汉语本科专业建设几个主要问题的思考
作者	赵金铭（主编）	李铁范
出版或发表情况	商务印书馆，2004	《淮北煤炭师范学院学报（哲学社会科学版）》2004 年第 5 期
理论基础		第二语言的汉语学习和教学的全过程包括总体设计、教材编写、课堂教学和语言测试，以及与这些教学活动有关的一切内部和外部联系。
任务和内容	首要任务是传授语言知识和规则。核心任务是语言技能的训练，以听说技能为重点，包括听、说、读、写各项技能的综合训练。	
备注		

汉语国际教育时期　2005 年—今	
著作或论文名称	《对外汉语教学概论》
作者	陈昌来（主编）
出版或发表情况	复旦大学出版社，2005
定义 *	
性质	总体设计是教材编写、课堂教学以及测试评估等各项教学活动的依据，是协调其他各个环节，使它们成为统一的、科学的、整体的重要步骤。
理论基础	语言规律、语言学习规律和语言教学规律
任务和内容	根本任务是选择最佳教学方案。
工作程序和方法	明确教学类型；分析教学对象；确定教学目的和目标；确定教学内容范围；确定教学原则；规定教学途径；明确教师分工和对教师的要求。
原则	处理好语言要素、言语技能和言语交际技能之间的关系；选择好言语技能训练方式；选择好言语交际技能训练的方式；处理好语言要素之间的关系；处理好语言和文字的关系；处理好目的语和媒介语的关系；处理好语言要素和相关文化知识的关系；处理好语言和文学的关系；充分利用现代化教学技术和手段。
意义和作用	找到最佳的教学方案和协调各个教学环节，使教学过程和活动成为统一的整体。
备注	* 同吕必松，1996

汉语国际教育时期　2005 年—今		
著作或论文名称	《对外汉语教学理论思考》	试论对外汉语教学目标分类
作者	李泉	杨金成
出版或发表情况	教育科学出版社，2005	《汉语学习》2006 年第 1 期
理论基础		吕必松先生倡导的在对外汉语教学界影响比较大的“总体设计理论”中也强调了对外汉语教学的总体目的是培养所必需的语言交际能力，总体设计就是要保证这个目的的实现。
原则	以学生为中心，以交际能力的培养为重点，以结构、功能、文化相结合为框架。	
备注		

汉语国际教育时期　2005 年—今	
著作或论文名称	零基础短期汉语综合课的总体设计
作者	程玲
出版或发表情况	未公开发表
定义	总体设计就是根据教学对象的特征为全部教学活动制订出一套最优化方案，从而提高第二语言教学的效率和成功率。
理论基础	吕必松先生在 1986 年提出：“语言教学的总体设计就是在全面分析语言教学的各种内外因素、综合考虑各种可能的教学措施的基础上制订出最佳教学方案，对教学类型、教学对象、教学目标、教学内容、教学途径、教学原则以及教师的分工和对教师要求作出明确的规定，以便指导教学大纲的制定、教材编写（选择）、课堂教学和成绩测试，使各个教学环节成为一个互相衔接的、统一的整体，使全体教学人员根据不同的分工在教学上进行协调行动。”吕必松先生在《试论第二语言教学的结构》中谈到：“第二语言教学中存在着大量的变因……要提高教学效率和成功率，就必须结合具体情况，在综合分析各种变因的基础上制订出符合语言规律、语言学习规律和语言教学规律的最佳教学方案和教学大纲，并使教学方案和教学大纲贯彻到教材编写、课堂教学和成绩测试等所有的教学环节中去。”
任务和内容	确定教学目标和教学内容：确定零基础短期汉语综合课教学目标（短期汉语综合课大纲分析、零基础短期汉语综合课教材选用），确定零基础短期汉语综合课教学内容（语言教学内容、文化教学内容）。
工作程序和方法	文献研究法、经验结合法
原则	零基础短期汉语综合课教学原则：学习者为主体，教师为主导；急用先学；趣味性；教学中使用语言的原则。
意义和作用	总体设计在对外汉语教学中相当重要，并直接影响到教材编写、课堂教学以及成绩测试三个教学环节，因此对于教学中总体设计的研究十分必要。
备注	重庆师范大学硕士学位论文，2011 年 4 月

表 2　汉语教学大纲研究表

发展期之学科理论框架建构阶段　1978–1990 年				
论文名称		《汉语水平等级标准和等级大纲》（试行）与国外一些标准和大纲的比较	《汉语水平等级标准》（试行）对语言技能的要求	略述汉语水平等级标准的制定
作者		盛炎	李景蕙	赵贤州
发表情况		《世界汉语教学》1988 年第 4 期	《世界汉语教学》1988 年第 4 期	《世界汉语教学》1988 年第 4 期
大纲制定	理论基础			确立标准是语言教学的基础工作。总体设计、大纲制定、教材编写、课堂教学水平测试等基本建设都受标准的指导和制约。制定大纲如没有标准为依据，容易主观、盲目地划定教学要求，很难恰当地规定各层次、各阶段所要达到的具体教学目的和目标。
大纲类型	水平等级大纲	我国的对外汉语教学走的是一条结构同功能相结合的路子，目前的实际情况是注意结构同功能的适当结合，同时又以结构为主。因此，《标准和大纲》（试行）也明显体现了这一特点。在语言能力的分级和描述上，力求将结构同功能结合起来，对不同阶段的词汇和语法都提出了定量要求。	《等级标准》（试行）将汉语水平划分为一、二、三、四、五级。为了便于《标准和大纲》（试行）的试行工作的全面展开，就《等级标准》试行一、二、三级（四、五级暂缺）的语言技能的培养规格，加以概括地分析和说明：听和读、说和写。	
	教学等级大纲			
	课程大纲			
备注				

发展期之学科理论框架建构阶段　1978-1990 年			
论文名称		《汉语水平等级标准和等级大纲》（试行）的研究方法	对外汉语教学的一项基本建设——《汉语水平等级标准和等级大纲》读后
作者		刘英林	程棠
发表情况		《世界汉语教学》1989 年第 1 期	《语言教学与研究》1989 年第 2 期
大纲类型	水平等级大纲	就方法论来说，《标准和大纲》（试行）是介于标准型模式与教学大纲型模式之间的一种标准——大纲型模式。研究方法包括：定性描写与定量分析相结合；纵向比较与横向比较相结合；科学统计与经验选择相结合；整体协调与局部协调相结合。	《汉语水平等级标准和等级大纲》（试行）由五个部分组成，“汉语水平等级标准”“词汇等级大纲”“语法等级大纲”“功能意念等级大纲”和“文化等级大纲”。“汉语水平等级标准”分一、二、三、四、五级，各分甲、乙、丙、丁四个等级。优点是：明确提出把“结构—功能—文化相结合”的教学原则作为制定《标准和大纲》的指导思想；《标准和大纲》贯彻了定性描写和定量分析的原则；《标准和大纲》充分体现了对外汉语教学的特点；《标准和大纲》是在认真总结近年来对外汉语教学经验和吸收有关科研成果的基础上产生的，因而也在一定程度上反映了我们对外汉语教学经验和有关科研成果。
	教学等级大纲		
	课程大纲		
备注			

发展期之深化学科理论研究阶段　20 世纪 90 年代					
论文名称			谈谈《汉语词汇等级大纲》（试行）中的轻声词和儿化词	对《语法等级大纲》（试行）的几点意见	关于中、高级对外汉语教材的思考
作者			钱学烈	吕文华	李菊先
发表情况			《深圳大学学报（人文社会科学版）》1991 年第 8 卷	《语言教学与研究》1992 年第 3 期	《世界汉语教学》1992 年第 4 期
大纲制定	理论基础				各级教学大纲的制定、课程的设置、教材的编选以及各个教学环节的安排，都必须遵循语言规律、语言学习规律及第二语言教学规律。
大纲类型	水平等级大纲	词汇	《汉语词汇等级大纲》把词分为甲、乙、丙三级，没有专门列出轻声词和儿化词。本文对《汉语词汇等级大纲》的轻声词和儿化词作了统计和分析归纳，指出可以通过语言规范化，人为地对轻声、儿化词加以限制和精减，使全民族共同使用的标准语和北京方言有严格区别。		
		语法	《语法等级大纲》编排了 580 多个语法点，按等级进行了合理的安排，但是对轻声、儿化这个与语法有密切关系的问题，却只字未提。	《语法等级大纲》的语法体系问题;《语法等级大纲》的语法分布问题；教学语法的系统性问题；具体语法问题。	
	教学等级大纲				
	课程大纲				
备注					

发展期之深化学科理论研究阶段　20 世纪 90 年代					
论文名称			制订《中级汉语课程词汇大纲》的原则及理论思考	关于“汉语水平等级标准”的几个问题	《语法等级大纲》的编制与定位
作者			陈灼	刘英林	刘英林、李明
发表情况			《语言教学与研究》1995 年第 4 期	《语言文字应用》1995 年第 4 期	《语言教学与研究》1997 年第 4 期
大纲类型	水平等级大纲	概说		《标准》的性质和用途、框架结构主要内容、修订标准的基本原则、使用《标准》应注意的几个问题。	
		语法			《大纲》的由来、发展与依据，《大纲》的性质和用途，《大纲》的框架体系，《大纲》的语法项点及分布，《大纲》的研制与修订原则。
	教学等级大纲				
	课程大纲		选择词汇不仅要注重数量标准，更要注重质量标准。中级与基础、中级与高级的衔接不是在一个点、一条线、一个面上，而是立体的、交叉的、多面的、动态的：词汇难易的衔接应与多套教材接轨，并面向更广泛的教学实际。频率统计只是宏观控制，按照题材范围选词，结合汉语特点选择词汇，积极而又十分慎重地收入超纲词。		
备注					

发展期之深化学科理论研究阶段　20世纪90年代						
论文名称			构建对外汉语教学的文化因素体系——研制文化大纲之我见	关于《汉语水平词汇与汉字等级大纲》的几个问题	《HSK词汇等级大纲》中形容词和副词的词类标注问题
作者			林国立	李英	李晓琪
发表出处			《语言教学与研究》1997年第1期	《中山大学学报论丛》1997年4月	《汉语学习》1997年第4期
大纲类型	水平等级大纲	词汇		词语的筛选问题：口语词相对不足，新词新语选用不多，易联想词添加不够；词语的分级问题；词语的切分问题；词性的标注问题；词条的定性问题：有些条目定性不全或不当；词的兼类问题：有的兼类词属兼类不当；有的词条应是兼类，但词表却处理为同形、同音词；离合词问题：《大纲》虽规定“离合词”一律为“离”，但采取不标注任何标记的做法，使之与成语、习惯用语及动补、动宾等结构混同在一起。	《词汇大纲》在词类标注方面还不尽如人意，本文对词类标注问题进行了进一步的探讨，就《词汇大纲》中形容词和副词的词类标注问题提出一些处理意见。 外国学生使用的汉语词典有其特殊性，编纂者在编纂这类词典时应从语言理解和运用的角度出发，力求做到能够有效地指导学习者把标注的词的语法类别与语言运用中该词的语法功能用法对应起来，达到真正的语言理解，从而指导语言的学习者按词的类别的正确标注生成正确的句子。
		文化	文化和文化因素；文化大纲与语音、语法、词汇、功能大纲的联系与区别；文化大纲的基本内容；文化大纲内容的取舍和文化大纲内容的表述；余论。		
	教学等级大纲				
	课程大纲				
备注					

发展期之深化学科理论研究阶段　20 世纪 90 年代

著作或论文名称			《对外汉语教学概论》	我们究竟需要什么样的语法大纲	《汉语水平词汇与汉字等级大纲》的词汇量问题
作者			刘珣	竟成	李清华
出版或发表情况			北京语言大学出版社，1997	《世界汉语教学》1999 年第 3 期	《语言教学与研究》1999 年第 1 期
大纲制定	定义		在总体设计指导下为不同层次、不同类型、不同课型制定的教学等级标准大纲。		
大纲类型	水平等级大纲	词汇			作者认为《大纲》的词汇量偏低。建议《大纲》把所收词语分为常用词和次常用词两类。词的排列可以考虑分类，这样更便于学习和查找。作者还建议对《大纲》及时进行修订，每隔几年就修订一次。修订时应吸收新词语，剔除旧词语。应及时搜集来自教学第一线、编校以及其他方面的意见。另外，作者建议《大纲》中的错误应及时印发勘误表。
		语法		要不要区分通用语法大纲和专用语法大纲？语法大纲的内容宜粗还是宜细？要不要让词汇大纲和语音大纲分担一部分语法内容？要不要根据语言学习理论对语法大纲作一些调整？	
	教学等级大纲				
	课程大纲				
备注					

发展期之学科理论趋向成熟阶段　2000–2004 年				
论文名称			任务式大纲与汉语交际任务	关于《汉语水平词汇与汉字等级大纲》的思考
作者			马箭飞	姜德梧
发表情况			《语言教学与研究》2002 年第 4 期	《世界汉语教学》2004 年第 1 期
大纲类型	水平等级大纲	词汇		词汇的吐故纳新问题；词级问题；收词标准问题；一词多义和同形词问题；词性标注问题；异形词规范问题；离合词处理问题；轻声注音问题；儿化词条问题；词目单一性问题；词表和字表规模问题；词目编排顺序问题。
	教学等级大纲			
	课程大纲		我们熟知的交际教学法并没有一个统一的教学大纲，不同的学者从各自的角度提出了多种不同的大纲模式，其中的一些设计者希望以确定任务和组织任务的方式作为大纲设计的标准，如任务式大纲的代表人物蒲拉布就指出：适合并且有助于交际法教学的唯一大纲形式应该是程序性的，它要较详细地列出课堂教学中要执行的任务类型，并把同一类任务按其复杂程度排出前后次序。（汤普森，1996）	
语言教学大纲研究	任务		任务式大纲（taskbased syllabus）是以任务（task）为组织单位的教学大纲。	
备注				

发展期之学科理论趋向成熟阶段　2000–2004 年			
论文名称		对外汉语文化教材研究——兼论对外汉语文化教学等级大纲建设	试论结构型语言教学大纲——兼论汉语教学语法体系分级排序问题
作者		张英	唐曙霞
发表出处		《汉语学习》2004 年第 1 期	《世界汉语教学》2004 年第 4 期
语言教学大纲研究	结构		结构型大纲以结构主义语言学为理论背景，把语言看做一套可以切分的代码。“结构型大纲”为人们所熟知，它主要包括一系列语法项目、结构规则，并且依照某种便于教学的顺序加以罗列。（Richards et al.，2002）通常，大纲还包括语音、词汇知识，偶尔也包括少许话语知识，但语法项目最为重要。
	文化	制定对外汉语文化教学等级大纲：首先，无论是对外汉语教学中的文化教学还是对外汉语文化教学，其范围和深度都是有限的。其次，依据学习者不同的学习目的，无论是对外汉语教学中的文化教学，还是对外汉语文化教学，其范围和深度都可以划分出层次。第三，无论是语言层面的文化教学还是文化层面的教学，其涉及的文化范围，从认知的角度都可以概括为两个层面：一是表层文化，二是深层文化。 制定对外汉语文化教学等级大纲的原则：文化的结构或发展逻辑；认知规律；学习对象的需求。	
备注		确立对外汉语文化教材的等级标准：留学生的汉语言起点和中国文化的起点是不同的；对外汉语教学和对外汉语文化教学的侧重点是不同的；文化教材的等级标准应该有自己的构成要素。 创建文化教材独特的体例和教学形式必须考虑两个因素：一是对外汉语文化教学的目标，二是教学对象的语言接受能力。	

汉语国际教育时期　2005 年—今					
著作或论文名称			《对外汉语教学概论》	《汉语水平词汇与汉字等级大纲》收“语”分析	《(汉语水平)词汇等级大纲》双音合成词语素统计分析
作者			陈昌来（主编）	李红印	邢红兵
出版或发表情况			复旦大学出版社，2005	《语言文字应用》2005 年第 4 期	《世界汉语教学》2006 年第 3 期
大纲类型	水平等级大纲	词汇		《大纲》收“语”存在以下问题：收“语”不平衡；收“语”标准不明确，带有某种程度的任意性。建议根据实际语料进行调查研究，平衡《大纲》收“语”类型和比例。更重要的是，《大纲》应在“词汇等级大纲”“汉字等级大纲”之外，新增一个“语汇大纲”，把“词汇等级大纲”中收录的“语”提取出来，放在“语汇大纲”中，同时根据实际语料和对外汉语教学需要，增补各类新“语”。	语素教学需有针对性，构词能力强、语义透明性好的语素是语素教学的重点。而构词能力弱、语义透明性差的语素可能就不能过分强调语素意识。语素教学和整词教学应该是并存的，哪种更有优势取决于语素构词时自身的特点。
	教学等级大纲				
	课程大纲				
语言教学大纲研究	任务		等级大纲指导教学实践。等级大纲为各个阶段的对外汉语教学提供了基本的规范，为编写各阶段教材提供了依据。教师在组织各阶段教学活动时，应该基本在相应的等级大纲内，为教学质量的评价、检查以及对学生汉语水平的测定提供依据。		
备注					

<table>
<tr><th colspan="6">汉语国际教育时期　2005 年—今</th></tr>
<tr><td colspan="3">著作或论文名称</td><td>美国《21 世纪外语学习标准》评析——兼谈《全美中小学中文学习目标》的作用与影响</td><td>《等级大纲》与汉语教材生词的确定</td><td>《对外汉语教学设计导论》</td></tr>
<tr><td colspan="3">作者</td><td>罗青松</td><td>李绍林</td><td>崔永华</td></tr>
<tr><td colspan="3">出版或发表情况</td><td>《世界汉语教学》2006 年第 1 期</td><td>《汉语学习》2006 年第 5 期</td><td>北京语言大学出版社，2008</td></tr>
<tr><td rowspan="3">大纲制订</td><td colspan="2">定义</td><td></td><td></td><td>课程标准是依据课程计划的规定，以纲要的形式对某一具体学科教学内容进行编订的纲要性文件。</td></tr>
<tr><td colspan="2">理论基础</td><td>大纲制定与教材编写、课堂教学互相促进。</td><td></td><td>语言教学理论和实践、教学内容和途径</td></tr>
<tr><td colspan="2">任务</td><td></td><td></td><td>对教学工作的开展予以指导。</td></tr>
<tr><td rowspan="3">大纲类型</td><td>水平等级大纲</td><td>词汇</td><td></td><td>有对《等级大纲》进一步量化的必要。教材要有效地配合词语教学“循环递进”“螺旋上升”的原则，在词义和用法渐次展开、辐射扩散的基础上，提升词语不同义项、不同用法的重现语的发展变化，提高汉语知识理论水平，保持高度的语言敏感性，分析词语在具体语料中的意义。</td><td></td></tr>
<tr><td colspan="2">教学等级大纲</td><td></td><td></td><td></td></tr>
<tr><td colspan="2">课程大纲</td><td>上世纪 90 年代出现了一些从新的角度审视语言教学内容、进程与目标的外语教学大纲，这些大纲超越了传统，在人际交流、学习策略、文化认知、语言运用能力等更为广泛的层面提出教学目标。</td><td></td><td></td></tr>
<tr><td colspan="3">备注</td><td></td><td></td><td></td></tr>
</table>

汉语国际教育时期　2005年—今					
论文名称			汉语作为第二语言教学的功能大纲及其应用研究	“对外汉语文化大纲”基础研究	论汉语水平汉字等级大纲的研制
作者			易峰	张英	刘金珠
发表情况			未发表	《汉语学习》2009年第5期	未发表
大纲类型	水平等级大纲	汉字			文章在汉字教学研究已有成果的基础上，遵循常用性、口语性、与常用词汇相关性、易学性、实用性和规范性原则，依据最新的语料统计结果，从字种的筛选、定级和标注等三个方面来探讨汉语水平汉字等级大纲的研制问题。作者认为研制出来的汉字大纲应立足于“字本位”教学理念。
		功能	我国现有的汉语作为第二语言教学的功能大纲还不成熟，对功能项目的选取具有一定任意性，各大纲共选项目比例不高；功能项目的分合、命名等立项形式不统一；功能项目的归类不科学。		
		文化		制定“文化大纲”必须首先确定制定的是以语言为本的“语言的文化因素”大纲，还是以文化为本的“跨文化交际中的文化”大纲。文化大纲应该是一个开放型的大纲，与其他大纲的关系可用四个字来概括：分工合作。	
	教学等级大纲				
	课程大纲				
备注			暨南大学硕士学位论文，2009年5月		暨南大学硕士学位论文，2010年5月

汉语国际教育时期　2005 年—今					
论文名称			《国际汉语教学通用课程大纲》字词目标及相关问题研究	国际汉语教学与移情理论——以《国际汉语教学通用课程大纲》为例	从语法大纲看对外汉语教学和测试理念的发展
作者			叶云	赵新宇、何琳	李靖华
发表情况			未发表	《云南师范大学学报（对外汉语教学与研究版）》2010 年第 8 卷第 4 期	《考试研究》2011 年第 6 期
大纲类型	水平等级大纲	语法			目前还有两个问题有待解决：一是语篇问题，有的大纲尽量回避，有的大纲又过分强调；二是语法项目的顺序问题，目前大纲中项目的分级多是经验性的，每个项目之间也没有明确的难度区分。而在二语习得领域，已经初步有了一些汉语习得顺序的实验成果，语法大纲的研制应该吸收这些成果，但如何吸收、习得顺序和难度等级是否对等，这也是有待思考的问题。
	教学等级大纲				
	课程大纲		以部分以前出版的汉语教学大纲中日常交际必须具备的字词及日常交际性强的汉语教材中所用到的字词作为参照，通过将《大纲》字词目标中涉及的字词与参照字词对比，揭示前者的交际性特征。根据研究结论，结合相关理论对《大纲》字词目标在日常交际性方面存在的问题提出看法，就相关问题的解决提出对策。	《大纲》首次将“策略”和“文化意识”作为构成语言综合运用能力的基本构件提出，并加以分级描述和举例说明，一定程度上扭转了以往大纲中偏重语言内容界定、缺乏对语言功能和文化内容具体描述的偏颇。本文从《大纲》中“策略”和“文化意识”这两个重要构件入手，探讨其与移情能力培养的内在关联。	
备注			安徽大学硕士学位论文，2010 年 5 月		

表 3　汉语综合课需求分析表

	初创期之初创阶段 1950–1961 年	初创期之巩固阶段 1962–1966 年	初创期之恢复阶段 1972–1977 年
社会发展的需求	1950 年，新中国第一次建交高潮到来。新中国首个从事对外汉语教学的专门机构——东欧交换生中国语文专修班成立。1960 年，新中国第二次建交高潮到来。11 年来共接收 60 个亚非国家的留学生 3315 人，进行汉语预备教育。	经国务院批准，1962 年 6 月在北京外国语学院外国留学生办公室的基础上正式成立“外国留学生高等预备学校”。这是我国第一所以对外汉语教学为主要任务的高等学校，是北京语言学院的前身。1964 年 6 月经国务院批准，“外国留学生高等预备学校”改名为“北京语言学院”（1996 年改名为“北京语言文化大学”，2002 年又更名为“北京语言大学”）。1962–1965 年，从事对外汉语教学任务的学校由 1 所发展到 23 所，共接收外国留学生 3944 名，超过了前 11 年的总和。	1972 年，新中国第三次建交高潮到来。1975 年，根据教育部《对〈关于来华留学生教学工作的两项请示〉的批复》，北京语言学院试办来华留学生现代汉语专业教育。1972–1977 年，共接收留学生 2266 名，其中欧美、日、澳留学生比例明显上升。
学习者的需求	受教育目的；职业工具目的	受教育目的；职业工具目的	受教育目的；职业工具目的；职业目的
学科发展的需求	教学法：语法翻译法 教学目标：教养、语言理解 教学内容：知识（语法、词汇、语音），技能（包括翻译技巧）	教学法：语法翻译法 教学目标：教养、语言理解 教学内容：知识（语法、词汇、语音），技能（包括翻译技巧）	教学法：语法翻译法 教学目标：教养、语言理解 教学内容：知识（语法、词汇、语音），技能（包括翻译技巧）

	发展期之学科理论框架建构阶段 **1978–1990 年**	**发展期之深化学科理论研究阶段** **20 世纪 90 年代**	**发展期之学科理论趋向成熟阶段** **2000–2004 年**
社会发展的需求	1978 年，北京语言学院来华留学生现代汉语专业（本科四年制）正式建立，以培养汉语教师、翻译、汉语研究人员为主要目标。同年，根据国外需求创办短期汉语进修班。这种与旅游结合的短期汉语班迅速发展到全国，并延伸到贸易和金融等方面。	自 1989 年起，来华留学生的成分发生了巨变，以自费生为主。生源扩展到 300 多个国家。1990 年，HSK 正式实施，次年正式推向海外。外国留学生汉语“本—硕—博”完整的学历教育体系逐渐形成。	根据 2001 年的统计，来华留学生已达 6 万余人。在国外，汉语热不断升温。根据 2002 年的统计，在 85 个国家的 2100 所大学中开设有汉语课程。
学习者的需求	受教育目的；职业目的；职业工具目的；其他目的	受教育目的；职业目的；职业工具目的；其他目的；学术目的	受教育目的；职业目的；职业工具目的；其他目的；学术目的
学科发展的需求	教学法：听说法 教学目标：熟练掌握听说技能 教学内容：技能（听说为主），知识（语法、词汇、语音）	教学法：交际法 教学目标：进行有效的交际 教学内容：技能、知识、功能、文化	教学法：当代教学思想 教学目标：综合语言运用能力 教学内容：技能、知识、功能、文化、跨文化交际能力、学习策略

汉语国际教育时期　2005 年—今	
社会发展的需求	2005 年，第一届世界汉语大会召开。此后，国家高度重视。国际社会对汉语人才类型的需求也更多元化，除了从传统的了解中国文化的需求、到中国学习其他专业的需求、接受高等教育的需求以及商务需求，接受普通教育的需求急剧上升——孔子学院加速建设。根据 2011 年 12 月第六届孔子学院大会所提供的数据来看，国家汉办在全球 105 个国家和地区建立了 350 多所孔子学院和 500 多个孔子课堂，海外学汉语人数已超过 4000 万。
学习者的需求	受教育目的；职业目的；职业工具目的；其他目的；学术目的
学科发展的需求	教学法：当代教学思想 教学目标：综合语言运用能力 教学内容：技能、知识、功能、文化、跨文化交际能力、学习策略

注：

1. 社会发展的需求参见《对外汉语教学发展概要》（吕必松，1990）、《对外汉语教育学引论》（刘珣，2000）和《人民日报 · 海外版》（2011 年 12 月 15 日 第 4 版）。
2. 吕必松（1996）在谈到语言学习者的学习需求时认为，第二语言学习大体上有以下几种目的：1）受教育目的；2）学术目的；3）职业目的；4）职业工具目的；5）其他目的（也可以叫做临时目的）。
3. 学科发展的需求参见《对外汉语教学设计导论》（崔永华，2008）。

表 4　汉语教学未来展望表

著作名称	《对外汉语教育学引论》		
作者	刘珣		
出版时间	2000		
对外汉语教学学科建设角度	**教学研究方法**	**研究内容**	重点是基础理论（汉语语言学、汉语习得理论、汉语教学理论、研究方法）和应用研究（总体设计、教材编写、课堂教学、测试评估、教学管理、教师培养）以及第二语言习得研究。
		方法论原则	从实践出发，理论联系实际；提倡试验方法，实证与思辨相结合；重视数学方法，定性研究与定量研究相结合；强调系统观点，综合与分析相结合。
		具体方法	观察法；经验总结法；调查法；文献研究法；实验法；个案研究法；相关分析法；对比分析法；偏误分析法；话语分析法。
	学科建设的任务		改革和完善教学法体系；加强理论研究；加强教师队伍建设；在世界范围内确立学科地位。
备注			

<table>
<tr><td>著作名称</td><td colspan="2">《对外汉语教学概论》</td></tr>
<tr><td>作者</td><td colspan="2">赵金铭（主编）</td></tr>
<tr><td>出版时间</td><td colspan="2">2004</td></tr>
<tr><td rowspan="3">对外汉语教学前景展望角度</td><td>已取得的重大进展</td><td>理论建树初具规模；研究对象更加明朗；研究方法已具有自身的特点；研究领域正在拓宽；研究成果十分可观。</td></tr>
<tr><td>存在的问题</td><td>在基础理论研究上尚无重大建树；在教学实践上尚无重大突破；教学思想与教学手段有待于现代化。
研究的难点和问题：研究难度大、要求高；研究人员数量、素质不能保证；研究时间不能保证；代表性的研究成果少；有关方面重视不够。</td></tr>
<tr><td>前景展望</td><td>国情：国家和教育部的重视，中国国际地位的提高和经济的飞速发展；
教师：教师队伍的发展壮大；
学习者：世界范围内学习汉语的国家和人数增幅快。</td></tr>
<tr><td>备注</td><td colspan="2"></td></tr>
</table>

著作名称	《对外汉语课程、大纲与教学模式研究》	
作者	李泉（主编）	
出版时间	2006	
对外汉语大纲制定角度 *	**教学等级大纲尚未出台的原因及解决方法**	**原因**：教材课文原文作者的写作目的没有从语言角度出发，且多数是为本国读者撰写的，因此作为汉语教材中的课文原文，从语言教学角度而言，在词汇、语法、功能及文化方面不可能是有序的。这样，必须遵循的有序的语言教学大纲和必须使用的以无序的原文为课文的教材，成为主观要求与客观现实的一对矛盾。
		解决方法：语言教学必须有序；要认识到中高级汉语有序教学与初级的差异；着眼大处，突出重点，敢得敢失，以有序来选择和控制无序；关键在于量化及其落实；正确处理明暗两条线；在自觉用纲的前提下正确对待超纲。
	语言教学大纲的未来前景	**结构型大纲**：目前采用的“语法与功能”相结合的方式已基本发展到成熟阶段，在没有建立起另外一种更完善的语言教学大纲之前，完全不必彻底排斥以语法体系为主的结构型大纲。 **功能大纲**：任何忽视语言知识讲授与语言技能训练的教学法都是行不通的，因此功能法如何处理项目与语法词汇项目之间的关系，必须在实践中逐步探索并认真加以解决。 **任务式大纲**：交际教学法没有一个统一的教学大纲，不同的学者从各自的角度提出了多种不同的大纲模式，其中一些设计者希望以确定任务和组织任务的方式作为大纲设计的标准。 **文化大纲**：其制定是在一些基本理论问题还没有完全达成共识的情况下进行的，必须能够应用于教材编写、课堂教学、水平测试等教学环节。其表述应该以观念为纲，以语言表达方式为目的。语言教学过程中，语音、语法、词汇、功能和文化因素的对立分布，也是文化大纲内容取舍和表述的一个重要的参照系。
备注	* 功能、语段、文化大纲在当前的《汉语水平等级标准和等级大纲》中还未包括进来。	

著作名称	《第二语言习得研究》	
作者	王建勤（主编）	
出版时间	2009	
汉语作为第二语言的习得研究角度	**20 世纪 80 年代的汉语习得研究**	没有引起对外汉语教学界的足够重视，直到 20 世纪 80 年代中期，鲁健骥发表了关于外国留学生汉语偏误分析的研究报告才引起关注。*
	20 世纪 90 年代的汉语习得研究	引起了对外汉语教学领域学者们的高度重视，研究集中在偏误分析、中介语研究、习得过程研究方面。
	20 世纪 90 年代后的汉语习得研究	汉语习得研究的大发展时期。研究成果的数量、质量、深度、广度都是前所未有的。研究集中在第二语言学习者的语言系统研究、习得过程研究、学习者本身的研究和汉语认知研究、海外汉语习得研究方面。
	近 10 年汉语习得研究特点	东西合流，汉语习得研究形成合力；关注理论建树，关注学科发展；注重实验研究，促进研究方法创新。
备注	*《中介语理论与外国人学习汉语的语音偏误分析》。（鲁健骥，1984）	

论文名称	汉语中级精读教材的分析与思考	
作者	赵新、李英	
发表情况	《暨南大学华文学院学报》2004 年第 4 期	
中级汉语教材研究角度	**词汇**	**生词量**：中级精读教材每课的生词量应保持在 40–55 之间，应逐册增加。生词等级的控制，中级教材以中级词为主，依据大纲控制生词的等级。根据教材的层次性，中级精读教材生词等级的控制应当有一个梯度。另外，精读教材承担着扩充生词量的主要任务。作为使用一学年的中级精读教材，所使用的中级词语至少应当占中级词语总量（2850 个）的 60%，其余的应由其他中级教材承担。
		超纲词：根据教材的层次性，中级精读教材生词等级的控制应当有一个梯度：中级词至少占 70%–80%，高级词加超纲词至多占 20%–30%，其中，超纲词应控制在 10% 以内。
		用词：重点词语应当全部是中级词。中级教材主要采用自然语料，生词等级的控制主要在于语料的处理，中级教材应当加大语料改写的力度，依据《教学大纲》对生词进行处理，去掉超量的高级词和超纲词，增加中级词，同时要保证文章内容和风格不变。
	语法	依据《教学大纲》，中级精读教材应承担至少 90% 的中级语法项目（有些口语化的句式不一定出现）。建议设立一些语法专题，对初级和中级语法项目中的难点集中进行讲练。
	习题设置	精读课的综合训练需有所侧重，应侧重于读和写，侧重于提高学生阅读有一定难度的自然语料的能力及书面表达能力。
	等级衔接	初级阶段语法项目中的难点，应在中级教材中继续讲练。建议设立一些语法专题，对初级和中级语法项目中的难点集中进行讲练。精读课要以基础语言知识为中心进行综合训练。
备注		

论文名称	对外汉语中级精读教材文化项目导入研究	
作者	王萍	
发表情况	未发表	
中级汉语教材研究角度	**词汇**	**生词量**：掌握普通话全部声、韵、调，甲、乙两级词 2500–3000 个。
	语法	基本的甲、乙两级语法。
	课文选篇	文化项目的导入方式力求多样化。
	文化因素	要解决对外汉语教材的文化项目导入问题，首先还是要制定对外汉语文化教学大纲，使对外汉语教学中文化因素的定位、定性和定量有章可循。在教材总体设计时，应从学习者的角度出发，宏观上制定符合学习者习得规律的文化因素体系，微观上充分参照现有的词汇、功能大纲等，做好教材中文化因素的编写工作。 文章还将文化项目分为 18 个总类，并向下分出若干子类。
	注释	目前尚未出台文化等级大纲，我们只能在教学实践中适时、适当地选择文化项目，逐步加以完善。
	等级衔接	语言教学的中高级阶段，学生有了一定的语言基础，可以拓宽语言教学与文化教学的结合领域，把系统的语言知识和系统的文化内容有机地结合起来。
	其他	**对外汉语教学中文化教学的原则**：整体性原则；适时性原则；适度性原则；渗透性原则；主流文化教学为主，亚文化教学为辅原则；比较原则；正面、健康、得体原则。 **课堂教学**：教师要了解教学对象和教材，对教材做到最大可能的熟悉，了解其优缺点。在课堂教学中尽可能地发挥教材优势，弥补教材缺陷；注重文化阐释方式，不断提高跨文化交际意识。
备注	东北师范大学硕士学位论文，2009 年 4 月	

论文名称	对外汉语中级精读教材编写刍议	
作者	韩明	
发表情况	《广西师范大学学报（哲学社会科学版）》2010 年第 6 期	
中级汉语教材研究角度	词汇	**生词量**：中级精读教材生词总数量要适当，根据各类教材的统计结果，一般是 2000 个左右的生词量。
		超纲词：控制超纲词比例要在教材编写中首先确定超纲词的比例，其次还有对超纲词的认定问题。
		用词：在教材编写过程中语言应该是介于书面语和口语之间的，中级教材内部需要处理好生词出现次序的问题。
	语法	语法项目出现的顺序应该是和学生学习水平持平的状态，也就是难度和数量是循序渐进的。语言点的难度应该是适宜的：其出现应该与学生水平保持一致；其表述应该是口语与书面语相结合。
	课文选篇	在编写中级精读教材的课文时要注意：语料编选要难度适中，长度适当；语料编选要从实用角度出发；选文一定要有趣味性，一般来说，评价一本教材优劣的一个重要指标就是趣味性。
	习题设置	练习应该具有交际性。目前，中级精读教材的练习和编排应该解决以下几个问题：练习设计应该在数量上更加适宜；练习设计应该在质量上更加合理；练习设计题型应该综合并能互相作用；练习设计应该增加趣味性。
	文化因素	在选取语料内容时注重文化内涵。在掌握基础的语言技能后，根据功能和语境进一步掌握中国常用的、特有的语用文化。摆正对待目的语文化和其他文化的态度。
	注释	注释内容主要包括词汇注释和文化注释两部分。文化注释主要是为课文中出现的一些专有名词而服务的。
	等级衔接	与高级阶段相比，中级阶段带有明显的基础与过渡性质，其精读教材是提高汉语水平并具备深造能力的关键性依据。
	其他	就中级精读教材来说，编写时则应该遵循交际原则、循序渐进原则、文化原则和特征性原则。
备注		

论文名称	对外汉语综合课（中级）教材研究——兼评《桥梁——实用汉语中级教程》	
作者	孙颖	
发表情况	未发表	
中级汉语教材研究角度	词汇	**生词量**：把词汇量从 2500 扩大到 4500 个，生词数量有进一步调整、控制的必要。
		超纲词：生词等级的控制也就是生词难度的控制，实际上也是课文难度的控制。生词等级的控制主要在于语料的处理。中级教材应当加大语料改写的力度，依据《教学大纲》对生词进行处理，去掉超量的高级词和超纲词，增加中级词，同时要保证文章内容和风格不变。
	语法	巩固、扩展和深化基本语法项目，使之从 150 项（点）发展到 300 项（点）。《教学大纲》把语法项目分为初、中、高三级，其中中级语法项目有 83 项。
	课文选篇	要求教材既要内容充实生动，又要语言难易适中。根据教材的编选原则，选文应该充分满足学生在实际应用中的交际需求，名家名篇不一定适合于第二语言学习者。逐步提高阅读原著的能力，并能运用所学词语和结构以及较为复杂的句式、语段、语篇连贯的手段，就某一方面的内容或话题进行较为正确、流利的语段语篇表达（包括口头形式和书面形式），以提高学生运用汉语进行较为复杂的、成段的交际能力。
	习题设置	教材上的交际性练习需要得到充分的利用。
	其他	中级汉语综合课也称为精读课或读写课，是汉语专业的核心课，也是长期进修生的主干课。这是一门以语言技能训练为主，辅之以必要的语言知识、文化背景知识介绍的课程。整个教学过程要进行听、说、读、写的综合训练。这门课程的主要特点是它的"综合性、基础性"。
备注	天津师范大学硕士学位论文，2006 年 4 月	

论文名称	关于对外汉语中级精读教材的思考	
作者	杨金华	
发表情况	《汉语学习》1999 年第 4 期	
中级汉语教材研究角度	**课文选篇**	课文选用文学作品时，名作名篇作为课文，必须考虑其时代性。非常用词严重超纲，将增大学习难度。语言能力和语言欣赏是成正比的，语言水平达不到一定程度，语言欣赏只能是空中楼阁。精读教材本应在提高学生口语能力和口语档次方面起一定的作用，但因选用不合适的课文，不但这方面的作用明显地削弱了，而且还使学生因课堂上学的用不上，需用的没处学而去求助于“马路语言”。就实用性而言，以文学作品（特别是失去“时效”的文学作品）为主的教材，其局限性是显而易见的。突出时代性，讲究实用性，这是现代语言教学提出的要求。留学生中级精读教材应转向，即采用实用型教材进行实用性教学，使教学内容与社会活动的实际需要紧密结合，借以培养实用型人才。
	等级衔接	对进入中级阶段学习的学生，似乎仍然有必要围绕社会生活各方面的交际需要，逐步提高他们在各种场合的汉语交际能力。为此，中级精读课本的课文选材最好仍然从学生置身的现实生活入手，向现今中国社会生活的各个层面扩展出去，让他们通过课本的学习，获得一定的语言技能，以便逐步参与各种社会交际，使他们能借助从课本上所学到的语料去逐步接触报刊、影视和广播，并通过这些媒介来巩固和进一步提高汉语的理解和表达能力。
	其他	为减轻学生负担，留点儿余地供教师自由行事，至少为了避免一课书的“庞大篇幅”可能给学生带来的心理压力，不管是否以文学作品为课文，中级教材都有必要对注释加以压缩。
备注		

论文名称	中级阶段对外汉语综合教材语段表达练习题设置研究	
作者	李倩	
发表情况	未发表	
中级汉语教材研究角度	习题设置	从教材编写的角度来看，中级综合教材应体现对语段表达能力的培养与训练。但是，作者通过对六套中级综合教材的语段表达练习题的考察发现，目前中级综合教材语段表达练习题的编写呈现比较复杂的情况，值得我们思考。 练习题的设置需要正文编排的配合。借鉴国外交际训练的方法，在练习形式上丰富和创新。“根据课文回答问题”等题型，注意把握的是文章讲的是什么，是对内容的理解，而对语段是怎么构成的、语段的基本结构、句子之间是怎么联系起来的、是按怎么样的顺序来写的，这些问题探究的比较少。 除《中国之路》外，作者对其他五套教材的统计分析也发现，国内中级综合教材中，语段表达练习题的设置存在一些共性的问题，概括说来主要体现在两方面：1）有提示或框架的表达，往往是提供词汇或语法结构，结果学生在练习时变成了为了使用某些词汇或语法结构而进行语段表达。2）无提示的自由表达。一方面，没有词语、句式或框架的自由表达，给学生更多的思考和语言运用的空间；另一方面，无提示对于中级水平学生，尤其是初级向中级过渡的准中级水平的学生来说，无疑带有较大的随意性。
		对中级综合教材语段表达练习题设置的建议：要符合综合课教材的定位；要体现语段训练的特点，即考虑语段表达的交际性特征，体现语段表达的特点。
备注	北京语言大学硕士学位论文，2007 年 6 月	

论文名称	从学习者的视角谈高级精读教材编写	
作者	肖路	
发表情况	《语言教学与研究》2005 年第 1 期	
高级汉语教材研究角度	**内容概述**	本文通过对高级阶段学习者学习动机、学习兴趣及情感体验的分析，提出了高级精读教材的编写策略。例如，从课文内容、词汇及语言点等方面来提高学习者的直接兴趣，引入任务型的学习方式提高间接兴趣以激发和维持学习者的学习动机等。教材应能培养学习者成段表达的能力，让学习者产生愉快的情感体验。
	要点分析	不断激发和维持学习者的学习动机：本科高年级汉语学习者从自身的学习目的出发，其学习期望值定位在能更多地了解中国的国情和习俗，开阔在不同领域中的汉语视野，在口头和书面上都能较为完整地用汉语来表达他们的思想。因此，高级教材的编写应着力于内容的丰富性、体裁的多样性以及书面表达的完整性和逻辑性等方面的高度完美的统一，让学习者在实现自身学习目的的过程中不断提高学习兴趣，在不断提高学习兴趣的过程中实现自身的学习目的。
		提高学习者直接和间接兴趣的策略：直接策略包括课文内容生动有趣，词汇、语言点的难度适中；间接策略包括引入任务型学习方式。
		培养学习者成段表达的能力：诵读、语篇认知、课文体裁丰富多样。
备注		

<table>
<tr><td>论文名称</td><td colspan="2">高级汉语精读教材语言难度测定研究</td></tr>
<tr><td>作者</td><td colspan="2">杨金余</td></tr>
<tr><td>发表情况</td><td colspan="2">未发表</td></tr>
<tr><td rowspan="6">高级汉语教材研究角度</td><td>内容概述</td><td>本文在参照 HSK（高等）阅读样题和教材使用者对语言难度适度区域的调查的相关数据的基础上，得出初步的高级汉语精读教材语言难度的适度区域和难度系数计算公式。</td></tr>
<tr><td rowspan="5">要点分析</td><td>汉语教材语言难度测定的几个层面：汉字层面、词汇层面、句子与语法层面、其他层面</td></tr>
<tr><td>测定依据：《汉语水平词汇与汉字等级大纲》（2001）和《汉语水平等级标准与语法等级大纲》（1996）</td></tr>
<tr><td>对高级汉语教材编写的意义：高级汉语教材难度参考取值范围可作为编写教材选取语料以及选择教材时的参考。</td></tr>
<tr><td>高级汉语精读教材难度的适度区域初探：在汉字层面上，平均每百字出现 3–7 个丙级、丁级、超纲字比较适宜，同时超纲字数最好控制在 1–2 个。在词汇层面上，把 10–20 个作为平均每百字丙级、丁级、超纲词数的适度区域比较恰当，而超纲词控制在丙级、丁级、超纲词的 60% 左右比较合适，把平均每百字固定词组数控制在不超过两个比较合适；句子与语法层面，平均句长在 20–40 字之间比较合适，平均每百字丙级以上语法项目不超过两个比较科学。</td></tr>
<tr><td>对研究和汉语教学具有一定的理论实践意义：对进一步研究汉语的语言难度测定、汉语的易读性公式开发具有启发作用。创新性地提出对全文进行测定，得出整篇文章的百字平均值，这样能够更准确、全面地反映整篇文章的难度，代表性更强。从测定结果看，该测定较为客观地得到高级汉语精读教材在字、词、句等层面的适度区域，可以使教材编写者在编排语料时有一个可以参考的数据。</td></tr>
<tr><td>备注</td><td colspan="2">北京大学硕士硕士学位论文，2008 年 6 月</td></tr>
</table>

论文名称	对外汉语高级教材文化因素处理探析	
作者	罗艺雪	
发表情况	《内江师范学院学报》2010 年第 3 期	
高级汉语教材研究角度	**内容概述**	文章提出高级阶段学习者的瓶颈主要在于对交际文化知识的了解程度及对汉语交际文化模式的适应性，从两个相关问题的阐释入手，就对外汉语高级教材中文化因素的处理提出建议：作为语言教学中的文化因素始终是作为一个重要的辅助手段为提高语言交际能力服务，不能脱离语言教学的最终目标。在教材编写中始终要做到以语言教学为主线，不能喧宾夺主。语言中的文化教学与文化教学是有区别的。
	要点分析	**高级教材编写中文化因素处理的阶段性原则**：阶段性可从外部阶段性和内部阶段性两方面理解，文化教学的阶段性与其体系性一脉相生。所谓体系，一、它要自成系统，在系统的外部能与其他语言要素相区别；二、在系统内部要按属种关系的逻辑层次逐级进行分类，条理分明、层次清楚，没有冲突和重叠。
		高级教材编写中文化因素处理的时代性原则：到了高级阶段，学习者涉及了一些历史文化，接触到的文化现象纷繁复杂，但终归应以与交际密切相关的共时文化为主，对二者能够作出明确区分，否则就会出现拿过时文化信息做现时交际的情况，影响交际的有效实现。
		高级教材辨析中文化因素处理的多元性原则：多元性体现在介绍自身文化上，要考虑他人的接受程度，以免引起误解；教材中应取双向文化的态度，以汉语文化为主线，也适当地介绍异文化，不过，要以不损害汉语文化利益为前提。凡涉及他人文化应正确无误，不宜有所褒贬，以开放、宽容的心态对待各种文化。另外，教材应注意人类文化通感，不可一味弘扬中华文化，亦不可迎合某些外国人好古猎奇的心理，力戒渲染消极文化。
备注		

论文名称		高级汉语综合课教材中的语段练习研究
作者		卓佳
发表情况		未发表
高级汉语教材研究角度	内容概述	文章在篇章语言学理论的指导下，运用定量、定性等研究方法并借助统计软件，对八部不同时期出版的高级汉语综合课教材的语段练习进行考察，以期发现各部教材语段练习编写的异同，总结出其设计的得失并提出相应的建议。
	要点分析	**八部教材中语段练习题量和题型的设计**：数据显示，各部教材的语段练习题量大体呈现不断增加的趋势，而题型总量存在较大的差异，少数教材存在无序分布的情况。文章总结了高级阶段语段语篇教学应该包含的内容，将之与现有教材中语段练习所训练的内容对照，发现所有教材在语段练习设置上都不能完全地覆盖教学内容：2005 年之前的教材偏重对语段语篇结构的理解，2005 年之后的教材更加重视语段衔接和连贯训练。除此以外，文章对有关衔接、连贯的练习设计也提出了自己的设想。
		教材练习题型的变化：文章以高级阶段语段教学所要达到的四个目的为依据，将教材中的语段练习的题量和题型进行归类和统计，主要考察语段练习设计在实现教学目标方面的情况。统计结果显示，虽然正确性仍然是编教者追求的目标，但是 2005 年之后的教材设置的连贯性和得体性练习题型在数量上超过了正确性练习题型，这是一个可喜的变化。
		语段练习的趣味性：通过对教材使用者的问卷调查，文章考察了语段练习设计是否符合实用性及趣味性原则的情况，得出以下两个结论：一是语段练习设计对实用性的贯彻优于对趣味性的贯彻，一是表达类练习话题设置存在不足。文章还根据统计数据讨论了学习者和教师在实用性和趣味性评价上存在显著差异的练习题型，并分析了产生差异的原因，指出保持趣味性的根本在于对实用性的贯彻。
备注		华东师范大学硕士学位论文，2010 年 3 月

论文名称	中高级对外汉语教材语体分布情况的考察	
作者	卞晓琼	
发表情况	未发表	
高级汉语教材研究角度	**内容概述**	作者认为汉语学习者在进行语言交际时常常出现语言不得体的现象是留学生的“语体能力”欠缺所致。同时认为留学生“语体能力”的欠缺是因为教材中的语料在语境方面没有给予相应的重视。基于此，作者对中高级对外汉语教学提出了四点思考，分别是：建立基于语体的语法体系、课程设置、教材编写和语体感的培养。
	要点分析	**课本主语料体裁编纂**：应根据语法体系和由此建立的教学大纲，进行文章的选编；课本主语料要在体裁上呈现多样化，而不是集中于文学作品艺术体；精读课本中的语料应当具有典型性，同时应当注意不同体裁的语体之间的变化幅度。
		主语料题材的选择：注重语体并不意味着题材话题的陈旧，因而选用的语料要与日常生活相关，要有利于学生的实际生活的需要，即在语体的基础上进行题材典型化的语料选择。
		语料的阶段性汇编：根据基于语体的教学大纲和课程设置进行有阶段性的教材汇编，明确何时出现何种类型的语体以适应学生的水平。
		语料的辅助性材料的编写：首先，生词部分，在进入中高级阶段时，进行对比和分析，尤其在例句中应加入相应的典型语境进行辨明。其次，释义及练习部分，注意增加具有语体差别的词汇之间的转换，这其中必须有语境的应用，而不能单独地进行近义词的填空练习。短语句子方面，可采取转写的方式，加强对语体知识的认识，并且还可以设计语境，选择相应的句子而串句成篇，以符合相应的语境。再次，副课文方面，在拓展知识面的同时注重语体的区分度，同时在进行文章理解性练习的同时，可增加改写这一项，如改变交际对象、目的和场合进行小段的改写练习。
备注	首都师范大学硕士学位论文，2011 年 5 月	

论文名称	新时期汉语语法研究的特点和趋势	
作者	邵敬敏	
发表情况	《汉语学习》2011 年第 1 期	
新时期汉语教材编写研究角度	**内容概述**	新时期的中国汉语语法学有三大特色，即时代特色、中国特色和学科特色。本文从四个方面对新时期的汉语语法研究进行阐述：历史分期与评述框架、学术梯队的新陈代谢、新时期汉语语法研究的特色、21 世纪汉语语法研究的趋势。
	要点分析	**关注新兴语法现象**：我们不仅要继续引进新的理论，不仅要把汉语语法研究跟现代科技，包括计算机技术紧密地结合起来，更为重要的是，我们还要用开放的、宽容的、发展的、动态的眼光来看待一切问题。
		关注语法研究的四个平面：汉语语法研究的最终目标应该是揭示语义的决定性、句法的强制性、语用的选择性以及认知的解释性。其中第四点“认知的解释性”需要特别引起我们的注意和重视，这也是新世纪汉语语法研究的具有极大潜力的新的增长点。
		在纵横坐标上寻找现代汉语语法的位置：现代汉语语法主体跟历史语法研究、方言语法研究相互验证、相互辩驳，在共时和历时的坐标上，准确地进行定位。
		语法研究的应用化进程加速：我们的语法研究必须贴近现实，服务于现实，并且为实践所检验。
备注		

论文名称	《欧洲语言共同参考框架》与 21 世纪对外汉语教材编写研究	
作者	楼薇宁	
发表情况	未发表	
新时期汉语教材编写研究角度	**内容概述**	文章首先把《欧洲语言共同参考框架》与《国际汉语能力标准》进行对比分析，从理论基础和内容上考察两者的异同，接着对照《国际汉语能力标准》和《国际汉语教学通用课程大纲》来评估《成功之路》初级阶段教材。文章力图通过评估《成功之路》初级阶段教材来揭示《欧洲语言共同参考框架》对 21 世纪对外汉语教材编写的指导意义。
	要点分析	**《框架》制定及推行的背景**：欧洲的政治、经济、文化、教育等多方面的因素、目标及政策，共同推动了语言教学、学习及评估的统一规划和整合。 **《框架》主要内容**:《框架》是欧洲语言教学与评估的统一性纲领，为全欧洲语言教学计划的制订、课程设置、语言测试及教科书编写等提供了一个共同的理论基础。全文 260 余页，包括 9 章，主要内容涵盖语言学习、教学和评估三部分。 **《框架》特色**:“以行动为导向”的外语教学理念；把任务型教学法放在中心位置；指出了语言使用的四大领域，并提供了“语言使用的外部环境”表；“共同参考等级”和由交际活动及其策略、交际语言能力各项参数所构成的评价标准体系是《框架》的核心内容；科学评估；终身学习——语言教育目标的大改革。
		《框架》对 21 世纪对外汉语教材编写的指导意义:《框架》是全欧洲的一个共同参照基础，适用于制定现代外语教学和考试大纲，也可用于设计外语能力评估体系表，还是编写外语教材的指南。《框架》从“纵向”和“横向”层面，以量表的形式划分语言能力等级，加上第三个纬度——学习者使用语言的领域，语言能力评估量表就变成意念性的立体化共同参考标准，这就为对外汉语教学和对外汉语教材编写的分级和内容选择提供了参考。
备注	浙江大学硕士学位论文，2011 年 3 月	